信息资源检索与利用

孙蔚　关鑫　高嫄　郭颖　主编

大连理工大学出版社

内容简介：本书以“实用、好用、够用”为原则，系统地介绍信息素养与元素养、信息检索的基本概念与类型、图书馆信息资源、计算机信息检索，中外文网络信息资源、专利信息检索、信息综合利用与分析、学位论文写作及大学生毕业信息检索等内容。本书讲授的内容贴近网络信息时代，注意吸取信息检索技术最新进展，将信息需求与信息检索结合起来，特别贴近当代大学生的实际需求，图文并茂，便于教学与阅读，既注重信息检索知识的介绍，更注重对学生信息素养的培养。

本书既可作为高校信息素养教育通用教材，亦可作为工程技术人员、科研人员检索信息的参考用书。

图书在版编目(CIP)数据

信息资源检索与利用 / 孙蔚等主编. — 大连 ：大连理工大学出版社，2023.1(2024.1 重印)

ISBN 978-7-5685-2703-3

Ⅰ.①信… Ⅱ.①孙… Ⅲ.①情报检索 Ⅳ.①G252.7

中国版本图书馆 CIP 数据核字(2020)第 179205 号

大连理工大学出版社出版

地址：大连市软件园路 80 号　邮政编码：116023

发行：0411-84708842　邮购：0411-84708943　传真：0411-84701466

E-mail：dutp@dutp.cn　URL：https://www.dutp.cn

北京虎彩文化传播有限公司印刷　大连理工大学出版社发行

幅面尺寸：163mm×230mm　印张：18　字数：373 千字

2023 年 1 月第 1 版　2024 年 1 月第 3 次印刷

责任编辑：邵　婉　张　娜　责任校对：婧　萱

封面设计：奇景创意

ISBN 978-7-5685-2703-3　定　价：58.00 元

前 言

从 1946 年第一台电子数字计算机的发明算起，当代信息革命已经历了 70 多年的发展历程。这场改变世界的信息革命所带来的信息化，经历了从数字化开始、向网络化和智能化发展的过程。1984 年教育部印发高教〔84〕004 号文件，“文献检索与利用”作为高等院校的一门公共基础选修课，至今已有近 40 年的历史，该课程内容不断更新，使得信息素养教育能够伴随人类科学技术进步，紧跟时代发展的步伐。

网络化时代的高等学校信息素养教育在各国普遍受到高度重视，2000 年 1 月，美国大学和研究图书馆协会（ACRL）通过了《高等教育信息素养能力标准》；2003 年 9 月，联合国信息素养专家会议发表了《布拉格宣言》，宣称：信息素养是人们有效参与信息社会的一个先决条件，是终身学习的一种基本人权；2008 年 4 月，中国高校图工委颁发了《高校大学生信息素质指标体系》（讨论稿）；2016 年 1 月，ACRL 核准通过《高等教育信息素养框架》，将信息素养教育定位为元素养教育。

当今时代，社会分工越来越细，知识更新越来越快，信息变化越来越频繁，而知识经济和信息网络化时代的一个重要标志是信息急剧增长，知识深度挖掘。“We are drowning in information, but starving for knowledge.”（John Naishett），茫茫信息之海洋，浩浩知识之渴望。了解信息资源状态，正确识别所需信息，高效获取、分析和充分利用信息已成为当代大学生的一种基本素养。本书旨在适应高等学校“文献检索与利用”课程建设和复合型人才培养的需要，力求帮助学生全面提升科技信息素养和创新意识。

本书吸取了国内外图书馆学的有关研究成果及科技信息检索技术的最新进展，如信息元素养等，同时兼顾省属高等学校数据库资源的实际情况，采用了编者在信息检索课的部分教学实践内容。本书编者均为多年从事信息检索课程教学、科研和专业课教学、图书馆情报工作以及计算机网络实践的教师，具有丰富的理论知识基础和实际教学工作经验。本书以“实用、好用、够用”为原则,深入浅出,通俗易懂,还采用了大量的实例图表,帮助读者更直观地理解知识点和掌握各类检索系统的使用方法。

本书具有如下特色:第一,从内容取舍角度出发,在全面覆盖信息素养能力标准的基础上,突出了易用性和可操作性,增加了图书馆信息资源的利用、中文信息检索平台、专利信息平台的比较,强化了学术道德教育,介绍了学术不端文献检索系统等部分内容;第二,从新技术应用角度出发,更新了文献管理工具和个性化服务等相关内容;第三,通过网上多种信息交流工具,科技信息素养教育更易实施,学生和教师的互动交流更为方便;第四,增加了考研、留学与就业信息的检索与利用,满足了学生课后乃至毕业后的信息检索的需求。

本书作者结合多年的教学研究与实践经验,以信息素养教育为主线,将信息检索作为切入点,力求帮助学生提高信息素养,提高信息获取、分析和运用能力,提高知识创新意识。全书共 10 章,分别为信息素养与信息资源检索、图书馆信息资源与服务、计算机信息资源检索、中文网络信息资源、外文网络信息资源、中外专利信息资源、网络搜索引擎、信息的综合分析与利用、学术道德与学位论文撰写、考研、留学与就业信息检索与利用等内容。其中,前言、第 1 章、第 6 章由孙蔚编写,第 2 章、第 3 章、第 9 章、第 10 章及参考文献由关鑫编写,第 4 章、第 7 章由高嫄编写,第 5 章、第 8 章由郭颖编写。本书由孙蔚起草大纲、编写目录、整理、统稿并最终定稿。

本书可作为高校各专业科技信息检索课的教材用书,也可作为具有科技信息检索需求的科技工作者的参考用书。在编写过程中参考和借鉴了大量文献、资料和网页,引用了部分论点,限于篇幅,仅列出主要参考文献,在此向所有相关作者表示衷心的感谢!

编　者

2020 年 6 月 23 日

目　录

第4章 中文网络信息资源 / 80

第 8 章 信息的综合分析与利用 / 228

第 9 章 学术道德与学位论文撰写 / 242

第 10 章 考研、留学与就业信息检索与利用 / 259

参考文献 / 271

第1章 信息素养与信息资源检索

随着社会的发展和科学技术的进步，人类从原始社会进化到了今天，以计算机技术、网络技术和通信技术为代表的信息技术迅猛发展，信息技术的创新性、渗透性、倍增性、带动性使人类社会形态发生了转变。关于信息社会的研究，在20世纪70年代成为西方学术界的热点问题。1980年，美国社会学家阿尔文·托夫勒(Alvin Toffler)出版的《第三次浪潮》中提出"超工业社会"，认为人类社会已经经历了两次浪潮。第一次浪潮是农业革命，由原始狩猎社会发展到农业社会；第二次浪潮是工业革命，由农业社会发展到工业社会，它创造了现有的世界物质文明和精神文明的基础。而第三次浪潮是信息革命，从20世纪50年代中期开始，人类社会由工业社会步入信息社会。美国社会学家约翰·奈斯比特(John Naisbitt)在他的《大趋势——改变我们生活的十个新趋向》中提出人类社会分为农业社会、工业社会、信息社会三个阶段，目前"虽然我们还认为是生活在工业社会，但是事实上已经进入了一个以创造和分配信息为基础的社会——信息社会"。所谓的信息社会始于1956年和1957年的美国，那时正是美国工业的鼎盛年代。进入信息社会的第一个标志是从事信息活动的人数超过从事物质生产活动的人数。根据这个标志，美国是从1956年开始进入信息社会的，因为这一年美国历史上从事技术、管理和事务的白领工人人数超过了蓝领工人人数，美国的大多数人已经从事信息生产活动，而不是物质产品生产工作。第二个标志是1957年苏联发射了第一颗人造地球卫星，它意味着全球信息革命的重大发展，其重要意义在于开辟了全球卫星通信时代，人造地球卫星把全世界变成了地球村。奈斯比特第一次完整而具体地描述了信息社会的内涵：在新的信息社会中最重要的战略资源是信息而不是资本，知识已成为生产力和成就的关键，知识产业为经济社会提供了必要的和重要的生产资源。在高技术的信息社会中，人们以脑力劳动为主，而不是像工业时代的工人那样以从事体力劳动为主。特别是1946年第一台电子数字计算机的发明，使人类更加快速地进入了信息社会。

这场改变世界的信息革命所带来的信息化，经历了一个从数字化开始，向着网络化和智能化发展的过程。进入 20 世纪 90 年代，国内学者也从不同的学术领域对信息社会进行了初步的探讨和研究，这些研究大多集中在对信息社会的概念和基本特征的分析上。

在信息社会中，信息和知识成为经济发展中超过劳力和资本的最重要因素，人类社会的形态发生了转变，大部分人从事着信息工作，社会中最重要的因素转变为知识，在不知不觉中，人们已经步入了信息社会。

伴随信息社会的到来，作为这个社会最重要的个体——人类，既离不开社会，又是社会属性的活动体，其本质由各种社会关系决定。学习能力成为人类必须具备的、最重要的能力之一，使每个个体尽早融入、适应发展的信息社会，具备信息素养以及掌握信息检索技能，逐渐引起社会广泛的关注，成为推进社会进步与发展的重要因素，同时也是促进人类发展的必要条件和前提。因而，在大学阶段，应该注重对信息素养的培养，而信息检索和获取能力则是信息素养的重要表现。

1.1 信息概述

在当今社会中，信息无处不在，无时不在，无人不用。信息是一种资源，与知识、文献和情报之间有着密切的联系，是社会进步、经济与科技发展的源泉。信息像空气和水一样对人类社会的发展很重要，它与物质、能源并列构成世界三个要素。每个人都需要从各种各样的信息源中收集和利用信息，为决策提供参考依据。及时获得必要和准确的信息是个人、社会存在与发展的前提条件。

1.1.1 信息的定义

从古至今，人类的生活一直与信息密切相关。人类通过了解自然的信息来认识自然，通过社会信息来知悉人类社会的过去，利用信息进行发明创造。人类一直在不知不觉中创造、利用着信息。

信息(Information)有情报、资料、消息、报道之意。在中国历史文献中，“信息”一词最早见于唐代诗人李中的诗词“梦断美人沉信息，目穿长倚路楼台”(出自《暮春怀故人》)。《辞海》对“信息”有两种解释，一是指音讯、消息；二是指通信系统采集、传输、存储和处理的对象，泛指消息和信号的具体内容和意义。20 世纪中叶以后，信息的概念被引入哲学、信息论、系统论、控制论、传播学、情报学、管理学、通信、计算机科学等领域。站在不同的角度，人们会从不同的学科角度给予“信息”不同的定义和理解。而今,“信息”不仅早已成为人们使用频率最高的词之一,也是人们在日常社会生活、工作、学习和研究中随时随地能感受和使用的东西。

从通信学角度出发,信息是通信的内容。信息论的创始人克劳德·艾尔伍德·香农(Claude Elwood Shannon)在《通信的数学理论》中把信息描述为“人们对事物了解不定性的减少和消除,是两次不定性之差”。他认为信息能够用来消除不确定性的东西,信息的多少反映了消除不确定性的大小。

从控制论角度出发,控制论的创始人维纳(Wiener)在《信息控制论》一书中指出:“信息是人们在适应外部世界,并使这种适应反作用于外部世界的过程中,同外部世界进行相互交换的内容的总称。”

从哲学的认识论角度出发,我国大多数学者认为,信息就是信息,就像“数”的概念一样,它是客观世界中存在的一切物质的一种基本属性,用来提供客观世界的一切存在,从而减少人们对客观世界认识和感知的不确定性。也可以说,它是自然界、人类社会和人类思维活动中普遍存在的一切事物的属性,即自然界、人类社会都会产生信息。人的大脑或感觉器官通过接受外界事物发出的种种消息、指令、数据、信号来识别事物的存在、发展和变化。因此,信息是个内涵浅、外延广的概念。

从情报学角度出发,《信息与文献术语》(GB/T 4894—2009)对信息的描述是“信息是被交流的知识,涉及事实、概念、对象、事件、观念、过程等内容”。同时信息亦是“在通信过程中为了增加知识用以代表信息的一般消息”。

本书认为,信息是用文字、数据、信号等形式,通过一定的传递和处理,来表现各种相互联系的客观事物在运动变化中所具有特征内容的总称,包括事物内部结构以及外部联系的状态和方式。信息是无形的,存在于整个自然界和人类社会。它是客观事物的运动状态和特征的反映,是人们认识事物发展的基础。信息不是物质本身,而是物质的一种基本属性,有自然信息、生物信息、机电信息和社会信息等。

信息素养和信息检索所指的信息,是指经过采集、处理、记录并以可检索的形式存储的数据。

1.1.2 信息的基本属性

信息反映了事物之间的相互关系,是事物的表征,但它并不是事物的本身。信息来源于事物,又必须依赖物质作为传播的载体。信息既与事物有着密切的联系,又有着明显不同的特征。其基本特征有以下几点:

(1)客观性。信息既不是物质,也不是能量,而是客观事物普遍性的表征,广泛地存在于自然界和人类社会,其存在不以人的意志为转移,是无处不在、随时都有的普遍社会现象。

(2)存储性。信息存储是针对所采集的信息进行科学有序的存放和保管,以便使用,目的是将杂乱无章的信息集中、整序,提高信息的利用率。

(3)传递性。信息的传递是与物质和能量的传递同时进行的。信息在事物之间的相互联系必定在信息的流动中发生。信息的传递性表现在人与人之间的消息交换;人与机器、机器与机器之间的信息交换;动物与动物、植物与植物、动物与植物之间的信息交换;人类进化过程的细胞选择也是信息的传递与交换。

(4)时效性。信息的时效是指从信息发生、接收到利用的时间间隔及效率。信息是有价值的,但是由于事物在不断变化,表征事物存在方式和运动状态的信息也必然会随之改变,即信息本身具有生命周期,其价值会随着时间的推移而改变甚至消失。

(5)积累性。信息通过人脑思维或人工技术设备的综合、加工和处理,不断积累丰富,使其质量和利用价值不断提高。

(6)相对价值性。信息的价值不同于普通商品,信息的价值是相对的,完全取决于人们对它的认识和重视程度,也就是说,信息的价值更多地体现在人们对它的开发和使用程度上。

(7)依附性。信息不能独立存在,需要依附于不同的载体。

(8)可处理性。人脑就是最佳的信息处理器。人脑的思维功能可以对信息进行决策、设计、研究、写作、改进、发明、创造等多种信息处理活动。计算机也具有信息处理功能,可以通过压缩、转换、积累存储在载体上。

(9)共享性。一般的物质交换遵循等价交换原则,而信息交换双方不会因为交换而失去原有的信息源,相反会为自己增加信息源。信息可以被一个用户使用,也可以被多个用户同时使用,而信息的本质不会被改变。

1.1.3 信息的类型

信息与和人类智能活动有关的知识、技术、科学、文化、社会等密切联系在一起,其涉及范围如此广泛,从而形成不同的信息类型,以至于很难用统一的标准来进行分类。根据信息内容的特点,大体将其按以下几种情况进行分类:

1. 按信息的载体划分

人类社会发展的不仅仅是信息,记载信息的物质载体形式也在不断更新。总的趋势是由简单到复杂,由低级到高级。信息的载体进化过程分为:

(1)手写型。包括甲骨、手稿、竹简、帛书/绢书等。

(2)印刷型。包括纸质图书、期刊、报纸等。

(3)缩微型。包括缩微胶卷、缩微胶片等。

(4)机读型。包括电子图书、电子期刊、网络数据库、光盘数据库等。

(5)声像型。也称视听资料,包括记录有音像的磁性制品如唱片、录音带、录像带、幻灯片、电影片、多媒体资料等。

2. 按信息的出版形式划分

(1)图书。《信息与文献术语》(GB/T 4894—2009)对图书的定义“通常是分页并形成一个物理单元的,以书写、印刷或电子形式出版的知识作品”。图书包括专著、教科书、科普读物及专业参考工具书等。图书的内容系统、成熟、定型、可靠性强,是人们从事学习、研究不可缺少的信息来源。传统印刷业图书出版周期长、体积大、更新速度慢,而电子版图书的出现则弥补了这一缺陷。

正规出版的普通图书都有国际标准书号(International Standard Book Number,ISBN)。从 2007 年 1 月 1 日起,ISBN 由 10 位数字升级至由 13 位数字组成。

(2)期刊。期刊(Journal)是指一种有固定名称、定期或按公示的期限出版的连续出版物。与图书相比,期刊最突出的特点是出版数量大、具有连续性、周期短、内容新,并能迅速反映科技研究成果的新信息。期刊作为重要的文献信息源还体现在世界上所有主要检索工具都以期刊为主要收录对象(占 90%以上),可以比图书更快、更方便地查到所需资料。每种期刊有一个永久专属的国际标准连续出版物号(International Standard Serial Number,ISSN),由 8 位数字组成,分为两段,每段 4 位数,如 ISSN 1002-1027、ISSN 1002-655X。期刊名称变更,要重新申请 ISSN;期刊停刊,ISSN 不会被其他期刊再使用。

(3)会议文献。会议文献(Proceeding)是指在国内外学术团体举行的专业会议上发表与交流的论文或报告。其特点是专业性强、内容新、学术水平高、出版发行较快,大部分是本学科领域内的新成果、新理论、新方法。与期刊相比,会议文献传播情报信息更迅速,能够反映某学科、专业的最新成果和发展动向,是科研工作不可缺少的信息源。

(4)学位论文。学位论文(Dissertation)是高等院校或研究机构的学生为取得各级学位,在导师指导下完成的科技研究、科技试验成果的书面报告,须经专家评审、鉴定通过。学位论文具有较强的学术性,往往有独到的见解。纸质资料一般由学位授予院校保存,电子版数据可在网上数据库检索。

(5)专利。专利(Patent)是记录有关发明创造信息的文献,包含技术信息、法律信息和经济信息。广义的专利包括专利申请书、专利说明书、专利公报和专利检索工具,以及与专利有关的一切资料;狭义的专利仅指各国专利局出版的专利说明书。专利文献具有独创性、实用性、新颖性等特征,是重要的技术经济信息来源。

(6)科技报告。科技报告(Report)是指各学术团体、科研机构、大学研究所的研究报告及其研究过程中的记录。科技报告理论性强,是了解某一领域科研进展状况、发展动态的重要情报源。但是科技报告保密性强,难以获取。例如,美国著名的四大报告:PB 报告、AD 报告、NASA 报告、DOE 报告。

(7)政府出版物。政府出版物(Government)是由政府机构制作出版或由政府机构编辑并授权指定出版商出版的文献。它主要包括两大类:一类是行政性文献信息,包括宪法、司法文献等;另一类是科学技术文献信息,主要指政府部门出版的科技报告、标准、专利文献、科技政策文件等。前者占政府文献信息的60%~70%,后者数量相对较少。

(8)报纸。报纸(Paper)是出版周期最短的定期连续出版物。报纸的基本特点是内容新、涉及面广、读者多、影响面广,及时性是报纸区别于图书和期刊的最主要特征,又称新闻性和时间性。

(9)技术标准和规范。狭义的标准(Standard)是指按规定程序制定,经公认权威机构批准的一整套在特定范围内必须执行的技术规范、技术标准、操作规程、建议、准则、术语、专有名词等在内的各种技术文件。广义的标准指与标准化工作有关的一切文献,包括标准形成过程中的各种档案、宣传推广标准的手册及其他出版物,揭示及报道标准文献信息的目录、索引等。

(10)产品资料。产品资料(Production)是制造厂家和产品销售者介绍其产品的宣传性出版物,包括产品目录、产品说明书、产品样本。通过产品资料可以了解厂家的工艺水平、管理水平和产品发展趋势方面的信息。由于产品资料附有大量图表,因此具有直观的特点;缺点是时间性强,使用寿命短,理论内容介绍极少等。

(11)档案。档案(File)是国家机构、社会组织以及个人从事政治、军事、经济、科学、技术、文化、宗教等活动直接形成的具有保存价值的各种文字、图表、声像等不同形式的历史记录,是完成了传达、执行、使用或记录现行使命而留备考查的文件材料。档案以其记录性和原始性于一体的特点而区别于遗留下来的实物,又因其可靠性和稀有性而区别于一次文献,这就使相当一部分档案在一定时间内是受到保护的,在利用上有特殊的要求和价值。其中的技术档案还具有技术性、适用性、保密性等特征。

(12)灰色文献。灰色文献(Gray Literature)是对一些特殊类型的文献信息的总称,一般被看作非公开出版物。它的研究内容不成熟,流通渠道特殊,没有固定的形态、名称和篇幅,制作份数少,容易绝版,但是往往有特殊的参考价值。

3. 按信息的加工程度划分

人们基于信息的传递链和加工处理深度,将其划分为零次信息、一次信息、二次信息、三次信息等。

(1)零次信息。零次信息是指尚未进行整理或最后定稿的一类信息总称。零次信息是信息的一个部分,是一切信息产生的源信息。

(2)一次信息。一次信息是作者本人以自己的研究或劳动成果为基本素材而创作的原始信息。它包括第一次报道的、第一次书写的或第一次出版的信息,例如,期刊论文、会议文献、学位论文等。

(3)二次信息。二次信息是通过对一次信息的加工、提炼和浓缩而形成的信息。它将分散、无序的大量信息转变为有序的、便于管理的信息,成为查找一次信息的工具,例如,目录、题录、文摘、索引等。

(4)三次信息。三次信息是对一次信息和二次信息进行汇集、综合、分析、评述等深度加工而形成的产物,例如,字/词典、百科全书、年鉴、手册、综述等。

从零次信息、一次信息、二次信息到三次信息反映了信息的集中和有序化过程。零次信息是一次信息的来源,一次信息是零次信息处理的结果。零次信息可能会被信息获取者直接应用,也可能会经过一次或多次加工和传递,成为一次信息、二次信息、三次信息而被其他信息接收方应用。零次信息、一次信息、二次信息、三次信息等,基本上是后者在前者的基础上产生的,它们之间存在"逆向依附性"。

4. 按信息的表现形式划分

信息的表现形式繁多,不同表现形式的信息传递了不同的信息内容。

(1)文字信息。文字是人们为了实现信息交流、通信联系所创造的一种约定的形象符号。文字、符号、代码均是信息的表述形式,其内容再现于它们的结构属性之中。

(2)数值数据信息。数值数据是"信息的数字形式"或"数字化的信息形式"。狭义的"数据"是指有一定数值特性的信息,如统计数据、气象数据、测量数据以及计算机中区别于程序的计算数据。广义的数据是指在计算机网络中存储、处理、传输的二进制数字符编码。文字信息、图像信息、语言信息以及从自然界直接采集的各种自然信息等均可转换为二进制数码，网络中的数据通信、数据处理和数据库等就是广义的数值数据信息。

(3)图像信息。图像是一种视觉信息，它比文本信息更直接，更易于理解。人工创造的图像是抽象或间接的图像信息。随着多媒体技术的发展，各类图像信息库将会极大地丰富人类生活。

(4)语音信息。人讲话实际上是大脑的某种编码形式信息转换成语言信息的输出，是一种最普遍的信息表现形式。音乐也是一种信息形式，是一种特殊的声音信息，它通过演奏的方式表达丰富多彩的信息内容。

需要指出的是，随着信息交流渠道的扩大，科学技术，特别是信息技术的迅速发展，科技信息出版的各类型之间的耦合现象也日趋明显，如有的信息以会议论文的形式发表的同时，还可能以期刊文献或科技报告的形式发表。又如，随着多媒体技术的发展，图像与语音信息也是计算机可读取的，印刷型的信息也同时出版网络版。

1.1.4 知识、文献与情报及其与信息的关系

1. 知识

知识(Knowledge)，即人类认识的成果或结晶，包括经验知识和理论知识。经验知识是知识的初级形态，系统的科学理论是知识的高级形态。《现代汉语词典》中的知识，是指人们在社会实践中所获得的认识和经验的总和。人们通过来自自然界和人类社会的不同信息以区别各种事物，从而认识世界，并最终改造世界，而在认识世界的过程中又把这种已经获得的信息，通过大脑思维重新组合，汇集成知识。也就是说，知识是人类对信息、对客观事物规律的认识，是人们在社会实践中积累起来的经验，是通过实践对客观事物及其运动规律的认识。人类社会的进步，正是知识不断积累、更新的过程。

综上所述，知识是人类的主观世界对于客观世界的信息的概括、总结和反映的产物。迈克尔·波兰尼(Michael Polanyi)认为，人类的知识有两种：一种是显性知识，即能够被人类以一定的符码系统(如人类的语言，也包括数学公式、图表、盲文、手势语等)加以完整表述的知识；另一种是隐性知识，它与显性知识相对，是指人类可以感知，但无法表述的知识。

信息是知识的源泉和基础，人们通过信息来认识和掌握自然界以及人类社会的活动规律。人脑通过思维重新组合信息、加工信息，使其系统化。人脑对信息加工的成熟度会因人的学术水平和思考时间而存在差异，学术水平高的人对

信息精心加工能产生高质量的知识，即信息转变成知识。人们利用获取的知识再创造新信息，知识又转化成了信息。信息与知识密不可分，但信息不等于知识。

2. 文献

为了把人类的知识传播开来和继承下去，人们用文字、图像、符号、声频、视频等手段将其记录下来，写在纸上或存储在介质上，这种附着在各种载体上的记录被统称为文献。

国家标准《文献著录第 1 部分：总则》(GB/T 3792.1—2009)对文献有如下定义："文献指记录有知识的一切载体。"这就是说文献具有两个要素。其一，知识内容。人类的知识是在社会实践中后天形成的，是对现实的反映；其二，物质载体，载体是知识的外在表现形式，是文献的外在形态，它可以是甲骨、青铜器、纸介型文献、胶片、磁带、磁盘、光盘等。文献信息和载体，既有不可分割性，又有相对独立性，也就是说，文献的内容不会因为载体形式的改变而改变，不同的文献载体可以传播同一个内容的知识。

文献积累着知识，保存着人类文化遗产，它汇集了人创造的精神财富，是知识的宝库。文献在时间上的传递，实现了人类从古到今知识的传承和发展；文献在空间上的传播，促进了同时代人们之间知识的交流和沟通，从而推动了社会的发展。但是同时也要注意到，文献所传递的知识是人们对客观世界认识的反应，因而不一定完全符合客观世界表现出来的信息内容，这取决于人们的认识水平、立场观点、思考方法和时代因素等的差异。

3. 情报

在古代，情报首先产生于军事领域。民国时期的出版物《辞源》指出，定敌情如何，而报于上官者是为情报；《辞海》中认为，战时关于知情之报告，曰情报。这些解释反映了情报传递消息的功能及构成情报的两个基本要素——"情"与"报"，强调情况、消息的传递报道作用。到了近代，随着科学技术的迅速发展，创造与传播知识的工作有了新的发展，对情报的概念也有了新的认识。

在东西方文化的交流过程中，信息和情报两词在媒体上经常混用，"information"一词既可译为"信息"，也可译为"情报"，但事实上这两者是有区别的。钱学森将情报定义为：在特定的时间、特定的状态下，传递给特定对象的有用的知识和信息。也就是说，情报是为解决特定问题所需要的知识或信息。情报来源于知识和信息，具有知识性、信息性、动态性、效用性、时间性等属性。符合人们特定需求的信息和知识一旦进行了有效传递，即具备了价值性、时间性等特征，就成为情报；而失去时效性的情报又可以还原为知识和信息。知识和信息在人类社会实践活动中被动态地接受与利用，并通过情报的传递功能产生效用。情报在传递过程中启迪人们的思维，改变人们的知识结构，提高人们的认知能力，并实现知识的社会价值和经济价值。

综上所述，情报是信息和知识的激活。

4. 信息与知识、文献、情报的关系

信息、知识、文献、情报之间在内容和范围上存在一定的从属关系，如图 1-1 所示。

信息是物质的表现形式，和其所表现的客观事物一样，无处不在，无时不有。知识、文献和情报都是信息的深化、积累，是优化了的信息，它们的产生离不开信息和信息的传递。从外延上看，知识、文献、情报都包含在信息之中。从文献和情报的定义可以看出，文献是记录各种知识的存储载体和重要的传播工具，是重要的知识源。情报是针对特定目的所传递的有价值的信息和知识。情报蕴含在信息和知识之中，并非所有的信息和知识都是情报，但情报一定是信息或知识。

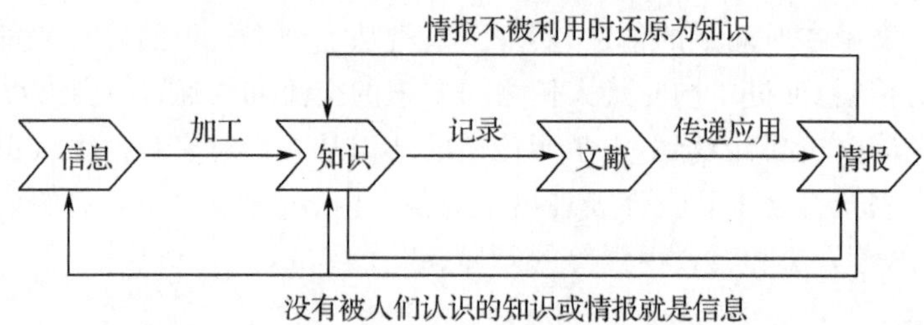

图 1-1　信息与知识、文献、情报的关系

总之，知识是系统化的信息，文献是记录知识的载体，情报是信息与知识的有效传递。信息的生命过程中有两次转化：一是信息转化为知识、文献和情报；二是知识、文献和情报转化成信息。

1.2　信息资源检索

资源，一般指能够创造物质财富的东西，像物质、能量，被称为有形资源。信息在现代社会也同物质、能量一样是一种重要的资源。信息资源是指通过不同媒介和渠道获取的，可以直接转化为社会生产力的基本要素以及存在于生活、工作环境中的一切信息。信息资源与物质、能量资源不同，被称为第三资源。它是一种无形资源，可以创造财富，不遵从守恒定律，取之不尽，用之不竭。

1.2.1　信息资源概述

信息资源的混乱无序造成了信息利用效率的低下，因此必须对信息资源进行有效的组织与管理。信息资源的组织与管理是一门新兴学科，涉及信息科学、计算机科学、管理学、经济学等多学科领域，其理论与方法体系尚在形成与发展之中。但究其本质而言，主要包括信息资源组织与信息资源管理两大内容。

1. 信息资源组织的定义

信息资源组织在信息资源开发中具有重要的地位，具有承上启下的作用。它是建立信息系统的重要条件，是信息存储与检索的基础，是发挥信息效用从而创造价值的保证。

信息资源组织包括信息资源内容本身的组织，即利用一定的科学规则和方法，对信息资源的内容特征进行规范化和整序化，实现无序信息流向有序信息的转换，从而保证用户对信息的有效获取和利用，以及信息的有效流通和组合，实现信息资源的开发、利用、管理和控制。

2. 信息资源组织的原则

信息资源组织的目的是使信息特征有序化、信息流向明确化、信息流速适度化。在信息资源组织的原则过程中，一般遵循以下原则：

(1)科学性原则。要用科学方法来研究信息资源的分布规律，以科学的态度对那些缺乏社会监督的资源进行鉴别，去粗取精，去伪存真。

(2)系统性原则。信息资源只有系统地、连续地进行组织，才能发挥效用，尤其是重点或特色资源，绝不能中断，不成系统。按照系统论的观点，1＋1＞2，每一种信息只有当它是整个信息集合体的一个有效组成部分时，才能充分发挥其潜在的能量。

(3)效益性原则。信息资源组织与管理的效益性，包括社会效益和经济效益两个主要方面。社会效益是指信息的使用对社会持续发展有益于社会进步的效果，给读者或用户所带来的方便与满意程度。经济效益指信息资源对科技进步、宏观决策以及相关产业发展所起的作用。

3. 信息资源管理

信息资源管理是为了实现信息资源组织的目标、要求，解决信息资源组织环境问题，综合应用现代信息技术和管理技术，对信息资源涉及的各个要素(信息、技术、人员、设备、资金、规范、机构等)进行开发、规划、协调、控制、集成和利用的一种战略,确保信息资源的有效利用。

信息资源管理的目的可以概括为促进信息资源组织目标的实现,满足用户对信息产品和信息服务的需求,为政府部门进行决策和实施调控提供规范和有序的信息支持。降低社会信息流的混乱程度,提高信息产品的质量和价值。建立信息产品与用户的联系,减少社会信息活动的总成本。

1.2.2 信息资源检索的概念

信息资源检索(Information Retrieval,IR)是将信息按一定的方式组织起来,并根据用户的需要找出有关信息的过程和技术。从根本上来说,真正具有信息素养的人不仅要具备信息意识,更要掌握信息检索技术,具备信息获取的能力。根据美国科学基金委员会、凯斯工学院研究基金会以及日本国家统计局的初步统计,科研人员在一个研究项目中,其时间分配大致如图 1-2 所示。

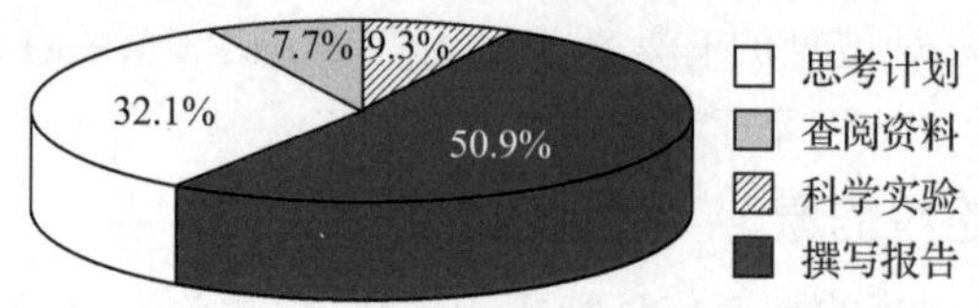

图 1-2 科研人员研究时间粗略分配

需要注意的是,检索与搜索是两个不同的概念,两者之间的差异见表 1-1。

表 1-1 检索和搜索的区别

项目	检索(Retrieval)	搜索(Search)
获取途径	从有序信息集合中识别与获取所需信息	从任意资源中获取所需信息
过程和方法	有一定的策略,系统地查找资料	随机或更随意一些
技能	需要一定的专门知识和技能	简单,任意词
用途	课题或专题	日常生活、学习
结果	通常不知道结果	通常知道结果
效率	迅速、准确	一般

1. 信息资源检索的定义

信息资源检索可以从广义和狭义两个角度理解。从广义上讲,信息资源检索包括两个过程:一是信息存储(Information Storage),指将杂乱无序的信息有序化存储形成信息集合的过程(信息的标引、加工和存储过程);二是信息检索(Information Retrieval),即用户根据需要从信息集合中找出特定信息的过程。从狭义上讲,信息检索通常指第二个过程,仅指信息资源检索(Information Search)这一过程。

2. 信息资源检索的类型

信息资源检索主要有六种形式:

(1)文献检索(Document Retrieval)。文献检索是以文献(包括目录、题录、文摘、索引和全文)为检索对象,以科学的方法利用专门的工具,从大量的文献资料中迅速、准确、完整地查找到文献资料的过程。

(2)数据检索(Data Retrieval)。数据检索是以数值或数据(包括数据、图表、公式等)为对象的检索。它一般以数据大全、手册、年鉴等为检索工具。

(3)事实检索(Fact Retrieval)。事实检索是以某一客观事实为检索对象,查找某一事物发生的时间、地点及过程的检索。一般利用字词典、年鉴、百科全书、手册等作为检索工具。

(4)全文检索(Full Retrieval)。全文检索是计算机程序通过扫描文章中的每一个词,对其建立一个索引,并指明该词在文章中出现的次数和位置,当用户查询时根据所建立的索引进行检索。

(5)超文本检索(Hyper-Text Retrieval)。超文本检索是利用非线性信息组织方法建立数据库并检索相关信息的方式。超文本的基本组成元素是节点和节点间的逻辑连接链。节点存储信息,节点中的信息和逻辑连接链被联系在一起,构成相互交叉的信息网络,当用户激活某个节点时,计算机就会在屏幕上显示出相应节点的信息。

(6)超媒体检索(Hyper-Media Retrieval)。超媒体检索是在超文本的基础上发展而来的。随着多媒体技术的发展,开始将图像、图形视频、动画、声频等超媒体信息载体用来建立超链接。存储对象从单维发展到多维,存储空间不断扩大。

1.2.3 信息资源检索的基本原理

信息检索的基本原理就是将用户需求(检索)标识和信息集合中的存储(标引)标识进行比较和选择,其核心是两者通过检索语言进行匹配(Match)的过程。两者标识匹配,则具有这些特征标识的信息就从检索系统输出,输出的信息就是检索要求的信息。匹配有多种形式，既可以是完全匹配，也可以是部分匹配，这主要取决于用户需要，如图 1-3 所示。

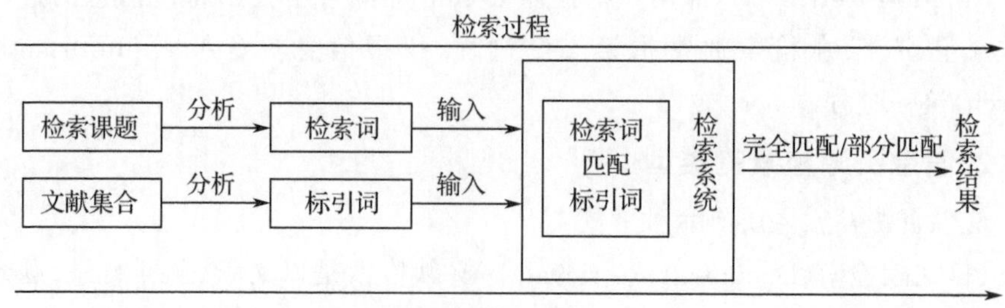

图 1-3　信息检索的原理

1.2.4　信息资源检索的检索语言

检索语言是信息管理和信息检索的基础，它作为标引人员和检索用户的共同语言，建立了信息特征表达和信息需求之间的桥梁。在网络化、信息化的今天，检索语言的应用范围更加广泛，其质量直接影响检索系统的查全率和查准率，是影响检索效果评价的一个重要因素。

检索语言(Retrieval Language)是信息检索系统存储与检索所使用的共同语言。它是一种专门用以描述文献信息的外部特征和内容特征，表达检索需求的人工语言。由于自然语言不可避免地存在词汇上的歧义性、语义上的歧解性，不便用于标引和检索工作，因此，情报检索领域出现了各种检索语言，为标引人员和检索者之间交流思想、取得共同的理解提供了工具。检索的匹配实质就是通过检索语言的匹配来实现的，检索语言是人与检索系统对话的基础，要想正确地使用检索系统，必须了解和掌握检索语言。

检索语言有许多种，一般按对信息特征的描述来区分，具体类型如图 1-4 所示。

1. 主题语言

主题语言是以自然语言的字符为字符，以名词术语为基本词汇，用一组名词术语作为检索标识的检索语言。主题语言是指经过控制的、表达文献信息内容的语言。主题语言需规范，主题词表是主题词语言的体现，词表中的词作为文献内容的标识和查找文献的依据。

以主题语言来描述和表达信息内容的信息处理方法称为主题法。

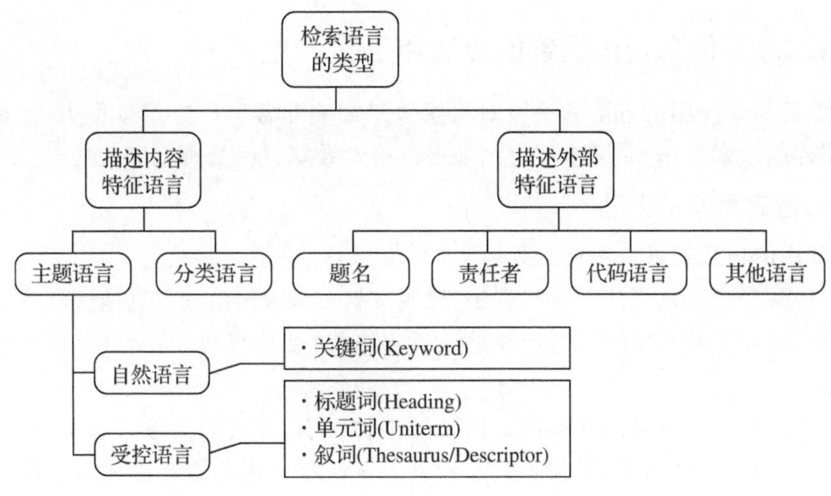

图 1-4　信息资源检索语言的类型

2. 分类语言

分类语言是指以数字、字母或数字与字母结合作为基本字符，采用字符直接连接并以圆点(或其他符号)作为分隔符的书写法，以基本类目为基本词汇，按类目的从属关系来表达复杂概念的一类检索语言。

以知识属性来描述和表达信息内容的信息处理方法称为分类法，著名的分类法标准有《国际十进分类法》《美国国会图书馆图书分类法》《国际专利分类表》《中国图书馆图书分类法》等。

3. 代码语言

代码语言是指根据事物的某方面特征，用某种代码系统来表示和排列事物概念，从而提供检索的检索语言。例如，根据化合物的分子式这种代码语言，可以构成分子式索引系统，允许用户从分子式出发，检索相应的化合物及其相关的文献信息。

4. 表达文献外部特征的检索语言

表达文献外部特征的检索语言主要是指文献的题名(篇名/标题/题目/书名/刊名/出版物名称)、责任者(作/著者姓名、专利权人姓名、作/著者单位、机构/团体名称)、出版者、报告号、专利号等。将不同的文献按照题名、责任者名称的字序进行排列，或者按照报告号、专利号的数序进行排列，所形成的以题名、责任者及号码的检索途径来满足用户需求的检索语言。

1.2.5 信息资源检索的方法和手段

信息检索使用的方法和手段对检索效果影响非常大。检索过程中,使用科学、正确的检索方法和手段,可大大地提高检索效率;反之,则会事倍功半。

1. 信息检索的方法

常用的信息检索方法有三种:

(1)常用法。常用法分为顺查法(按照文献出版时间由远及近地逐年查找)、倒查法(按照文献出版时间由近及远地逐年查找)和抽查法(按学科兴旺时期检索信息)。

(2)追溯法。追溯法利用已知信息的某种指引,如文后的参考文献、相关书目、引文注释、辅助索引、附录等追踪检索。这些材料指明了与用户需求最密切的文献线索,往往包含了相似的观点、思路、方法,具有启发意义。

(3)交替法。交替法是把常用法和追溯法结合起来查找文献的方法。即先利用常规检索工具找出一批有用信息,再利用这些信息所附的引文进行追溯查找,由此获得更多信息。

2. 常用信息检索手段及比较

常用信息检索手段分为手工检索和计算机检索(光盘检索、联机检索和网络检索),这些检索手段差异比较见表 1-2。

表 1-2 各种检索手段差异比较

项目	手工检索	计算机检索		
		光盘检索	联机检索	网络检索
组成	印刷型书刊、资料	计算机硬件、检索软件、信息存储数据库、通信网络	中央服务器、检索终端、检索软件、联机数据库、通信网络	网络服务器、用户终端、网络数据库、通信网络
优点	直观,回溯性好,无时间限制,信息存储与检索费用低	设备简单,检索费用低,检索技术容易掌握	检索范围广泛,检索速度快,检索功能强、及时性好	检索方法简单,检索较灵活、方便,及时性好,检索费用和速度均低
缺点	检索入口少,速度慢,费时,效率较低	更新不够及时	检索技术复杂,设备要求高,回溯性差,检索费用昂贵,有时间限制	

1.2.6　信息资源检索的效果评价

检索效果(Retrieval Effectiveness)是指检索系统检索的有效程度,它反映了检索系统的能力,包括技术效果和经济效果。技术效果是由检索系统完成其功能的能力来确定的,主要指系统的性能和服务质量。经济效果由完成这些功能的价值所确定,主要指检索系统的服务成本和时间。存储的广泛全面要求检索系统保证一定的覆盖面和摘储率,信息资源要丰富、完备。检索的迅速、准确则要求检索系统有更多的入口和信息存取点,使用户能从多渠道、多方面尽快找到所需资料。

1. 检索指标

通常,我们将检索信息分为四类,见表 1-3。

表 1-3　　检索信息的分类

项目	相关信息	非相关信息	总计
检出信息	a(hit)	b(noise)	$a+b$
未检出信息	c(mission)	d(rejected)	$c+d$
总计	$a+c$	$b+d$	$a+b+c+d$

表 1-3 中,a 是被检出的相关信息,即查准的信息;b 是被检出的非相关信息,即误检的信息;c 是未检出的相关信息,即漏检的信息;d 是未检出的非相关信息,即正确拒绝的无关信息。

为衡量检索系统效率,我们引入以下 4 个常用的检索指标:

(1)查全率(Recall Ratio)。查全率是衡量某一检索系统从信息集合中检出相关信息成功度的一项指标,描述检索系统检出相关信息的能力。查全率 R 用检出的相关信息量与全部相关信息量的百分比来描述,即

$$R=[a/(a+c)]\times 100\%$$

(2)查准率(Precision Ratio)。查准率也称相关率,是衡量某一检索系统信息"噪声比"的一种指标,描述检索系统拒绝不相关信息的能力。查准率 P 用检出的相关信息量与检出的全部信息量的百分比来描述,即

$$P=[a/(a+b)]\times 100\%$$

(3)漏检率(Mission Ratio)。漏检率是与查全率相对应的概念。漏检率 M 用未检出的相关信息量与全部相关信息量的百分比来描述,即

$$M=[c/(a+c)]\times 100\%$$

(4)误检率(Noise Ratio)。误检率是与查准率相对应的概念。误检率 N 用检出的不相关信息量与检出的全部信息量的百分比来描述,即

$$N=[b/(a+b)]\times 100\%$$

2. 查全率与查准率的关系

在评价检索系统的检索效果时,最为常用的是查全率和查准率。一般将查全率和查准率结合起来,否则难以准确反映检索系统的功能和效果。

在一个检索系统中,查全率与查准率呈反比(互逆)关系。检索标识全面广泛,则网罗性强,可保证较高的查全率,但是相关度不高的主题内容会同时被检出,查准率会降低。反之,检索标识具体、专指,则检索的信息会更切题,提高了查准率,但命中信息少,降低了查全率。查全率与查准率的关系曲线如图 1-5 所示。

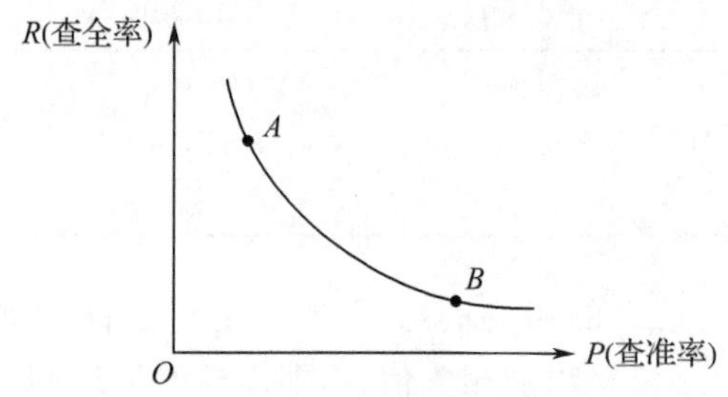

图 1-5　查全率与查准率的关系曲线

因此,我们在制定检索策略时应根据课题需要,合理分配、协调二者之间的比例,以满足课题需要为最终目的。理想的检索效果应该是同时获得 100%的查全率和 100%的查准率,但在实际检索中很难达到。

3. 降低查全率和查准率的主要因素

查全率和查准率与文献的存储与信息检索两个方面是直接相关的,也就是说,它们与系统的收录范围、标引工作和检索工作等有着非常密切的关系。

(1)降低查全率的因素。从文献存储的角度来看,降低查全率的因素主要有数据库收录文献不全、索引词汇缺乏控制和专指性、词表结构不完整、词间关系模糊或不正确、标引不详、标引前后不一致、标引人员遗漏了原文的重要概念或用词不当等。此外,检索策略过于简单、选词和逻辑组配不当、检索途径和方法

少、检索人员业务不熟练或能力欠缺、检索系统不具备截词功能和反馈功能、检索时不能全面描述检索要求等也会降低查全率。

(2)降低查准率的因素。降低查准率的因素主要有索引词不能准确描述文献主题和检索要求、组配规则不严密、选词及词间关系不完整、标引过于详尽、组配错误、检索时所用检索词(或检索式)专指度不够、检索面宽于检索要求、检索系统不具备逻辑“非”功能和反馈功能、检索式中允许容纳的词数量有限、截词位置不当、检索式中使用逻辑“或”不当等。

4. 提高检索效果的措施

(1)提高检索人员素质。检索过程是一个人机互动的过程,人的因素占支配和主导地位,检索效果同人的知识认识水平、业务能力、经验和责任心密切相关。检索过程中,虽然检索劳动由机器来操作,但复杂的思维劳动,如检索策略的制定、检索程序的设计、检索途径与检索方法的选择等仍需人通过大脑进行不断思考、判断和抉择。因此,必须提高检索人员的检索素质。

(2)选择合适的检索工具和数据库。既要注意选择质量较高的检索工具和数据库,又要选用适合检索课题需要的检索工具和数据库。

(3)准确使用检索语言。所用检索语言应能准确表达情报需求,注意灵活运用泛指性较强和专指性较强的检索语言。使用泛指性较强的检索语言(如上位类、上位主题词)能提高查全率,但查准率会下降;使用专指性较强的检索语言(如下位类、下位主题词)能提高查准率,但查全率会下降。

(4)优化检索策略与步骤。正确的检索策略,可优化检索过程与检索步骤,有助于求得查全和查准的适当比例,节省检索时间与费用,取得最佳的检索效果。用户信息需求的多样性,决定了其检索目的、检索策略、检索方法与检索步骤的差异性。只有充分了解用户的检索要求,才能有针对性地选择检索工具;只有了解用户的检索目的,才能有效地把握查全率与查准率的关系。

(5)充分发挥检索系统的功能。检索语言、检索技术、检索方法的正确、灵活使用,可以使检索者更好地与检索系统协调、配合。另外,也要根据不同的检索课题的需要,适当调整对查全率和查准率的要求。例如,对查全率要求很高的查新工作,就要放弃对查准率的苛刻要求。当代科技信息检索系统能达到的查全率和查准率分别是 60%～70%和 40%～50%。除此之外,还可以通过提高用户素质、加强对查询项的预处理、改进检索系统人机交互界面、应用人工智能、开发新的相似度计算方法、对已有相似度计算方法的整合等办法提高检索效果。

1.3 信息素养与元素养

当今世界,人类社会正处于一个信息爆炸的时代,信息素养是生活在现代社会中的每一个人所必须具备的基本素质,越来越受到世界各国的关注和重视。现代社会的竞争,越来越表现为信息积累、信息能力和信息开发利用的竞争。为此,了解信息素养的含义、注重提高信息意识、开展信息道德教育、明确信息素养教育内容是非常重要和具有现实意义的。

1.3.1 信息素养的基本概念

素养在《汉语大辞典》中的解释是"修习涵养,平素所供养",如文学素养。这种解释偏重素养的获得过程,指明素养非一朝一夕所能形成,而是长期"修习"的结果。英语对素养(Literacy)的解释则偏重结果,有两层含义:一层是指有学识、有教养,多用于学者;另一层是指能够阅读、书写,有文化,对象则是普通大众。无论是从过程还是从结果来看,二者都认为素养是动态发展的,我们认为素养是由训练和实践而获得的技巧或能力。

与素养相近的另一词语是素质。《汉语大辞典》中的"素质"有四种释义:一是指白色质地;二是指白皙的容色;三是指事物本来的性质;四是指人的神经系统和感觉器官的先天特点。素质在心理学上是指人的某些先天特点,是事物本来的性质(Quality)。由此可见,素养区别于素质主要表现在四个方面:

(1)素养是后天养成的,而不是天生的,素养的养成更多地取决于环境和教育。

(2)素养是可以培养的,素养的养成是一个从低到高、逐步发展的过程;作为发展中的人,伴随时代发展,需要不断提升自己的素养以适应社会发展和自身发展的需要。

(3)素养是多层面的,它涉及从意识到实践、从心理到生理、从言谈到举止、从思想到行为等全方位的问题。

(4)素养是综合的,孤立的素养是不存在的,素养的培养与人的全面发展是相一致的。

综上所述,素养区别于更多受先天因素影响的"素质"。

信息素养(Information Literacy,IL)的概念最早是由美国信息产业协会(Information Industries Association,IIA)主席保罗·泽考斯基(Paul Zurkowski)于 1974 年在向美国国家图书馆与信息科学委员会(National Commission on Libraries and Information Science,NCLIS)提交的一份报告中提出的。这份报告将信息素养解释为:利用大量的信息工具及原始信息源使问题得到解答的技术和技能。

1989 年,美国图书馆协会(American Library Association,ALA)将其定义为:具有较高信息素养的人,必须能够充分地认识到何时需要信息,并能检索、评价和有效地利用所需信息。从根本上讲,具有信息素养的人知道如何学习,掌握了知识的组织机理,知晓如何发现信息以及利用信息,是有能力终身学习的人,有能力为任何任务或决策找到所需信息。

信息素养是一种基本能力,也是一种涉及各方面知识的综合能力,是对信息社会的适应能力。美国教育技术 CEO 论坛 2001 年第四季度报告提出:21 世纪的能力素质,包括基本学习技能(指读、写、算)、信息素养、创新思维能力、人际交往与合作精神、实践能力。

2015 年,《美国高等教育信息素养框架》指出:信息素养是指包括对信息的反思性发现,对信息如何产生和评价的理解,以及利用信息创造新知识并合理参与学习团体的一组综合能力。此框架将信息素养的内涵提升至更高层次。

21 世纪上半叶,信息科学与技术正在发生深刻的跃变:如专著《大数据时代:生活、工作与思维的大变革》引发热议,大数据有“4V”特点:Volume(容量)、Variety(种类)、Velocity(速度)、Value(价值)。Volume 指巨大的数据体量与完整性,数据量从 TB 级别跃升到 PB 级别。Variety 是指数据类型繁多,在海量、各类繁多的数据间发现其内在关联。Velocity 指大数据要求处理速度快。Value指大数据的洞察力和价值,需要将信号转化为数据,将数据分析为信息,将信息提炼为知识,以知识促进决策和行动。再如,信息技术已进入全民普及阶段,21 世纪很可能会出现信息技术应用的“寒武纪大爆发”,信息技术惠及大众、惠及信息素养教育将成为未来几十年的主旋律。

1.3.2　元素养概述

数十年来,美国大学与研究图书馆协会(Association of College and Research Libraries,ACRL)在推进高等教育信息素养中一直承担着主导作用。于 2000 年发布的《高等教育信息素养能力标准》,掀起了各国信息素养能力教育高潮。然而随着信息社会的发展和信息技术的提高,我们赖以工作和生活的信息生态系统和环境也呈现活跃、无定性的特点。有关信息获取、信息利用的相关素养概念不断出现,人们开始重新思考、审视、认识信息素养的地位和作用。

2011 年 1 月，美国信息素养教育专家 Mackey Thomas P. 与 Jacobson Trudi E. 在 *College & Research Libraries* 发表了“Reframing Information Literacy as a Metaliteracy”(重构信息素养为一种元素养)一文，首次提出元素养(Metaliteracy)的概念。

1. 元素养的概念

我们处在一个动态的信息社会中，学会创造和共享信息是一项必不可少的技能。元素养扩展了传统信息技能范畴，把参与数字环境中的协作生产信息和共享信息包括进来，将信息素养内涵从确定、获取、定位、了解和使用信息延伸到信息的创作、生产和共享。元素养教育强调批判性思维和交互协同能力，重点关注信息素养教育中学习者在情感和元认知方面的变化，要求学习者不断适应新兴技术，既是信息的使用者，也是信息的创造者、合作者和分配者，自主适应瞬息万变的信息社会环境，通过各种素养的融合来提升整体综合基础能力。元素养是一种根本的、自我参照的综合框架，是催生其他素养的素养。元素养要求学习者从行为上、情感上、认知上以及元认知上参与到信息生态系统中，为我们树立了信息素养教育的全新理念，如图 1-6 所示。

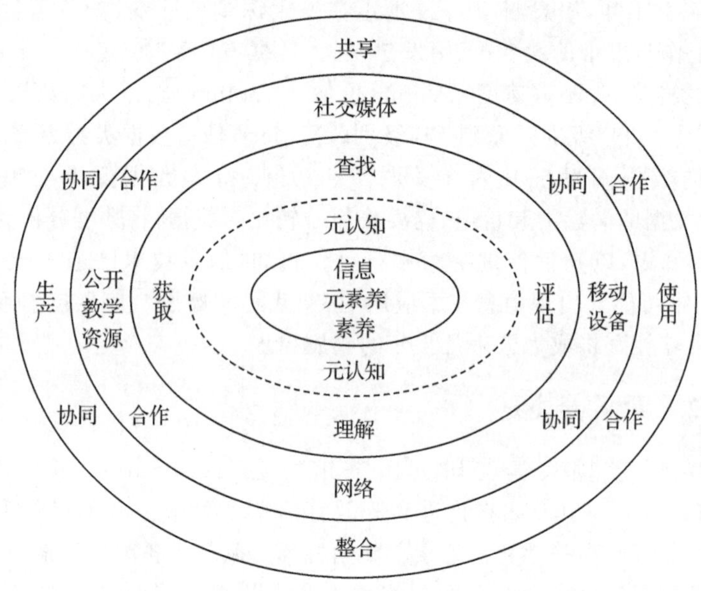

图 1-6 元素养概念模型

元素养模型表明，元素养是以信息素养为基础，强调思考问题的批判能力、信息的甄别能力和元认知能力的培养。在社交媒体、移动化、在线实时和开放教育资源的大环境下,信息素养的内涵查找、获取、评估和理解固然重要,但元素养更强调信息的共享、使用、整合和生产。

元认知作为一项重要的信息素养能力,是元素养概念中的重要组成要素,在信息问题解决过程中,特别是在处理复杂认知问题中扮演着重要的角色。元认知能力要求用户不仅要学会各种信息查询技能,更要掌握使用这些技能的知识与能力,强调对自己思考过程的认识和理解。元认知着重于人们如何学习和处理信息,同时考虑个人对如何学习的认识;知识技能是学习者理解了阈概念之后所具备的技能或能力,体现了学习者增强对信息素养概念理解的方式;行为方式是指以特定的方式行动或思考的倾向。具体地说,行为方式是偏好、态度和意图的统称,也指偏好以某种特定方式实践的综合能力,描述了处理对待学习的情感、态度或评价维度的方式。学而不思则罔,思而不学则殆,提倡元认知,让学生通过对学习结果和过程的反思来探求学习之道。

2. 高等教育信息素养框架

2015年1月,《高等教育信息素养框架》(*Framework for Information Literacy for Higher Education*)(以下简称《框架》)正式颁布,围绕元认知对信息素养进行了重新定位。支撑它的两个新元素是:元素养和阈概念(Metaliteracy and Threshold Concepts)。

《框架》以新元素为理论基础,确定元素养成为催生其他信息素养的核心素养,从全新角度定义信息生态系统中,高校学生应具备的信息知识与能力,以及应有的行为方式或情感态度。其核心是将许多信息、研究和学术方面的相关概念和理念融汇成一个连贯的整体,是美国高等教育界和图书情报界在信息素养教育上的又一里程碑,预示着传统信息素养教育向元素养教育观念的转型,对于国际范围内开展信息素养教育具有很强的前瞻性。

《框架》特别使用了框架(Framework)一词,围绕一系列的"框架要素"(Frames)制定而成。这些"框架要素"是指学生要想在学科、专业或知识领域取得真才实学,就必须通过的那些阈概念。每个"框架要素"包含知识技能部分,用以说明如何灵活运用所掌握的概念,并利用它们创造新知识。每个"框架要素"也包含一系列针对学习情感的行为方式部分,供学习者灵活选择实施。"框架要素"指出学生要想在学科、专业或知识领域取得真才实学,就必须知道什么、掌握什么。

《框架》按六个"框架要素"编排,每一个"框架要素"都包括一个信息素养的核心概念、一组知识技能以及一组行为方式。代表这些"框架要素"的六个概念按其英文字母顺序排列如下：

权威的构建性与情境性(Authority is Constructed and Contextual)；

信息创建的过程性(Information Creation as a Process)；

信息的价值属性(Information has Value)；

探究式研究(Research as Inquiry)；

对话式学术研究(Scholarship as Conversation)；

战略探索式检索(Searching as Strategic Exploration)。

阈概念是指在任何学科领域中,为增强理解、思考以及实践方式起通道或门户作用的理念,是一些核心的或者基础的概念。学习者一旦掌握了这些概念,就可以创建新的视角,以及某学科或者挑战性知识领域的认识方法。这类概念会引起学习者内部的变化,没有它们,学习者无法在该知识领域内获得专业知识。阈概念可以被认为是门户,即学习者必须通过它才能形成新的观点和更充分的认识。

《框架》基于元素养这一核心理念,特别强调元认知,或称批判式反省(Critical self-reflection),增加了知识技能(Knowledge Practices)和行为方式(Dispositions)两个重要元素,阐明与这些概念相关的重要学习目标。知识技能体现了学习者增强对信息素养概念理解的方式;行为方式描述了对待学习的情感、态度或评价维度的方式。

《框架》中设定的信息素养将拓宽学生学习范围,与其他学术和社会学习目标相融合。因此,元素养是信息素养的扩展定义,旨在挖掘信息素养的巨大潜能,使其成为更有深度、更加系统完整的学习项目,包括学生在校期间所有基础课、专业课、本科研究、团体学习以及课程辅助学习等各个方面。《框架》极其关注合作的重要性,以及增强学生在知识创造和学术研究过程理解上的潜能,同时也强调学生的参与度与创造力。

1.3.3 从信息素养到元素养

随着网络技术的发展、信息环境的变革,从信息素养到信息通晓的转换,信息素养含义扩展到包括多种素养,衍生出视觉素养、网络素养、数字素养、媒体素养、跨媒体素养等相关概念,并且新的素养还会逐渐出现。元素养概念就是在信息社会不断发展变革,信息素养概念不断演进的基础上提出来的。元素养理论成功地阐明了信息素养是其他素养的根基,并将教育目标由以文献信息资源的搜索利用为主转变为培养学生在社交媒体时代的批判式反思和协同合作能力。

1. 元素养——信息素养的新定位

元素养以信息素养为基础，包含相关概念的内容，并能够催生其他素养。从这个角度讲，元素养概念是一个涵盖所有与信息、网络相关的，内容包容性很强的概念。元素养提供了在线进行信息获取、评估、组织、交互协同生产与分享所必需的更高级思维，也可以说是新信息环境下对信息素养的一种替代概念。元素养提供了新的学术话语，保留并整合各种素养理论的合理内核，同时引入批判性思维、交互协同生产与分享信息、元认知等新的素养要素，完善了信息素养理论内容，为信息素养研究设定了新的研究议程，给出对各种素养理论的整合性框架，推动了信息素养理论的跨越式发展。当今媒体环境呈现出瞬变、合作和自由流动的特征，信息不是容易获取的固定物，需要学习者具备新的媒体技能，尤其是需要具备批判性评估、共享信息的综合能力，以发现和辨别有效或有用的信息。

2. 元素养——信息素养是相关素养的基础

根据时代的发展，基于对信息、信息载体或信息交流环境的变化和特点，人们提出了这样或那样与信息有关的素养概念，但信息素养所要求的信息检索、获取、评价、吸收、利用能力，以及个人在评价信息时应当具备的辩证思维，是这些新素养概念对个人素养能力的共同要求，只是不同素养概念侧重点或关注点不同，适用的范围不同而已。信息素养是媒体素养、视觉素养等相关素养的共同基础，是这些素养的支撑。媒体素养、视觉素养等相关素养是信息素养的拓展或细化。

3. 元素养目标领域

元素养学习分为四个领域，指向四个培养目标。其中每个目标下面细分为若干个具体指标，每个细分指标分属于不同的领域。元素养在秉承信息素养原则的基础上，增加了一些能够反映不断发展的信息环境的新目标，多数细分指标远超传统信息素养内容，促使元素养学习者必须不断学习。

元素养学习四个领域包含行为（Behavioral）、认知（Cognitive）、情感（Affective）、元认知（Metacognitive）。元素养的培养目标分为四个方面：

（1）能批判性地评估动态演化的信息内容和网络情境，包括动态、在线内容的变化和发展，如文章预印本、博客和维基。

（2）能结合变化的技术环境理解信息。

（3）在多元化信息参与环境中协同和共享信息。

（4）具备针对个人、学业及专业目标，学习和科研相结合的终身学习能力。

具体见表 1-4。

表 1-4　元素养学习的目标领域

领域名称	相关描述	培养目标
行为	学习者完成学习后应具备的技巧和能力(信息利用、科研能力等)	A,B,C
认知	学习者完成学习后知道“做什么”(理解、应用、组织、评估信息)	A,B,C,D
情感	学习者完成学习后态度或情感的转变	A,B,C
元认知	学习者完成学习后对自己思路的反思,知道为何学、如何学、知道及不知道什么、观念是否偏差、如何继续学习等问题的自我剖析(批判式反思)	C,D

总之,元素养培养旨在培养学生具备信息探究能力,掌握如何学习,了解知识的结构,知道如何获取信息,高效地发现自己所需的有用信息,帮助学生具备必要的批判性思维,在学习中学会独立思考和判断。积极探索元素养培养方式和目标,有助于完善信息素养教育体系。

1.3.4　从信息素养到终身学习

在当今社会,没有一个人能说他掌握的知识已经完全够用了,更何况未来。一个人的一生总是处于不断学习之中,最重要的是掌握学习方法和提高学习能力,学会如何获取所需知识,培养和强化自己的信息素养,即信息意识、信息能力/技能和信息道德。

信息意识是对信息媒介的敏感性、接受性、快速反应性、适应性、推理性、驾驭性,是现代人成功的重要条件。

信息能力/技能是指能够确定所需信息的范围,鉴别信息及其来源,有效地获取所需的信息,并将获取的信息融入自己的知识体系。具体包括:获取信息工具的能力、运用信息工具的能力、处理信息的能力、创造信息的能力、表达信息的能力、发挥信息作用的能力、信息协作意识与能力、信息免疫能力。即在“正确”的地方,使用“正确”的工具和“正确”的方法,查找“正确”的内容。

信息道德是指有效地利用信息去完成具体的研究或工作,了解所利用信息涉及的经济、法律和社会问题,做到合理、合法地获取和利用信息。

信息素养教育的意义主要有五个方面:

(1)更好地获取知识。

(2)提高信息素养。信息素养是一种了解、搜集、评价和利用信息的知识结构。信息素养较好的人能够知道什么时候需要什么样的信息,能够有效地获取、评价和利用所需要的信息。

(3)遇到问题会本能地去求助信息(有信息意识)。

(4)成为会终身学习的人。学会和掌握自己查找、获取信息的方法,有助于对前人的研究成果加以继承、发展和创新。学会终身学习,特别有利于前沿学科、边缘学科的研究,可以使自己的研究或工作始终站在前人的肩膀上,避免重复劳动,少走弯路。国际教育发展委员会主席埃德加·富尔(Edgar-Jean Faure)曾说过:"我们再也不能刻苦地、一劳永逸地获取知识了,而需要终身学习如何去建立一个不断演进的知识体系——学会生存。"

(5)应对信息超载,提高应用信息的能力。人们在工作、学习与生活上越来越依赖信息,但面对巨大的信息源,却又难于有效地获得自己所需要的信息,这就是信息社会的信息超载(Information Overload)给人们带来的困惑。"茫茫信息之海洋,浩浩知识之渴望。"(We are drowning in information,but starving for knowledge. ——John Naisbett)

第2章 图书馆信息资源与服务

书是人类文明的伟大标志，是全人类共同创造的财富，是人类智慧、意志、理想的最佳体现，是人类表达思想、传播知识、积累文化、传递经验的物质载体，是人类知识最为重要的载体和保存方式，是人类最伟大的发明之一。有了图书，就产生了如何整理、保存、利用这些图书的问题，就产生了图书馆。

2.1 图书馆概述

"图书馆"的英文为"library"，含义为藏书之所，来源于拉丁文的"liber"(图书馆)一词。我国古代图书馆先后有府、官、阁、观、院、斋、楼等称谓，一般又通称为"藏书楼"。19 世纪末，"图书馆"一词才传入我国。

图书馆是将记载人类智慧的文化财富、文献信息进行收集、整理、加工、组织、存储、传递和开发，并为社会提供可利用的科学文化教育和信息服务的机构。

2.1.1 图书馆的起源和发展

1. 图书馆的起源

考古发现证实，古巴比伦、古埃及、古印度、古中国四大文明古国都有图书馆存在。最早的图书馆名为"亚述巴尼拔图书馆"，距今 2000 多年，位于现今的伊拉克，主要收藏泥版书，藏书门类齐全，且都按专题排列，包括哲学、数学、语言学、医学、文学及占星学等各类著作，几乎囊括了当时全部的知识。自古以来，存放书籍的地方都很有讲究，小的叫书房、书斋，大的叫馆、阁，有私人藏书与国家藏书之分。在中国古代，根据我国史料记载，从距今 3 500 多年的殷商时代甲骨文开始出现，到周朝就有了藏书机构——藏室，老子就是"守藏室之史"。从商周到秦朝是中国图书馆的起源时期，到了汉代，统一的封建专制国家确立，国家大规模地收集、整理图书，藏书空前丰富，修建了藏书的馆舍——天禄阁，并编成我国最早的藏书目录——《七略》，我国图书馆初具规模。

2. 图书馆的发展

图书馆的发展历史至今约有五千年。经过漫长的发展，图书馆大致经历了古代图书馆、近代图书馆和现代图书馆三个阶段。

(1)古代图书馆：知识保存机构

古代图书馆始于奴隶社会，发展于封建社会。在我国，自秦始皇统一中国直至鸦片战争以前的藏书机构，均属于古代图书馆；在国外，17 世纪中叶英国工业革命以前的图书馆统称为古代图书馆。

考古发现证实，在世界著名的四大文明古国，都有图书馆的存在。根据文献记载，公元前 3800 年的古埃及已经设有书库文牍及文献管理员；1889 年，在我国河南安阳挖掘出的殷商时期的甲骨文书机构，是世界上较早的图书馆。中国于周朝(公元前 10 世纪左右)有了正式的、有文献可考的图书馆——“藏室”。早期的图书馆主要是神庙图书馆，它保存的知识文本是档案和书籍的混合体，内容主要以占卜与祭祀的记录、王室文书或法律文件等为主；它的管理由神职人员负责，这些神职人员掌握着文字知识和书写技巧，并处于社会统治阶层的中枢。

进入中世纪以后，中国的寺院图书馆、阿拉伯国家的清真寺图书馆和西方的修道院图书馆也逐渐发展起来。如中国梁朝天监年间(502—519 年)建康(今南京)上定林寺收藏佛经 1 373 部，2 837 卷；唐朝麟德元年(664 年)京师(今西安)西明寺藏书 326 帙，合 800 部，3 361 卷。11 世纪末阿拉伯的黎波里(今黎巴嫩北部)，有一座清真寺里的藏书堪称丰富，仅《古兰经》(不同版本)就有 5 万多册。虽然东西方在几乎相同的时期都发展出寺院图书馆，但不同的是，中国的寺院图书馆和阿拉伯国家的清真寺图书馆一直不是社会藏书事业的主流，在这两个地区，国家藏书、私人藏书的数量与分布，远比寺院图书馆要大得多，广得多。如中国隋代皇家图书馆藏书 37 万卷。而西方的修道院图书馆虽然藏书少，却是当时欧洲的主流图书馆。

无论是国内还是国外，古代图书馆的主要特征均以藏书为主，仅供王公贵族等少数人使用。图书馆一词传入我国之前，藏书的地方统称为“藏书楼”。中国古代藏书有官府藏书、私家藏书、书院藏书、寺观藏书。

严格地说，古代图书馆只是少数人的事业。无论宫廷藏书、私人藏书或寺院藏书，它们都是由热爱书籍的统治者或学者建立起来的。这些图书馆成为“小众”(统治者、学者)汲取知识、传授学问的工具。这一时期的图书馆基本处于静止和封闭状态,文献以藏为主。从历史的角度看,这些图书馆成为知识保存的有效机构;所以,可以将服务于“小众”的古代图书馆描述为保存知识的机构或人类知识的宝库。

(2)近代图书馆:社会教育机构

17 世纪后期至第二次世界大战结束这一时期的图书馆称为近代图书馆,又称第二代图书馆。近代图书馆的主要标志是公共图书馆(public library)的出现,特点是藏用兼顾,以用为主。

1571 年,意大利的佛罗伦萨创立了欧洲第一所公共图书馆——美第奇图书馆。这个时期西方国家的图书馆得到了迅速发展,如 1657 年建立的丹麦皇家图书馆,1661 年建立的普鲁士皇家图书馆,1753 年建立的英国伦敦不列颠博物院图书馆,1800 年建立的美国国会图书馆。1850 年,英国颁布了建立公共图书馆的法令,并于 1852 年在曼彻斯特建立了第一所公共图书馆。18 世纪末的法国资产阶级革命,推动了西方各国图书馆的蓬勃发展。西方许多国家宣布了图书馆的普及性,图书馆总数迅速增加,到第二次世界大战前夕,西方各国图书馆都已经相当完善了。

1840 年鸦片战争以后,西方向社会开放图书馆的浪潮也传到中国并得到发展。1902 年古越藏书楼建立,1903 年成立了武昌文化公书林,1904 年湖北省和湖南省图书馆相继成立。我国国家图书馆——北京图书馆的前身京师图书馆也于 1912 年正式对外开放。从此,全国各省都先后设立了公共图书馆,到 1936 年,各类图书馆已达 5 000 余所。

古代图书馆虽然担负着一定的教育职能,但是,由于私塾、官学的大量存在,图书馆的教育活动仅处于国家教育事业的补充地位。这种情况到了近代才有所改观,有三个事件的发生改变了古代图书馆仅仅是“知识宝库”的面貌。一是古登堡对活字印刷术的改进,推动了书籍的批量生产和成本降低,使书籍流通的社会领域扩大,修道院图书馆抄写工作衰落,新出现的图书馆越来越多。二是文艺复兴运动的兴起,知识分子热衷于对古典文化的探究,使得搜集古写卷、抄本的社会风气盛行,社会对图书的关注不仅有所提高,而且建立起良好的感知。三是大学的兴起,教师研究用书与学生对教辅读物的需求,刺激了高校图书馆的发展。

高校图书馆的成立,还刺激了图书馆在其他社会教育组织中的发展,如中小学图书馆的建立。17 世纪到 19 世纪,受社会发展推动,图书馆也将自己的主要职能与任务向社会教育转移,这一转移使西方国家的图书馆走出了衰落的阴影,得到了突飞猛进的发展。这一阶段是图书馆发展史上的关键时期,标志着图书馆的成熟。

近代图书馆的特点是从私有化转为社会化，由封闭收藏转向为社会开放，并逐步形成了采访、分类、编目、外借、咨询等一整套科学的工作方法。

(3)现代图书馆：知识平等、自由的基础设施

从第二次世界大战结束直到现在的图书馆为现代图书馆，是第三代图书馆。第二次世界大战结束后，科学技术迅猛发展，现代化技术设备广泛应用，特别是计算机的出现并在图书馆得到应用，使图书馆的面貌发生了深刻的变化，世界各国图书馆正在逐步实现现代化。现代图书馆主要有以下几个特点：

①图书馆的服务范围和服务对象日益扩大，很多图书馆已成为国际性的信息机构。

②以计算机技术的应用为标志，取代了存储和获取知识的手工操作方式，大大提高了工作效率，实现了信息处理的自动化，使图书馆知识信息加工工作逐渐深入、标准，读者服务工作更加主动化、多样化。

③缩微技术和声像技术的应用，使文献类型发生了很大变化，出现了缩微品、录音带、录像带、磁盘、光盘、电子书、数据库等非印刷型文献，以往以印刷品为主的藏书体系开始转变成印刷品读物与电子读物并存的结构。

图书馆除了保存人类文化遗产，为社会提供教育外，还有情报选择、传递、加工和开发等职能，图书馆的服务范围达到了前所未有的深度和广度。图书馆的功能也大大增强，图书馆组织向网络化、国际化方向发展，实现最大范围的文献信息资源共享。

随着互联网的普及，数字图书馆、智慧图书馆正在兴起，图书馆的功能也发生了翻天覆地的变化。

2.1.2　图书馆的职能和类型

图书馆是人们在社会实践中创造出来的，是社会科学、文化和教育系统的一个组成部分，具有社会性、学术性、服务性和教育性。图书馆是向公众提供文献信息的一种社会机构，所以有明显的社会性。图书馆的学术性则体现在图书馆工作是科学研究的前期劳动以及图书馆工作本身的学术性。图书馆的服务性是指图书馆本身是一个服务性的机构，其收藏文献的目的就在于为读者服务。图书馆是一个社会教育机构，它以丰富的馆藏文献为基础，通过提供文献信息，达到传播科学文化知识，对读者进行教育的目的。因此，图书馆具有教育性。

1. 图书馆的职能

随着信息技术的飞速发展，社会信息的供需条件和供需关系发生了变化，人

们的思想观念也发生了变化,信息需求日趋多元化。图书馆的服务内容、服务方式和服务手段正在发生变化,图书馆的社会职能也得到了进一步的强化。

(1)保存人类文化遗产的职能

图书馆是人类知识的宝库。社会的发展是越来越多的人利用知识和信息创造财富的过程,只有越来越多的人利用知识和信息,才能使人类社会的宝贵财富得以继承和发展,进而创造更多的财富。

传统图书馆的主要职能是保存书刊资源。衡量一个图书馆规模的主要标志是图书馆藏书量的多少,因此,人们称图书馆为"藏书楼"。随着信息技术的发展,信息产生、传播和提供的速度大大加快,信息的载体形式日趋多样化,图书馆的信息环境发生了变化,人们利用图书馆资源的行为模式也发生了变化。图书馆馆藏资源的发展方向开始引起人们的思考。经过广泛的讨论,资源共享成为图书馆在保存人类文化遗产中所引入的新概念。目前除少数图书馆承担特殊保管任务之外,大多数图书馆放弃了"大而全,小而全"的资源建设思想和通过资源共享来满足用户的各种文献需求的思想,把主要目标和工作的重点集中在开展以用户需求为导向的信息资源的开发利用服务方面。图书馆保存人类文化遗产的职能通过更好的行业分工和建立共享机制得到强化。

(2)对社会文献信息进行整序的职能

随着现代科技的大力发展,各种知识门类不断增加,代表各个知识领域的各种物质材料的知识载体数量也在猛增,而且这些文献的类型复杂、形式多样、内容交叉重复、更新周期短,文献"老化"不断加剧,加之现代通信技术和电子计算机应用的普及化程度加快,使文献信息的传播速度大大加快。文献数量的增加,流量的加大,流速的加快,不可避免地给文献的控制带来种种困难,因此文献的无序状态进一步发展,会给使用者带来极大的不便。为了使人们能够合理、有效、方便地利用文献,控制文献的动向,就需要对文献流加以整序。图书馆正是通过对馆藏文献的分类、编目、标引等手段来发挥整序作用的。社会文献流经过图书馆的整序成为有序的文献集合体,更方便了读者的利用。

(3)传递文献信息的职能

图书馆收藏的文献(包括购买使用权的数字文献)中蕴藏着大量的知识信息,通过图书馆工作,可以对这些具有潜在价值的知识信息进行开发科学流通,使其尽快转化为科技成果,或转化为直接生产力,促进科学技术进步和两个文明建设。所以,图书馆是获取科技文献信息的重要渠道,在科学发展和经济建设中产生越来越重要的作用。

(4)开发智力资源,进行社会教育的职能

图书馆历来就是一个重要的教育机构,图书馆教育是一种广义的教育,可以说图书馆是一所社会大学,具有灵活性、长期性、普遍性和稳定性的特点,是终身教育的课堂。图书馆以其特有的方式,利用其丰富的知识和信息资源,通过知识和信息的开发利用,知识和信息的传播与提供,知识和信息内涵的揭示和报道以及优秀学习资源的推荐等,给用户以潜移默化的影响,使他们在获取信息的过程中增强知识的应用能力,激发知识创新动力,培养他们的信息素养和良好的信息行为。因此,图书馆社会教育职能将继续发挥其重要的作用。

(5)满足社会成员文化欣赏娱乐消遣的职能

图书馆利用丰富多彩的馆藏文学艺术作品,为广大读者提供精神食粮,使其开阔眼界,得到艺术享受和熏陶。图书馆也可以利用声像资料为用户服务,举办读书活动、专题报告会和音乐欣赏会等来丰富用户的文化和精神生活。因此,图书馆更是传播和活跃用户文化生活的重要场所,是社会文化生活中心之一。

总之,图书馆的多种职能是相互联系、相互补充的。当然,不同类型的图书馆,其职能和作用将根据图书馆的性质、任务、服务对象和收藏范围等情况不同,而有所侧重。

2. 图书馆的类型

为了便于从全国或一个地区的范围内统筹规划图书馆事业的发展,掌握各种图书馆的特点和工作规律,需要把我国图书馆按主管部门或领导系统划分成不同的类型,主要有以下几大类型:

(1)公共图书馆

公共图书馆,是由国家中央或地方政府管理、资助和支持,免费为社会公众服务的图书馆。它可以是为一般群众服务,也可以是为某一特定读者如儿童、工人、农民等服务的。它是人类社会文明发展的产物,其主要特征是:向所有居民开放;经费来源于地方行政税收;其设立和经营必须有法律的依据。公共图书馆担负着为科学研究服务和为大众服务的双重任务,在促进国家经济、科学、文化、教育事业的发展,提高全民科学文化水平方面起着重要的作用。1975 年国际图书馆协会联合会在法国里昂召开的图书馆职能科学讨论会上,一致认为公共图书馆的社会职能主要是五种:保存人类文化遗产、开展社会教育、传递科学信息、开发智力资源、提供文化娱乐。

①国家图书馆

国家图书馆在很大程度上代表着一个国家图书馆事业的发展水平,它对本国图书馆事业的发展起着重要的作用。国家图书馆在国家信息系统中,提供必需的中心图书馆服务,领导国家信息系统中的图书馆成员,积极参加国家信息系统的建设和制订国家图书馆事业全面发展规划。

从世界上大多数国家的实际情况来看,国家图书馆完整、系统地搜集和保管本国文献形成国家总书库,为研究和教学有重点地采选外国出版物,拥有一个丰富的外交馆藏;编印国家书目,发行统一编目卡片,编制回溯性书目联合目录,利用网络进行远程合作编目,发挥国家书目中心的作用,组织图书馆进行现代技术设备的研究、试验、应用和推广工作,开展图书馆信息网络的设计、组织和协调工作,在推动图书馆实现现代化中起枢纽作用;为图书馆学研究搜集、编译和提供国内外信息资料,组织学术讨论,推动全国图书馆学研究的发展;代表本国图书馆界和广大图书馆用户的利益,参加国际图书馆组织,执行国家对外文化协定中有关开展国际书刊交换和国际互借工作的规定,开展与国际图书馆界的合作与交流;同时开展科学信息工作,为科学研究服务。

②省(自治区、直辖市)图书馆

省(自治区、直辖市)图书馆在本地区图书馆和文化事业中发挥着重要作用,它为地区经济建设服务,为各行各业生产建设提供科技信息和市场信息,是科学研究服务的重要基地,是提高全民族科学文化水平的社会教育中心。同时,省(自治区、市)图书馆又是地区性图书馆间合作与协调的组织者,是图书馆业务辅导和图书馆学研究的推动者。

③省级以下的公共图书馆

市、地、州、盟图书馆,在公共图书馆系统中的地位和作用,介于省级馆和县(区)图书馆之间,有着承上启下的作用,是省级馆联系县(区)馆的纽带。

县(区)图书馆,是我国公共图书馆的基础,数量较多,联系群众面广,在普及科学文化知识、丰富群众文化生活、满足群众阅读需求等方面发挥着十分重要的作用。

(2)科学与专业图书馆

科学与专业图书馆属于专门性图书馆,是由协会、政府部门、研究机构、学术性和专业性学会、工商业商会等支持的图书馆,直接为科研生产服务,同时是本专业的信息中心,即图书馆与信息中心一体化。

科学与专业图书馆的特点是藏书专业性强,专业文献较为齐全;服务对象主要为专业领域的高层次研究人员,经费充裕且技术设备先进。我国科学与专业图书馆主要包括中国科学院系统的图书馆、中国社会科学院系统的图书馆、专业研究院(所)的图书馆、医疗卫生系统的图书馆等。

(3)高等学校图书馆

高等学校图书馆是学校的文献信息中心。根据馆藏文献信息范围划分,高等学校图书馆大体上可分成综合性和专业性两类。综合性大学图书馆和师范院校图书馆属于综合性的图书馆;多科性理工科院校图书馆和单科性院校图书馆基本上是专业性的图书馆,只是在专业的范围上有所区别。

高校图书馆是学术的文献信息资源中心,是为人才培养和科学研究服务的学术性机构,是学校信息化建设的重要组成部分,是校园文化和社会文化建设的重要基地。图书馆的建设和发展应与学校的建设和发展相适应,其水平是学校总体水平的重要标志。图书馆的主要职能是教育职能和信息服务职能。图书馆应充分发挥在学校人才培养、科学研究、社会服务和文化传承创新中的作用。

(4)其他图书馆

如工会图书馆,是工会组织举办的群众文化事业,是对职工进行思想教育的重要阵地,也是职工学习政治、科学文化知识的场所,它对提高广大职工的思想、科学文化水平起着重要的作用。

技术图书馆,主要是指工厂、矿山、公司及其他企业单位所属的技术资料图书馆,这种图书馆与工会图书馆不同,是直接面向经济建设,开展技术交流与文献资料档案工作的机构,一般归厂矿技术部门领导。

少年儿童图书馆,顾名思义是为少年儿童服务的图书馆,广义上包括独立设置的儿童图书馆和在一些公共图书馆设立的少年儿童分馆或少年儿童阅览室及服务部,其宗旨是提供图书馆资料,满足少年儿童学习文化知识和促进智力发育的需求。

中小学图书馆,亦称学校图书馆、学校媒体中心或学校图书馆电教中心,是中小学的有机组成部分,是学校教育和教学必不可少的条件,其宗旨是为教师教学、学生学习、提高教育质量和培养人才服务。

军事图书馆,是为军队及军事人员服务的图书馆,大致分为军事科学图书馆、军事院校图书馆、连队图书馆(室)三类。这些图书馆的性质、任务、服务对象和馆藏特点都有所不同。

2.1.3　世界各国图书馆

图书馆作为收集、保藏、整理、利用信息文献的主要场所,它的发展历史是人类文明自身发展的一个侧面。同时一个国家的图书馆事业发达与否,从某种意义上讲,也是一个国家是否进步、发达的重要标志。当今时代有所谓"知识爆炸"的现象,文献急剧增长,信息载体多种多样,了解图书馆,才能更好地利用图书馆。

1.美国国会图书馆

美国国会图书馆(Library of Congress, United States)建于1800年,是美国四个官方国家图书馆之一,同时也是世界上最大的图书馆。它是在美国国会的支持下,通过公众基金、美国国会的资助、私企的捐助及致力于图书馆工作的全体职员共同努力建成的,为美国历史最悠久的联邦文化机构,也是美国知识与民主的重要象征,在美国文化中占有重要地位。今天,它不仅是美国国会的图书馆,同时也是服务于美国人民的图书馆。

美国国会图书馆馆舍由三座以总统名字命名的建筑物构成,分别为1897年建成的杰斐逊大厦、1938年建成的亚当斯大厦和1981年建成的麦迪逊大厦。其他设施包括位于马里兰州米德堡的高密度存储设施(2002年)和弗吉尼亚州的帕卡德视听保护校园(2007年)。从创馆之初,国会图书馆就以保存全人类的知识为目标,致力于建立一个包罗世界各国、各地的文明和知识精华的馆藏。

据美国国会图书馆2019年度财政报告(Annual Repot of the Library of Congress,For the Fiscal Year Ending September,30,2019),截止到2019年9月美国国会图书馆的馆藏数量为1.7亿册(件),拥有很多稀有的图书、特色收藏。有世界上最大的地图、发表美国《独立宣言》的《宾夕法尼亚日报》以及1488年意大利第一次出版的《荷马史诗》等,大多数书籍以多媒体形式存放。每个工作日新增超过22 000册(件),包括不同类型资料和470种语言。其中包括超过3 990万册的图书和其他印刷型资料,420万件音像资料,1 737万张照片,560万幅地图,7 390万份手稿等。

美国国会图书馆是北美最大的善本图书收藏地(超过70万卷),是世界最大的法律、电影、地图、乐谱和录音资料收藏地,是世界最大的关于伊比利亚半岛、拉丁美洲和加勒比区文献收藏地,是亚洲之外世界最大的关于中国、日本和韩国资料收藏地,也是世界最大的西藏文献收藏地之一,还是俄罗斯境外世界最大的俄文文献收藏地(超过75万册件)。

随着计算机信息技术的发展,美国国会图书馆于1995年启动国家数字图书馆计划(National Digital Library Program,NDLP),组建一个复制原始资料的数字图书馆,对图书馆的部分档案资料进行数字化,以记录美国丰富的文化遗产,支持对美国历史和文化的研究。1997年又发起"美国记忆研究员计划"(American Memory Fellows Program),将在线馆藏延伸到国会图书馆无法服务的社区,以确保美国记忆馆藏真正为用户需求开发。美国国会图书馆数字图书馆建设扩展了国家图书馆的传统服务,并可通过国家和计算机网络获得新资源。20 世纪全球进入数字信息化和网络知识化时代,由此带来了丰富且载体多样的资源。美国国会图书馆在其《2019—2023 数字战略规划》(2019—2023 *Library of Congress Strategic Plan*)中更是提出了建设丰富用户体验的数据驱动型图书馆的目标。

美国国会图书馆主要为国会提供服务,随时回答国会提出的各式各样的问题,同时也承担着国家图书馆的重要职能。现在,凡是年满 17 岁,并持有带照片的正式身份证明者均可向美国国会图书馆申请办理免费阅读证。

2. 不列颠图书馆

实际上是英国的国家图书馆,由于北爱尔兰的政治原因,而一直未以"英国国家图书馆"来命名。1973 年 7 月不列颠图书馆的成立,是 20 世纪世界图书馆史上的一件大事。在 1973 年以前英国的公共图书馆事业是由几家图书馆共同完成的:不列颠博物馆图书馆、国立科技外借图书馆、国家科学及发明参考图书馆、全英书目出版社、国家中央图书馆和英国科技信息局。

不列颠博物馆图书馆顾名思义,是不列颠博物馆的一个组成部分,始建于 1753 年。负责向全国读者提供国家的图书、手稿、地图、乐谱和邮票等参考藏书,因它从 18 世纪起即享有缴送本的权利,使得该馆拥有最丰富完整的印刷本图书。提到该馆,世界许多人会联想到那座著名的圆形大阅览室。圆形大阅览室位于不列颠博物馆建筑群的中央,为半圆拱形屋顶结构,高达 35 米,直径长达 42 米,其规模远远超过伦敦的圣保罗大教堂、意大利罗马的圣彼得教堂、土耳其君士坦丁堡的索菲亚大教堂,是当时世界上座位最多的图书馆阅览室。圆形大阅览室的开放,影响了英国乃至整个世界的文明史。不列颠博物馆图书馆收藏了上千年来世界各国出版的各种文献,当时号称将向读者免费提供全球已经问世的至少是英文版的任何书籍。在圆形大阅览室的常年读者名单中,有马克思、列宁、托洛茨基、甘地、狄更斯、萧伯纳等人,他们利用这里的宝藏和舒适的环境,创作了一部部影响历史的传世之作。马克思的《资本论》就是在这里开始构思和写作的。不列颠博物馆图书馆收藏的中文资料始于 19 世纪之后,1825 年正式登录了第一批包括中文在内的东方文字资料。

国立科技外借图书馆全面展开业务始于 1962 年,它的成立是苏联人造卫星率先上天,引起英国朝野的震惊和强烈反应的产物,承担了从书库通过邮寄书以满足工业和科技工作需要的特殊任务。

国家科学及发明参考图书馆拥有英国最为全面的科学藏书，读者主要是专利发明者和工业情报人员。全英书目出版社是在英国图书馆协会的倡议下建立的，它的任务是编辑和出版在英国、自治领国、殖民地和国外出版的各种图书资料的书志式目录。国家中央图书馆成立于1916年，是专门为成年学生服务的。

根据1972年的《不列颠图书馆法案》，不列颠博物馆图书馆、国家中央图书馆、国立科技外借图书馆、全英书目出版社、国家科学及发明参考图书馆以及英国科技信息局等，一起归属于新成立的英国国家图书馆——不列颠图书馆。

经过250多年的发展，今天的不列颠图书馆除了拥有越来越多的实体收藏品以外，还拥有大量的数字收藏，其中包括数字化手稿、英国网络信息归档及超过100万张Flickr上的免费图片。英国国家图书馆每年接待超过160万的游客，开展大量丰富生动的活动和各种各样的展览，并提供免费的商务咨询和各种服务。

3. 梵蒂冈图书馆

图书馆位于罗马城内的世界上最小的国家、领土面积只有0.44平方千米的梵蒂冈国内，必须通过梵蒂冈国的大门才能进入。有趣的是，一般来说进入国境要出示入境许可证，但在这里，梵蒂冈图书馆的出入证可以代替入境许可证，只需出示梵蒂冈图书馆的出入证，梵蒂冈国门的卫士就会郑重地让你通过。

梵蒂冈图书馆的历史比较悠久，可追溯到中世纪的教皇书库。公元4世纪左右，教皇达马聚斯创立了罗马文件馆。

奠定今天这个梵蒂冈图书馆基础的，应该是教皇尼古拉五世(1397—1455)。他曾在意大利美第奇家族图书馆工作过，是图书和图书馆方面的专家，成为教皇后他首先把他个人藏书并入剩余的教廷藏书中，并派人到世界各地搜罗珍本。从此，梵蒂冈图书馆突破了中世纪修道院图书馆的常规，开始搜集世俗作品，变成了15世纪欧洲最重要的图书馆之一。第二次世界大战期间，意大利国内图书馆的许多珍贵资料被运到该馆，由该馆加以保护。战后，梵蒂冈图书馆逐步成为世界著名的图书馆。该馆不仅向罗马天主教的其他图书馆提供方便，也向所有国家的图书馆提供研究便利，不论哪个国家的学者都可以申请利用该图书馆珍藏的文献资料。

现在梵蒂冈图书馆是一个拥有大量珍稀藏书的收藏型图书馆，也是世界上最重要的写本研究图书馆之一。历史上各个时期收集的图书文献，充分表明了该图书馆的价值和特点所在。目前，它主要向古典文学、历史学、文献学、哲学、神学、古文字学等领域有大学或研究机构证明的学者开放，不提供外借服务，但可以满足读者复制文献要求，这已大大超出了它作为教会图书馆的服务范畴。作为罗马天主教图书馆技术联盟网络成员，该图书馆也拥有信息基础设施，如联机目录查询、光盘数据库检索等。

4. 法国国家图书馆

法国国家图书馆是法国最大的图书馆，也是世界上最古老的图书馆之一。它是由皇家图书馆发展起来的，是国王查理五世为了收藏历代皇室的藏书而建立的皇家图书馆。法国国家图书馆是世界上最早接受国内出版物呈缴本的图书馆。馆藏除印刷本图书外，还收集有钱币、徽章、浮雕等，其中收藏的古书量居世界首位。1789 年制宪会议颁布充公法令，将该馆收归国有，成为国家财产。1792 年更名为国家图书馆并向国民开放。1981 年法国总统密特朗提出了建造“世界第一图书馆”的主张，1995 年 3 月建成，原国立图书馆和新建的法兰西图书馆合并，重新命名为法国国家图书馆。新的法国国家图书馆于 1996 年 12 月正式开馆，并被命名为密特朗图书馆。法国国家图书馆是目前世界上最大的免费图书馆之一，免费向全世界读者提供法国文化精品，博得了很高的声誉。

5. 中国国家图书馆

中国国家图书馆(原北京图书馆)是亚洲最大的图书馆，前身为建于 1909 年的京师图书馆，初期馆舍设在北京什刹海附近的广化寺。辛亥革命后由北洋政府教育部接管，将其改名为国立京师图书馆，于 1912 年 8 月 27 日正式开放。新中国成立后，更名为国立北平图书馆。1951 年更名为北京图书馆，为中华人民共和国唯一的国家图书馆。1975 年，周恩来提议并批准兴建北京图书馆新馆，1987 年新馆落成，邓小平为北京图书馆题写馆名。1998 年 12 月 12 日，经国务院批准，北京图书馆更名为国家图书馆，对外称中国国家图书馆。1999 年，江泽民为中国国家图书馆题写馆名。

中国国家图书馆总馆北区、总馆南区、古籍馆三处馆舍并立，总建筑面积 28 万平方米，居世界国家图书馆第三位。通过国家拨交、社会捐赠和馆员努力购藏，形成了传统文献和数字文献相结合的浩瀚馆藏。

中国国家图书馆馆藏丰富，品类齐全，古今中外，集精撷萃。馆藏文献超过 3500 万册件，并以每年百万册件的速度增长，馆藏总量位居世界国家图书馆第七位，其中中文文献收藏居世界第一，外文文献收藏居国内首位。国家图书馆馆藏继承了可上溯到 700 多年前的南宋皇家缉熙殿藏书以及明清以来众多名家私藏，最早的典藏可以远溯到3 000多年前的殷墟甲骨。珍品特藏包含敦煌遗书、西域文献、善本古籍、金石拓片、古代舆图、少数民族文字古籍、名家手稿等280万余册件。“敦煌遗书”、“赵城金藏”、《永乐大典》、文津阁《四库全书》被誉为国家图书馆“四大专藏”。

中国国家图书馆以“中文求全，外文求精”为采访方针，全面入藏国内正式出版物，同时重视国内非正式出版物的收藏。国家图书馆是国务院学位委员会指定的学位论文收藏中心和博士后研究报告收藏馆，也是图书馆学专业资料收藏地、全国年鉴资料收藏中心，并特辟我国香港、澳门、台湾地区出版物专室。国家图书馆外文书刊购藏始于20世纪20年代，123种文字的文献资料占馆藏的近40%，大量入藏国际组织和政府出版物。

随着信息载体的发展变化，国家图书馆馆藏规模不断扩大，类型日益丰富，不仅收藏了丰富的缩微制品、音像制品，还建成了中国最大的数字文献资源库和服务基地，数字资源总量超过1 000 TB，并以每年100 TB的速度增长。实施“中国记忆”项目，围绕着中国现当代重大事件、重要人物等专题采集口述、影像、音频等文献史料。

2014年国家图书馆筹建的国家典籍博物馆正式开放服务，该馆位于国家图书馆总馆南区，共10个展厅，藏品丰富，代表性展品较多。开馆以来，举办了“国家图书馆馆藏精品大展”等诸多文献展览，致力于“让书写在古籍里的文字活起来”，让更多读者有机会接受优秀传统文化熏陶，依托国家图书馆宏富馆藏，开发文创产品，让社会公众把博物馆“带回家”。

持中华人民共和国身份证年满16周岁的中国公民，可持身份证办理读者借阅证入馆借阅图书等文献，也可持二代身份证直接进入；互联网注册需通过国家图书馆网站或移动在线服务平台进行注册，填写真实姓名和身份证号等信息，提交系统审核通过后，成为实名注册用户，就可以使用部分远程数字资源服务，也可以注册非实名用户。

读者云门户网站是国家数字图书馆资源服务的重要阵地和窗口平台，汇聚了国家图书馆自建资源、商购资源以及与地方图书馆联合建设和合作建设的资源，内容涵盖图书、古籍、论文、期刊、音视频、少儿资源等。网站不仅提供数字化资源的在线阅读（播放）服务，还提供特色资源检索、文津搜索、OPAC检索三大检索的一站式访问，此外，还为读者提供了各类专题资源、活动资源、读者指南等服务入口。目前，通过读者云门户网站，读者可以访问到的资源库数量见表2-1、表2-2（统计数据截至2020年4月）。

表 2-1　　中国国家图书馆读者可访问数据库数量

访问范围	读者类型	自建特色资源库数量/个	商业购买资源库数量/个
互联网访问	读者卡用户	49	133
	实名读者	49	67
	非实名读者	49	7
国家图书馆局域网访问	读者卡用户	49	250
	实名读者	49	184
	非实名读者	49	124

注:以上资源库数量会根据馆内政策不定期调整。

表 2-2　　中国国家图书馆读者数据库访问权限

资源库类型	是否登录	访问权限
自建特色资源库	未登录用户	可以检索、浏览书籍的详细信息
	登录用户	可以在线全文阅读和记录自己的笔记
商业购买资源库	未登录用户	不能访问资源库
	登录用户	可以访问资源库

2.1.4　数字图书馆与虚拟图书馆

综观图书馆的发展过程,一直是变与不变的统一体。从古代藏书楼到传统图书馆再到现代图书馆,图书馆信息资源的范围、信息载体的类型、信息用户的数量、信息技术的先进程度、图书馆的组织与结构、信息人员的观念与专业技能、馆际协作范围、图书馆的管理水平等,总是处于不断的变化之中,但作为图书馆内核的信息资源体系是不变的,以有限的信息资源满足用户无限的信息需求的图书馆的宗旨是不变的,通过对信息资源体系的维护、发展、开发和利用来促进人类社会文明发展神圣使命是不变的。

1. 数字图书馆

数字图书馆(Digital Library)是现代高新科学技术和文献知识信息以及传统历史文化完美结合的体现。它改变了传统图书馆的静态书本式文献服务特征,实现了多媒体存取、远程网络传输、智能化检索、跨库无缝链接、创造出超时空信息服务的新境界。目前,数字图书馆已成为评价一个国家信息基础设施水平的重要标志,也是世界各国在高科技领域展开较量的焦点之一。由于数字图书馆与互联网和移动网络的紧密结合，深受广大读者的青睐，已成为图书馆信息化建设达标的标志之一。

数字图书馆自出现以来，在资源更新速度、信息共享范围、拉近与读者的距离、数据的随机性和全开放性等方面都显示出巨大的优势，其重要特色是基于互联网的网络化信息检索、信息加工和信息服务。

(1)数字图书馆的概念。“数字图书馆”(Digital Library，DL)，“Library”这个词在英文中有两个解释：一是“图书馆”；二是“库”。“Digital Library”的英文本意更强调的是“库”，而不是“图书馆”。现在关于“数字图书馆”的概念，很容易产生认识上的误区：认为数字图书馆就是将现有的图书馆数字化，这恐怕有点“望文生义”，失于简单、片面。“Digital Library”是一个内涵很丰富的概念，其“解”并不唯一，数字信息馆、数字信息库、数字图书馆等都是 DL 的可能解释。

数字图书馆是用数字技术处理和存储各种图文并茂文献的信息库，实质上是一种多媒体制作的分布式信息系统。它把各种不同载体、不同地理位置的信息资源用数字技术存储，以便于跨越区域、面向对象的网络查询和传播。它涉及信息资源加工、存储、检索、传输和利用的全过程。从数字图书馆角度来看，就是收集或创建数字化馆藏，把各种文献替换成计算机能识别的二进制系列图像，在安全保护、访问许可和记账服务等完善的权限处理之下，经授权的信息利用互联网的发布技术，实现全球共享。数字图书馆的建立将使人们在任何时间和地点通过网络获取所需的信息变为现实，大大地促进资源的共享与利用。

数字图书馆不是图书馆实体，它对应于各种公共信息管理与传播的现实社会活动，表现为一种新型信息资源组织和信息传播服务。

关于数字图书馆的概念目前仍然存在不同意见。刘炜在《数字图书馆引论》中做过统计，有关数字图书馆的定义有近百种之多。有人认为数字图书馆是对各种信息进行搜集、组织、加工、保存和管理，并提供在广域网上高速横向跨库链接的电子存取服务；有人认为数字图书馆是用信息管理手段组织起来的多媒体数据收藏；有人认为数字图书馆是以数字形式存储和处理信息的图书馆；有人认为数字图书馆就是计算机化、网络化的图书馆系统；有人认为数字图书馆是通过 Internet 等进行存取的，包括图书馆目录在内的数据库；有人认为数字图书馆是一种有纸质图书馆外观和感觉的图书馆，但在这里图书馆资料都已数字化并被存储起来，而且能在网络化的环境中被本地和远程用户存取，还能通过复杂和一体化的自动控制系统为用户提供先进的、自动化服务；有人认为数字图书馆是一种能对信息进行搜集、转换、描述，并以数字化形式存储，利用先进的信息处理技术和计算机网络，以智能、有效的信息检索方式为用户提供多种语言兼容的多媒体远程数字信息服务的知识中心机构;有人认为数字图书馆的构成包括这些要素——个人或组织机构的图书馆系统、本地和远程的数据库、处理远程请求的数据库服务器,以及负责协调和处理一系列登录与检索的系统功能;有人认为数字图书馆包括数字信息资源的生产、加工、存储、检索、传递、保护、利用、归档、剔除等全过程;有人认为数字图书馆是运用信息技术以数据库为基本方式组织数字信息并通过互联网向用户提供存取服务的信息系统;有人认为数字图书馆不过是一种新的信息技术在图书馆和类似机构中的应用;有人认为数字图书馆是一种新类型的图书馆,并把数字图书馆作为图书馆发展史上的一个阶段;也有人认为数字图书馆的含义是数字化资源库,而不是指实体图书馆。

数字图书馆是一门全新的科学技术,也是一项全新的社会事业。简言之,就是一种拥有多种媒体内容的数字化信息资源,能为用户方便、快捷地提供信息的高水平服务机制。虽然被称为“图书馆”,但它并不是图书馆实体,而是对应于各种公共信息管理与传播的现实社会活动,表现为各种新型信息资源组织和信息传播服务。它借鉴图书馆的资源组织模式,借助计算机网络通信等高新技术,以普遍存取人类知识为目标,创造性地运用知识分类和精准检索手段,有效地进行信息整序,使人们获取信息资源不受空间限制,很大程度上也不受时间限制。其服务是以知识概念引导的方式,将文字、图像、声音等数字化信息,通过互联网传输,从而做到信息资源共享。用户只要通过互联网,登录相关数字图书馆的网站,都可以在任何时间、任何地点方便快捷地享用世界上任何一个“信息空间”的数字化信息资源。

通俗地说,数字图书馆就是虚拟的、没有围墙的图书馆,是基于网络环境下共建共享的可扩展的知识网络系统,是超大规模的、分布式的、便于使用的、没有时空限制的、可以实现跨库无缝链接与智能检索的知识中心。数字图书馆既是完整的知识定位系统,又是面向未来互联网发展的信息管理模式,可以广泛地应用于社会文化、终身教育、大众媒介、商业咨询、电子政务等一切社会组织的公众信息传播。

数字图书馆从概念上讲可以理解为两个范畴:数字化图书馆和数字图书馆系统。它涉及两个工作内容:一是将纸质文献信息转化为电子版的数字文献信息;二是电子版文献信息的存储、交换、流通。国际上有许多组织为此做出了贡献,国内也有不少单位积极参与到数字图书馆的建设中来,如国务院批准成立的中国数字图书馆有限责任公司。中国国家数字图书馆标准是一个很重要的标准,它参照国际标准制定,既可以与国际标准兼容又具有中国特色。国家图书馆等受国家标准化委员会委托专门成立了中国国家数字图书馆标准协会。

(2)数字图书馆的类型。从数字图书馆的实现形态上,可以将数字图书馆划分为三种类型:技术主导型、资源主导型和服务主导型。

①技术主导型数字图书馆。技术主导型数字图书馆偏重于在进行数字化资源采集过程中开发各种软件和系统,使数字图书馆能够适应不断发展变化的信息环境。在网络环境下,信息资源具有很强的流动性和可变性,如何控制信息资源的流失,是保证数字图书馆正常运行的必要保证。技术主导型数字图书馆研究开发的各种控制软件信息分析系统为数字图书馆的发展起到了推进作用。信息技术的支撑为数字图书馆优质高效地发挥其特有的功能,提供了坚实的基础条件。

②资源主导型数字图书馆。资源主导型数字图书馆建设以信息资源的采集为主要内容,信息资源的权威性和完善性是其最大的特点,如何能够将信息资源最大限度地提供给读者并得到最优化的利用是资源主导型图书馆的研究方向。我国的文献保障体系在信息资源共享最大化的问题上,通过整体规划,合理优化配置资源,自建重点学科专题库、特色数据库和导航库,实现了信息资源共建、共知、共享,提高了高等学校教育和科研的文献保障水平。在国外,以美国数字图书馆为例,它的研究目标是要促进全球分布式网络信息资源的开发和利用,重视研究成果向应用的转化。所开展项目对资源进行全面布局,学科范围广泛,涉及包括经济、生物、语言、历史、数学、政治、医学、教育、地球空间科学等多个学科领域,使数字图书馆信息资源应用扩展到各个领域。

③服务主导型数字图书馆。服务主导型数字图书馆以数字化图书收藏并提供各种信息资源作为服务的重点,同时兼顾研究新型的数字化信息资源的可获取性和可用性,以及其长期存储和保护方法。我国目前各大高校数字图书馆的建设大都是服务主导型数字图书馆模式,通过统一的信息资源配置和上传网络,实现校内数字化信息的共享,为广大高校学生学习和研究提供坚实的知识体系保障。马里兰大学的图书馆也是服务主导型数字图书馆,它采用对用户需求分类的方法,进行资源整合与利用研究等。

上述分类反映了目前数字图书馆研究的丰富性,所有这些相关努力带来了数字图书馆的繁荣,每一个具体的组织机构都站在它的角度,以它自己的理解进行研究或开发,涓涓细流汇成大河。数字化图书馆从一开始就不局限于一个行业或学科领域,它不仅仅是数字化资源的集合,而且是数字化资源与服务,以及一系列工具的有机组成。数字图书馆的建设不仅仅是技术问题,还是一系列目标与政策的合力。

有一点需要注意的是,上述三种分类并不是绝对的,它们之间有相互交叉、影响或难以区分的情况。

2. 虚拟图书馆

1992 年美国学者凯(Kaye)在论文《虚拟图书馆:知识、社会与图书馆员》里将虚拟图书馆定义为利用电子网络远程获取信息与知识的一种手段。这一定义概括了虚拟图书馆的三大要素:电子化、网络和信息。凯没有把虚拟图书馆看成一种图书馆形态,而只是将其看成用户获取知识与信息的一种方式。

日本学者 Jajko 认为:虚拟图书馆是一种知识管理实体,通过远程通信技术将图书馆拥有的信息资源与外部世界范围的信息有机结合,以促进用户快速和有效地利用信息。

我国学者黄宗忠认为,虚拟图书馆不是一个物理存储的图书馆,而是一个跨地区跨国家的信息空间,是虚拟现实技术在图书馆的应用。

由此看来,虚拟图书馆就是虚拟化的图书馆镜像,它以信息资源的数字化存储和网络化传递为基础,使网上所有信息资源打破物理馆藏的界限而构成逻辑上的"馆藏",使文献传递服务超越服务者个体资源的限制,用户只要拥有计算机并与网络连接,就不必到图书馆,也不必关注信息存储在哪里,能在任何地方、任何时候充分自由地查询、搜索和利用网络上的信息资源,并且不受期限、数量与馆际界限的限制,是实现信息资源共享的"大公共图书馆""无围墙图书馆""环球网书馆"。

虚拟图书馆概念的提出有其深刻的历史背景,其实践的发展也有着重大的现实意义。虚拟图书馆概念的产生,不仅仅是现代信息技术的发展强加于人们认识中的一个新概念,实际上也是传统图书馆本身作为一种社会机构,能动地调节自身行为以适应社会发展需要所产生的结果。

(1)虚拟图书馆的特征。虚拟图书馆具有以下特征:

①信息资源数字化。虚拟图书馆的信息资源,无论是文字还是图形、图像,都要转换成数字形式,利用计算机把多种信息通过多媒体技术有机地结合在一起,进行统一存储与管理。

②信息传递网络化。网络和通信系统是虚拟图书馆的重要基础,若没有网络或网络系统不完善,虚拟图书馆就失去了它的真正意义。信息的网络传递使虚拟图书馆超越时空概念,跨越信息资源的地域。

③信息资源共享化。对于凡连接到网络上的图书馆信息资源的所有与网络连接的用户,不分国家、区域、单位,可共同利用,真正实现了信息资源共享。

(2)虚拟图书馆的模式。虚拟图书馆的模式包括结构模式和服务模式。

①结构模式。从结构上看,虚拟图书馆的模式一般由网络和通信系统、信息资源系统、信息服务系统、管理中心和安全管理系统组成。按照这一模式,所对

应的功能包括各种载体数字化、数据的存储与管理、组织对数据的有效查询和访问、数字化信息在网上发布和传递、系统管理和版权维护。

②服务模式。由于虚拟图书馆服务对象的广泛性和多样性，借鉴电子商务的服务模式，提供如下虚拟图书馆的服务模式：

用户论证：对不同的用户释放不同的权限，并加以可靠且透明的控制。信息合法传递：在不违反版权和其他法律规定及用户隐私的前提下传递信息。

计算和结算：对收费服务的项目进行正确的统计和计费，并进行电子货币结算。

营销概念和系统：引入市场营销概念和方法推广数字信息服务，吸引用户并使用户满意。

2.2 图书馆信息资源及组织

现代图书馆作为一种动态的信息资源体系，主要是由四方面的要素组成的。一是信息资源，这是图书馆最为核心的要素，是图书馆的“立身之本”，它是针对特定用户群的信息需求而采集、组织、维护和发展的。二是用户的信息需求，这是图书馆诸要素中最为活跃的要素。三是信息人员，这是图书馆的主体因素，是图书馆进退荣辱的关键。四是信息设施，这是图书馆最主要的物质条件，但随着信息环境特别是现代通信技术的发展变化，建筑的作用日趋减小，取而代之的是多种适用的现代信息技术与设备。

传统的图书情报管理对象多为纸载信息，管理手段主要是手工管理，管理内容是对纸质文献信息的生产、存储、检索、流通等环节进行计划、组织、管理和控制。应该说，传统图书馆对纸载信息的管理是比较系统、规范的。然而，现代信息技术的迅速发展及其在图书馆情报领域中的渗透，改变着传统图书馆信息资源管理的面貌，突破了纸质载体文献管理的局限性和管理范围。现代图书情报管理除了纸质文献信息之外，各类动态的、多媒体的信息也成为重要的管理对象，图书情报正朝着数字化、集成化、网络化方向迅速发展，因此，把各自载体的信息资源纳入图书馆的信息管理，是图书馆在信息资源共享、信息标准化、信息安全管理等方面的发展方向。

信息资源的组织方法包括信息资源的分类方法、采集方法、整序方法以及存储方法等。信息资源的组织包括两层含义：一是信息资源本身的组织，即利用一定的科学规则和方法，对信息的内容特征进行规范化和整序化，实现无序信息流向有序信息流的转换，从而保证用户对信息有效获取和利用，以及信息的有效流通和组合；二是信息资源人力组织，即通过建立和健全与现代化信息资源业务管理相适应的完善的组织机构，来实现信息资源的开发、利用、管理和控制。结合图书馆信息资源建设和利用的需要，信息资源组织包括信息资源的采集、信息资源组织的基本方法和途径。在当今全媒体的时代，信息资源载体形式的多元化，改变了过去图书馆单一的文献资源建设，而把所有新兴信息载体纳入信息资源建设，包括信息检索、信息资源综合利用、信息资源管理等。现代图书馆信息资源的组织和管理，已经从侧重"源"和管理向侧重"流"转变，以最大限度地提高信息资源的利用效率。

在网络环境下，图书馆信息资源的外延得到了拓展。从广义上来看，当前的信息资源应该包括各种文献信息资料、信息技术设备和信息管理系统软件等；从狭义的角度来看，指的是各种类型和载体的文献信息资料。信息资源的发展，与计算机技术的发展水平有着密切的关联，信息技术发展到不同的阶段，其相应的资源也各不相同。在初期的局域网阶段，图书信息资源仍然以纸质文献资料为主。在全网信息技术阶段，图书馆的馆藏资料不仅包括纸质的文献资料，同时也包括通过网络可以检索和共享的其他服务器上的信息资料。概括地说，网络化图书馆的馆藏文献信息资源呈现几个特点：从载体形式上看，馆藏文献信息资料的种类更加丰富多样；从馆藏文献的利用率上看，电子文献的利用率呈上升均势，而相对传统印刷型文献的利用率来说，呈下降均势；从馆藏文献和信息服务功能来看，电子文献相对于传统印刷型文献的服务功能更加丰富且高效。

图书馆信息资源组织，指的是按照一定的方式和标准，对图书馆现有的各种信息资源进行分类或排序，使其便于查找的过程。对图书馆信息资源进行组织和管理并不是新颖的事，在传统文献资料时期，比较常见的是按照分类法来进行分类整理。在新的历史时期，数字图书馆的出现、电子文献信息的增加，使得图书馆的信息资源组织管理方式也相应地发生改变。

2.2.1　图书馆图书分类法

图书分类法是以分类法为工具，对各种图书分别加以揭示，并把它们系统地组织起来，使相同的图书集中在一起，相近的图书联系在一起，从而提供一种检索和组织藏书的依据。因此可以说，图书分类是图书流通和藏书管理工作的基础。

国外普遍使用的图书分类法，主要有杜威分类法、国际十进制分类法。国内目前主要有中国图书馆图书分类法（简称《中图法》）。在检索查找书目时先要清楚采用的分类法。

1.《中国图书馆图书分类法》

《中国图书馆图书分类法》是新中国成立后编制出版的一部具有代表性的大型综合性分类法，简称《中图法》。1975 年正式出版，1999 年第 4 版变更为《中国图书馆分类法》，简称不变，2010 年颁布了第 5 版。目前，《中图法》已普遍应用于全国各类型的图书馆，国内主要大型书目、检索刊物、机读数据库，以及《中国国家标准书号》等都采用《中图法》分类号。

《中图法》根据图书资料的特点，按照从总到分，从一般到具体的编制原则，确定分类体系，在 5 个基本部类的基础上，组成 22 个大类，又将工业技术大类扩展成 16 个二级类目。其标记符号采用汉语拼音字母与阿拉伯数字相结合的混合号码，即用一个字母表示一个大类，以字母的顺序反映大类的序列。字母后用数字表示大类以下类目的划分，数字的编号使用小数制，见表 2-3。

表 2-3　《中图法》简表

A	马克思主义、列宁主义、毛泽东思想、邓小平理论	TD	矿业工程
B	哲学、宗教	TE	石油、天然气工业
C	社会科学总论	TF	冶金工业
D	政治、法律	TG	金属学与金属工艺
E	军事	TH	机构、仪表工业
F	经济	TJ	武器工业
G	文化科学、教育、体育	TK	能源与动力工程
H	语言、文字	TL	电子能技术
I	文学	TM	电工技术
J	艺术	TN	无线电电子学、电信技术
K	历史、地理	TP	自动化技术、计算机技术
N	自然科学总论	TQ	化学工业
O	数理科学和化学	TS	轻工业、手工业
P	天文学、地球科学	TU	建筑科学
Q	生物科学	TV	水利工程
R	医药、卫生	U	交通运输
S	农业科学	V	航空、航天
T	工业技术	X	环境科学、安全科学
TB	一般工业技术	Z	综合性图书

(1)分类索书号的组成

图书的分类索书号由分类号、顺序号组成。由于它是对图书馆藏书进行分类排架的依据,因此分类索书号又称为分类排架号。它是一种藏书在图书馆分类架位上的代号,也是图书排架、读者检索和藏书组织的标志和依据。如 TP274/1905 就是分类索书号,其中 TP274 是分类号,1905 是顺序号。

(2)藏书排架方法

图书馆的图书严格按照分类索书号进行排架。图书排架是先按图书分类号的顺序确定书架中该类书的位置,然后在该类图书中按照图书馆进书的顺序确定每本书在书架上的具体位置。下面举例说明:

按类目先后顺序排列,如:

《大学英语听力教学研究与新探索》　H319.9/1819

《聆听宇宙的歌唱》　I267/1240

《硅基应变半导体物理》　O47/1901

《数据挖掘与机器学习》　TP274/1905

类号相同再按进书的先后顺序排列,如:

《大数据应用分析技术与方法》　TP274/1820

《大数据时代的数据挖掘》　TP274/1908

《基于语义的分布式服务与资源发现》　TP274/1924

期刊一般采用的是《中图法》分类体系,即所有期刊按专业归入相应的一级类目,在同一类目下,中文期刊则是分类号加流水序号即组成了期刊的索引号。如 TP3/1D,TP3 是分类号,1 是该刊在此类目的流水序号。

2. 杜威十进分类法

美国 M. 杜威编制的综合性等级列举式分类法,分为详、简两种版本,英文简称 DC 或 DDC。详本于 1876 年问世,取名为《图书馆图书小册子排架及编目适用的分类法和主题索引》,1951 年的第 15 版改名为《杜威十进分类法》。简本主要供中小型图书馆使用,现已出版到第 12 版。《杜威十进制法》共分 10 个大类,为总论、哲学、宗教、社会科学、语言学、自然科学、技术科学、美术、文学、历史和地理。为适应科学技术发展和文献出版的需要,从第 16 版起,逐步将一些体系过于陈旧的类目进行彻底改编,在新版本出版前单独印改编表,供用户试用,被称为"凤凰表"。这种连续的局部更新,使 DC 既能跟上新知识的发展,又能保证分类法的稳定性。

《杜威十进分类法》是世界现代文献分类法史上的一个重要里程碑,它是世界上现行文献分类法中流行最广、影响最大的一部分类法。现已用30多种文字出版,被135个国家和地区采用,成为世界上历史最悠久且使用最广泛的分类法。美国95%的公共图书馆及中小学图书馆、25%的高校图书馆和20%的专门图书馆采用DC。美国国会图书馆的印刷卡片,英、美两国的在版编目数据,12个国家的机读目录和10个国家的国家书目也都采用了DC。

3. 美国国会图书馆图书分类法

美国国会图书馆图书分类法(Library of Congress Classification,LCC)是在美国国会图书馆馆长G. H. 普特南主持下根据本馆藏书编制的综合性等级列举式分类法。1898年参考C. A. 卡特的《展开式分类法》拟定最早的大纲,然后按大类陆续编制并分册出版,1901年发表分类大纲,1902年出版分册,各大类绝大部分在1901—1938年出版,至1985年已出版36个分册,其中较早出版的分册已修订4~5版。LC各类的细分程度取决于该馆藏书的数量和内容,不强调整个体系的严密性,类目偏重于历史、社会科学和文学。

其特点是:

(1)实用性强。专门为美国国会图书馆排架使用而编制,从类目安排到号码配置,处处考虑该馆藏书的实际需要。

(2)类目详尽,多达20多万个,成为世界上类目最多、篇幅最大的分类法。

(3)不仅适用于综合性图书馆,而且适用于相应的专业图书馆。

(4)及时反映新学科和新主题。美国国会图书馆设有专门部门管理LC,根据馆藏变化及时修订类表,并按季编印发行《LC的补充和修改》,及时报告LC类号的修订信息。

(5)各大类分别独立编制,出版时间和版本统一,没有统一的编制条例及通用复分表和总索引。

(6)基本采用顺序标记制,类号简短,但类号不能表达类目间的等级关系,助记性较差。

(7)应用LC号码被载入美国国会图书馆发行的印刷卡片和机读目录,以及美、英等国出版图书的在版编目数据中。除了美国国会图书馆外,LC还被美国许多高等学校图书馆、专门图书馆以及一些美国以外国家的图书馆所采用。

LC各册均有索引,各大类类表可作为独立的专业分类使用。LC共分20个大类,A综合性著作;B哲学、宗教;C历史:辅助科学;D历史:世界史;E—F历史:美洲史;G地理、人类学;H社会科学;J政治学;K法律;L教育;M音乐;N美术;P语言、文学;Q科学;R医学;S农业、畜牧业;T技术;U军事科学;V海军科学;Z 书目及图书馆学。分类号由字母与数字组成,数字部分按整数顺序编号。

2.2.2　图书馆传统印刷型资源的书目检索系统(OCLC)

ILIB 图书馆书目检索系统是江苏汇文软件有限公司开发的图书馆书目检索系统。

1. 登录方式

进入沈阳理工大学图书馆主页(http://lib.sylu.edu.cn),单击我的图书馆,使用读者账号登录。如图 2-1 所示。

图 2-1　沈阳理工大学图书馆书目检索系统

2. 检索方式

ILIB 的 OCLC 的书目检索方式有馆藏检索、基本检索和多字段检索三种方式。

(1)馆藏检索

该检索系统的默认检索方式就是馆藏检索,如图 2-1 所示。馆藏检索是通过单一检索途径,可选择题名、责任者、主题词等检索字段,输入检索词进行检索。

(2)基本检索

基本检索是主要检索方式,可以根据检索字段的选择,输入检索词,并选择不同的检索模式和检索范围进行检索。如图 2-2 所示。

图 2-2　基本检索

第 1 步:选择检索字段,可选择的检索字段有题名、责任者、主题词、ISBN/ISSN、分类号、订购号、索书号、出版社、丛书名、题名拼音、责任者拼音。

第 2 步:在右侧输入框输入检索词。

第 3 步:选择检索模式,有前方一致、任意匹配、完全匹配三种;再选择检索范围,可选所有书刊、中文图书、西文图书、中文期刊、西文期刊五种检索范围中的任一种。

还可选择更多限制,显示方式、排序方式和馆藏地限制等条件。

第 4 步:单击检索。

(3)多字段检索

多字段检索是指读者可以根据要检索的图书的内容,选择多个检索词,利用不同的检索字段进行逻辑组配查书。如图 2-3 所示。

第 1 步:按需求在相应的检索字段输入检索词。

第 2 步:选择文献类型和语种。

第 3 步:选择显示和排序方式。

第 4 步:单击检索。

3. 检索结果

检索结果记录相关图书的书目信息,包括题名/责任者、出版发行项、ISBN 及定价、载体形态、学科主题、中图法分类号以及提要文摘附注等内容。

同时提供此书的馆藏信息,包括索书号、条码号、馆藏地、借阅状态、借阅趋势等信息。如图 2-4 所示。

图 2-3　沈阳理工大学图书馆书目检索系统多字段检索页面

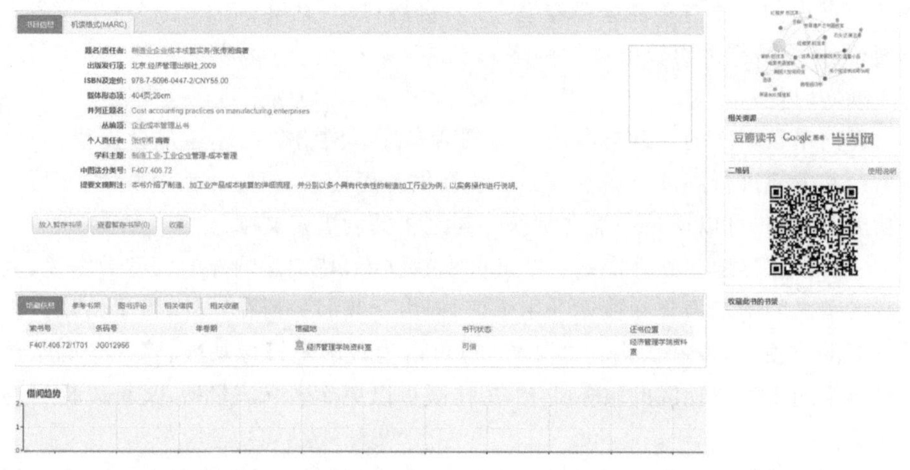

图 2-4　沈阳理工大学图书馆书目检索系统的书目信息

2.2.3　图书馆数字信息资源

图书馆数字信息资源就是数据库,最常见的数据库是网络数据库和光盘数据库。

1. 网络数据库

网络数据库可以充分利用网络的传输优势,使用户突破时间、地域的限制,利用网络远程访问数据库所在的服务器,通过输入检索式的方式实现人机对话。

(1)网络数据库的类型

网络数据库从记录内容的角度可以划分为题录型数据库和全文型数据库。题录型数据库只提供文献的出处和简要的文摘信息,这种数据库通常涵盖的时间年限比较长,便于用户从总体上把握某一领域的研究情况和科研进展。全文型数据库提供一站式检索服务,使检索更为直观、方便。全文型数据库通常回溯时间较短,特别是国内出版的中文全文型数据库大都是 20 世纪 80 年代和 90 年代以后的资料。如果需要更早的全文信息,可以通过馆际互借的方式获取。

(2)网络型数据库的特点

①通过局域网为世界各地的用户提供检索服务。网络数据库最突出的特点就是用户可以突破时空的限制,实现电子信息资源的共享。通常,数据库提供商采用 IP 限定或密码限定的方式提供服务。

②信息含量丰富,时效性强。随着人们对信息资源的深入挖掘和广泛揭示,网络数据库的信息含量越来越丰富,涉及自然科学、社会科学、工程技术等各个方面,且网络数据库可充分发挥网络易于进行数据更新的优势,以“天”“周”“月”为周期实时更新。

③网络数据库的检索与利用方式灵活多样。网络数据库通常会提供浏览、检索两种方式进行阅读。一些数据库还提供跨库检索,相关文献检索、引文检索等功能,使用户可以通过一篇文献获得与之相关的更多文献。

④可以在异地建立镜像站。很多大型数据库,特别是国外的大型数据库,其本身有很高的学术声誉和检索利用价值,但由于其服务器在国外,为了给用户提供更多的方便,可以在国内建立镜像,也可以通过多重镜像功能,将一个网站放在多个不同国家或地区的服务器上,这样既可以免除国际流量费,又可以提高访问速度。

⑤用户对数据只拥有使用权。从馆藏的角度来说,网络数据库与传统的纸质出版物不同,它不是物理的馆藏。网络数据库通常采取年付费的方式,即付费日起一年内拥有对该数据库的使用权,在此期间,该数据库可视为图书馆的馆藏。一年之后,如果不再继续付费,则数据库的使用权终止。所以,网络数据库只是图书馆的虚拟馆藏。

2. 光盘数据库

光盘是电子出版物的一种,按照《电子出版物管理暂行规定》的定义,电子出版物是指以数字代码方式将图、文、声、像等信息存储在磁光电介质上,通过计算机或具有类似功能的设备阅读使用,并可复制发行的大众传播媒体。

(1)光盘和光盘数据库的种类

光盘依据不同的分类标准,可以划分为多种不同类型。如按读写方式,可分为只读光盘、可擦写光盘、不可擦写光盘;按信息存储模式分,可分为模拟光盘、数字光盘。

光盘数据库,即以光盘为载体的数据库。根据光盘数据库的记录类型,可以划分为题录数据库、全文数据库、事实或数值数据库、多媒体数据库、超文本数据库等类型。

(2)光盘数据库的特点

①存储密度高,信息含量大。一张光盘可存储 650 MB 左右的信息,相当于 3 亿多个汉字,每一张光盘上存储的信息资源来源也都非常丰富。

②信息读取速度快,检索操作以秒计数。

③计算机完成任何一个检索式的时间都可以用秒计算,检索效率明显高于手工检索。

④可反复使用,保存期相对较长。光盘数据库以激光束读取盘片上存储的信息,没有磁头的直接接触,磨损率低,反复使用不会影响数据质量。

⑤信息更新周期较长。网络数据库可以根据数据库的特点,以实时更新数据;而光盘数据库一般以“月”“季度”或“年”作为资料更新周期,这在一定程度上影响了数据库的时效性,因此只适用于追溯检索和一般的信息检索,不适合作为新颖性检索。

⑥信息转录灵活方便。用户可选择不同的格式对检索结果进行拷贝或存储。

⑦以光盘网络信息检索系统的形式提供服务。光盘网络信息检索系统一般由光盘塔(或光盘塔阵列、光盘库)、光盘服务器、文件服务器、检索工作站等设备组成,支持网络用户通过拨号或专线方式进行光盘的检索工作。

⑧检索成本低于联机检索。联机数据库通常按照检索时产生的数据流量、提交有效检索式的次数、检索中结果的数量及显示方式等标准收费,所以相对费用高昂。而光盘数据库一次投入,可以进行反复无限制的使用,降低检索成本。

3. 图书馆数字信息资源的出版类型

根据不同的分类标准,图书馆的网络数据库和光盘数据库可以归并为不同的数据库类型,有期刊论文数据库、电子图书数据库、学位论文数据库以及事实/数值型数据库等。

(1)期刊论文数据库就是将学术期刊上刊载的文献进行数字化处理,并以此为主要内容创建的数据库,按期刊的出版周期定期进行数据更新。综合性学术期刊数据库一般收录的期刊种类比较全面,有些电子期刊甚至早于纸质期刊在网上发行。期刊数据库的检索功能都很完善,且能提供多种辅助功能,有多种检索结果和处理方式。

(2)电子图书,即经过扫描或其他形式的数字化处理,将书籍的全文内容存储在光盘等介质上,可以通过网络进行传播。电子图书数据库的创建有效地丰富了图书馆的电子信息资源,弥补了紧俏图书复本量少的缺憾,而且使一些古籍善本有机会以电子版的形式呈现在更多的普通读者面前,加大了图书的流通和利用率。电子图书数据库可以随时随地提供阅读及下载服务,且易于保存,可以反复阅读下载。

(3)由于学位论文一般不分开出版,论文信息获取较为困难,且学位论文的质量参差不齐,因此学位论文数据库的建设更加重要。多数图书馆会购买一些国内外著名的学位论文数据库。

(4)事实/数值型数据库是关于某一类事物的知识和事实性信息的集合。由于此类数据库是直接反映信息的实体,因此在数据的采集过程中非常注重数据的准确性、权威性和完整性。数值型数据库的更新频率相对要高一些。

2.3 图书馆信息咨询服务

当今社会,一方面,科研成果的数量以空前的速度增长,大量的新知识不断涌现,使人们应接不暇,信息的无序状态,给人们吸收利用信息带来很多困难。另一方面,由于信息社会的发展,人们对信息的需求越来越大,要求越来越精细、准确、迅速,甚至深入信息中的某一个知识单元。因此,图书馆传统的被动式服务方式,已越来越难以满足读者的需要。这种需要不断地增强,便逐步形成了图书馆的信息服务工作。

通过有组织的信息服务工作,对含有所需信息的大量文献进行专门的收集、加工、整理、分析研究和传播服务,能够有效、系统地帮助科技工作者吸收已有的科研成果,借鉴他人的经验教训,从而大大提高科研工作效率。

2.3.1 参考咨询服务

参考咨询服务具有双重含义:其一,该行为与馆员对图书馆用户的帮助有关,包括资源选择、目录指导和电子资源的使用帮助等;其二,是指馆员与用户之间的直接交流,这些交流发生在一些固定的服务场所,主要是参考咨询台。近年来,网络应用得到极大的普及,为信息的创造、传播和利用提供了巨大的空间。同时,由于信息环境的改变,为图书馆的参考咨询服务提供了更为广阔的天地,在传统参考咨询服务的基础上,向数字化、虚拟化方向发展,使其具有更加丰富的内涵。具体而言,参考咨询服务有以下几种内容:

1. 咨询服务

咨询服务包括一般性知识问答和研究型咨询(也称课题咨询)。一般性知识问答是指图书馆参考馆员根据知识积累或通过查阅工具书、数据库和其他资源对用户的问题给予解答,如"图书馆常见问题解答"等。研究型咨询是一种较深层次的咨询服务。用户的问题通常具有明显的专业性,没有现成的固定答案,需要图书馆参考馆员凭借自己的信息利用能力,对多种参考工具和信息资源进行系统性调研和筛选,并将结果排序、储存,经过综合分析之后,再向用户提供较为系统的相关信息。

2. 宣传报道与用户培训

图书馆参考咨询服务还应具有宣传报告功能和用户培训功能。宣传报告,指的是编制最新信息的宣传资料、图书馆服务项目介绍和资源使用手册、各类书目导航系统、电子资源使用说明等工作,同时还应举办各类讲座、培训等,以帮助用户掌握获取信息的基本技能。

3. 信息检索服务

图书馆参考馆员根据用户的某项实际信息需求,利用检索工具对相关信息进行查找和知识有序化,并获取相关信息最终提供给用户。信息检索的对象包括所有图书馆能利用的各种载体、类型的信息资源。按检索对象不同可分为文摘、题录、全文和数据或事实检索;按检索性质不同可分为提供文献供用户参考的相关性检索以及直接提供确切数据或事实的确定性检索;按信息检索手段可分为手工检索和计算机检索。要使用户完全掌握这些检索方法和检索技术并非易事,因此需要图书馆参考馆员提供检索帮助和指导,甚至亲自帮助用户完成检索过程,即提供信息检索服务。

2.3.2　馆际互借与文献传递

进入 20 世纪后,由于世界各国出版物大量涌现,任何一个图书馆只依靠自身的馆藏已不能满足读者的全部需求,必须依靠图书馆之间的资源共享、相互协作来保障资源的提供，这个共识推动了馆际互借的产生。馆际互借作为图书情报部门合作和资源共享的一种重要方式，在20世纪60年代欧美国家非常盛行。我国馆际互借这项业务开展得较晚，一直到1995年前后才在各高校之间开展，有的地方或称为“通用借书”，主要是相邻的几个高校图书馆之间允许少数专家学者共享纸质文献。近年来，随着互联网的普及，电子文献、网络文献的迅速增长，馆际互借工作也迈上了一个新的台阶。通过各种联合目录数据库和图书馆OPAC，可以了解其他文献机构的馆藏，并通过网络发出馆际互借请求，用电子邮件进行文献传递，大大加快了文献传递的速度，扩展了馆际互借的范围，缩短了获得文献资料的时间。

文献传递服务是传统图书馆的馆际互借服务在网络环境下的延伸和拓展。图书馆的文献传递是指用户为获取已出版的某种特定的文献，向图书馆提出申请，图书馆馆员从其他文献中获得用户所需要的文献原文后，通过互联网、邮寄等方式以最快的速度传递给读者的服务。这种服务使馆藏的范围扩大，使有些资源虽不为我所有，但可以为我所用，充分满足读者对文献信息的需要，提高了文献保障率。

目前，开展该服务的主要有高校系统图书馆、中国科技信息所万方网络数据中心“数字化期刊”、中国期刊网、重庆维普、国家图书馆、国家科技图书文献中心、中国科学技术信息中心等单位。

1. CALIS(China Academic Library & Information System)

中国高等教育文献保障系统(CALIS)，是经国务院批准的我国高等教育“211工程”“九五”“十五”总体规划中三个公共服务体系之一。CALIS的宗旨是，在教育部的领导下，把国家的投资、现代图书馆理念、先进的技术手段、高校丰富的文献资源和人力资源整合起来，建设以中国高等教育数字图书馆为核心的教育文献联合保障体系，实现信息资源共建、共知、共享，以发挥最大化的社会效益和经济效益，为中国的高等教育服务。从1998年开始建设以来，CALIS管理中心引进和共建了一系列国内外数据库，包括大量的二次文献库和全文数据库；采用独立开发与引用消化相结合的道路，主持开发了联机合作编目系统、文献传递与馆际互借系统、统一检索平台、资源注册与调度系统，形成了较为完整的CALIS文献信息服务网络，迄今参加CALIS项目建设和获取CALIS服务的成员馆已超过3 500家。

CALIS的OPAC系统用户可以直接发送请求到本馆的互借网关，用户无须填写书目信息。

(1)已在 CALIS 馆际互借成员馆注册的用户操作流程如下：

利用简单检索或者高级检索查询记录，对需要借阅的记录单击“馆藏”列中的“Y”，显示该访问记录的“馆藏信息”，查看用户所在馆是否有馆藏。如果有馆藏，用户可以到本地图书馆进行借阅；如果没有馆藏，在“馆藏信息”页面的底端，在“选择馆发送馆际互借请求”项中选择“用户所在图书馆”选项，单击“请求馆际互借”，进入注册馆的馆际互借网关，输入馆际互借用户名与密码，直接进入提交页面，填写补充信息，发送馆际互借请求。

(2)尚未在 CALIS 馆际互借成员馆注册的用户推荐流程如下：

有两种方法请求文献传递：方法一，在“馆藏信息”界面单击“发送 E-mail”，进入 E-mail 界面，按照要求填写相关信息，向馆际互借员发出馆际互借申请；方法二，回到检索结果页面单击“输出”，把记录的信息保存到本地，再发送给本馆的馆际互借员，请求馆际互借。

馆际互借服务的周期有两种：一是普通文献传递请求，在一个工作日内做出响应，三个工作日内送出文献；二是加急文献传递请求，在一个工作日内响应并送出文献。两种请求遇节假日顺延，如需转到其他图书馆获取文献则服务时间有一定顺延。

文献传递的费用包括文献查询费、复制费、传递费。

2. CASHL(China Academic Humanities and Social Sciences Library)

中国高校人文社会科学文献中心(CASHL)，是教育部根据高校人文社会科学的发展和文献资源建设的需要引进专项经费而设立的。其宗旨是组织若干具有学科优势、文献资源优势和服务条件优势的高等学校图书馆，有计划、有系统地引进国外人文社会科学期刊，借助现代化的服务手段，为全国高校的人文社会科学教学和科研提供高水平的文献保障。这是唯一的全国性的人文社会科学外文期刊文献保障系统，不仅可以为高校教学科研服务，也可以为全国其他科研单位提供文献获取服务。可为用户提供的服务内容有：高校人文社科外文期刊目次数据库查询、高校人文社科外文图书联合目录查询、高校人文社科核心期刊总览、国外人文社科重点期刊订购推荐、文献传递服务以及专家咨询服务等。

3. NSTL(National Science and Technology Library)

国家科技图书文献中心(NSTL)，是根据国务院的指示于 2000 年 6 月组建的一个虚拟的科技文献信息服务机构，由中国科学院文献情报中心工程技术图书馆(中国科学技术信息研究所、机械工业信息研究院、冶金工业信息标准研究院、中国化工信息中心)、中国农业科学图书馆、中国医学科学院图书馆组成。根据国家科技发展的需要,按照“统一采购、规范加工、联合上网、资源共享”的原则,采集、收藏和开发理、工、农、医各学科领域的科技文献资源,面向全国开展科技文献信息服务。其目标是建设成为国内权威的科技文献信息资源收藏和服务中心、现代信息技术应用的示范区、同世界各国著名科技图书馆交流的窗口。

4. 用户请求文献传递注意事项

在任何文献系统检索文献,首先应该考虑本地是否有相应馆藏,其次再进行文献传递;在各文献系统检索的文献应首先考虑在线直接请求文献传递。

2.3.3 定题服务与科技查新

随着信息技术的飞速发展和数字化程度的不断提高,图书馆信息服务在内容和方式上不断深化和创新,传统与现代服务相结合,图书馆实现文献报告、信息推送、信息资源导航、定题服务、科技查新等多种信息服务方式。

1. 定题服务

定题服务又称“跟踪服务”,是图书馆根据用户科研课题的特定需要,围绕科学研究和生产项目,进行文献信息的采集、筛选、整合、析取和重组,针对固定用户定期或不定期地提供符合个性化需求的最新文献信息的服务。由于定题服务的效率高、速度快,因此受到世界各国图书馆和文献信息部门的普遍重视,是最稳定的咨询服务方式。

图书馆定题信息服务围绕所服务的课题范围,追踪其最新研究,定期提供相关信息或综述报告,具有针对性、连续性、时效性、增值性的特点,以使科研人员能及时地掌握和了解课题的国际最新研究动态。

定题信息服务要求服务的主动性,主动与用户联系,主动挖掘用户潜在需求;要求所服务的课题在开题论证、可行性研究、设计、制造和成果的推广及运用的全过程中提供信息服务。

开展定题信息服务的基本方法有以下步骤:调查研究→选定课题→文献搜集→析取信息→跟踪综合服务→服务效果检验与反馈。

2. 科技查新服务

科技查新又称“查新”,是指查新机构根据查新委托人提供的需要查证其新颖性的科学技术内容,按照科技查新规范来操作并做出结论的服务,它是在科技文献检索和科技咨询基础上发展起来的。查新人员利用手工检索和计算机检索相结合的手段，用对比和综合分析的方法，对委托查新的课题内容的新颖性、先进性和实用性提供文献依据。

“查新”本身的含义是新颖性检索，最早见于 1978 年的《专利合作条约》。在 20 世纪 80 年代，各级科研管理部门为提高科研立项、成果鉴定与奖励的公正性、准确性和权威性，采取了不少措施，制定了科技查新等一系列管理办法和规定。关于科技查新的具体内容和工作流程会在本书的第 8 章第 2 节详细介绍。

第3章 计算机信息资源检索

1946年2月15日，在美国宾夕法尼亚大学诞生了世界上第一台电子数字计算机，这标志着人类进入电脑时代。第一台计算机的名字叫埃尼阿克(ENIAC)，由1.8万个电子管组成，是一台又大又笨重的机器。它重达30多吨，体积同两三间教室一样大，运算速度为5 000次/秒加法运算，这在当时是相当了不起的成就。随着计算机技术、通信技术和高密度存储技术的迅猛发展，利用计算机进行信息检索已成为人们获取信息的重要手段。

3.1 计算机信息资源检索概述

计算机信息检索不仅能够跨越时空，在短时间内查阅各种数据库，还能快速地对几十年前的文献资料进行回溯检索，而且大多数检索系统数据库中的信息更新速度很快，检索者随时可以检索到所需的最新信息资源。科学研究工作过程中的课题立项论证、技术难题攻关、前沿技术跟踪、成果鉴定和专利申请的科技查新等都需要查询大量的相关信息，计算机检索是目前速度最快、最省力、最经济的信息检索方法。

3.1.1 计算机信息检索发展历史

1. 世界计算机信息检索发展历史

自从世界上第一台计算机诞生以来，随着计算机技术、通信技术以及存储介质的发展，计算机信息检索经历了脱机批处理信息检索、联机信息检索、光盘信息检索与网络信息检索四个阶段。

(1)脱机批处理信息检索阶段

20世纪40年代中期,在利用计算机进行信息检索的早期,人们只是用单台计算机的输入输出装置进行检索,用磁带作为存储介质,一般为连续的顺序检索方式。检索部门把许多用户的检索提问汇总到一起,由专职人员定期(半月/月)进行批量检索,然后把检索结果通知各个用户,用户不直接接触计算机和数据。这种方法适合大批量的定题信息检索,所以也称为脱机批处理信息检索或定题情报服务。

(2)联机信息检索阶段

20世纪60年代末,计算机软硬件技术不断提高,出现了一台主机带多个终端的联机(Online)信息检索系统。这种系统具有分时操作能力,能够使许多相互独立的终端同时进行检索。这种系统采用实时操作技术,所以用户可以使用终端设备直接与计算机进行"人机对话",计算机对用户的提问能及时处理并显示出结果。20世纪80年代,发达国家的一些计算机信息联机检索系统,通过卫星通信网络和计算机专用终端,在世界范围内提供联机信息检索服务,形成国际联机检索服务业。联机检索服务是计算机检索走向实用化、规模化、产业化的重要标志。世界上比较著名的联机检索系统有以下几种。

①DIALOG系统

由美国洛克希德公司研制开发,是目前世界上最大的国际联机检索信息系统,总部设在旧金山附近的帕洛阿托市。系统有近600个数据库,涉及50多种语言的信息内容。数据库内容涉及综合性学科、自然科学、应用科学和社会科学等。文献类型有期刊、图书、会议录、学位论文、专利、研究报告、报纸、政府文件、标准文献、年鉴、市场行情和厂商名录等。2016年6月22日,ProQuest公司收购美国Alexander Street出版社。合并后,ProQuest和Alexander Street出版社的文本资源与视频资源无缝整合,集成资源总量进一步扩大和强力互补,为全球用户提供更全面的信息、资源与服务,提高发现隐含信息的能力及资源发现的效率。DIALOG数据库也移至ProQuest Dialogs检索平台。

②ORBIT系统

ORBIT系统全称为文献目录信息分时联机检索(Online Retrieval of Bibliographic Information Timeshared)系统,它是第二大国际联机检索系统,拥有200多个数据库。ORBIT系统以化工、石油、生物、化学、环境科学、医学、运动科学和安全科学等深入文献收录比较齐全而著称,该系统独有的特色数据库有汽车和飞机等交通工具(SAE)、石油、天然气开采与勘探(TULSE)等30多个。

③ESA/IRS 系统

ESA/IRS 系统是欧洲最大的联机检索中心，也是世界上大型国际联机检索系统之一，是仅次于美国 DIALOG 和 ORBIT 的联机检索系统。该系统涉及的专业范围有科技、农业、卫生、管理、社会科学和宇航工程及技术等，拥有 120 多个数据库。其中，酸雨(Acidrain)、铸造(Biipam-Ctif)、原材料价格(Pricedata)、卫星遥感图像(Leda)、宇航及高技术软件(Spacesoft)等为特色数据库。

④STN 系统

国际科学技术信息网络系统(The Scientific and Technical Information Network International)，是由德国卡尔斯鲁厄能源、物理、数学专业信息中心(FIZ Karlsruhe，FIZ-K)，美国化学文摘社(Chemical Abstracts Service，CAS)和日本国际化学信息协会(Japan Association for International Chemical Information，JAICI)三家合作经营的国际联机检索系统。数据库内容涉及的专业范围有化学、化工、生物、医学、数学、物理、能源、冶金、建筑等。其特色数据库有 CAS 化学物质结构图形数据库(REGISTRY)、德国专利数据库(PATDPA)、碳 13 核磁共振和红外光谱数值图形数据库(C13-NMR/IR)等。STN 的特点有：合作建网，分布式管理；多文档检索，方便实用；字段限制检索时，只使用后缀码，无前缀码；拥有世界上第一批联机图像数据库。

⑤OCLC 系统

联机计算机图书馆中心(Online Computer Library Center)是世界上最大的文献信息服务机构之一，总部设在美国俄亥俄州。FirstSearch 是 OCLC 最早的电子资源检索平台，提供 70 多个数据库，学科范围涉及 13 个主题领域。该系统不仅有书目信息，而且绝大部分可以直接获取全文。WorldCat 是 OCLC 公司在世界范围图书馆和其他资料的联合编目库，也是世界上最大的联机书目数据库。OCLC 推出的发现系统 WorldCat Local 使所有订购 FirstSearch WorldCat 数据库的图书馆可以免费获得 WorldCat Local 快速启动服务。2014 年 3 月，OCLC 整合 FirstSearch 和 WorldCat Local，向 FirstSearch 图书馆订户推出 WorldCat 发现服务(WorldCat Discovery Services)，通过一键搜索就能在 WorldCat 和索引了 2485 个数字内容馆藏的中心索引中进行检索，发现来自世界各地图书馆的电子、数字以及物理资源，帮助使用 FirstSearch 的图书馆为其读者提供更为丰富的检索体验。目前，FirstSearch 和 WorldCat Discovery 仍然独立使用，WorldCat Discovery 开发继续完善。

联机检索与脱机检索系统相比较，具有以下优点：用户可以不受地理位置影响，利用终端很方便地检索异地的联机数据库，按照自己的需求与计算机反复

"对话";在检索过程中可以随时修改检索策略,直到检索结果满意为止;迅速接收数据、实时处理和输出检索结果,检索结果可以有多种输出格式;每个课题的联机时间一般为几分钟到几十分钟,系统响应时间快;能为许多同时使用主机的终端用户提供分时处理。缺点是检索费用昂贵,检索人员必须熟悉不同检索系统的检索语言等。

(3)光盘信息检索阶段

光盘(Compact Disc,CD)是一种用激光记录和读取信息的盘片,具有信息存储密度高、容量大、读取速度快、信息类型多、保存时间长、占据物理空间小、成本低等优点。它是在计算机技术、激光技术和精密伺服电机控制技术等现代科学技术成果的基础上发展起来的新型存储载体。光盘信息检索服务于 20 世纪 70 年代末问世,是利用光盘数据库通过检索软件开展的信息检索服务。根据使用的通信设备,又可分为单机光盘检索系统和光盘网络检索系统。

1978 年,荷兰飞利浦公司正式推出视频光盘。两年后,飞利浦和索尼公司宣布高密度只读光盘研制成功。1984 年,美、日、欧洲开始利用只读光盘存储专利文献、技术资料和工程图纸;1985 年,世界第一个商品化的 CD-ROM 数据库——Bibilofile(美国国会图书馆机读目录)推出。据统计,截至 1988 年 6 月,国外光盘数据库产品达 200 余种,1989 年为 496 种,1990 年有 861 种,而到了 1991 年已达到 1 552 种。同时,光盘数据库的类型也不断丰富,除了最初的书目数据库外,又增加了文摘数据库、数值事实参考数据库、全文数据库等,并且出现了图像型、音频型、软件型和多媒体型等多种形式的 CD-ROM 产品。

1986 年 4 月,国家海洋科技情报研究所率先在我国引进了 CD-ROM 光盘数据库 ASFA(水科学与渔业文摘)和 LSC(生命科学文摘)。到 1987 年底,国内共拥有 11 套 8 个品种的 CD-ROM 光盘数据库。1990 年,全国拥有光盘系统的单位达到 54 个,共有 93 套 30 个品种的光盘数据库,到 1991 年,我国有 126 个单位引进了 53 种 199 套光盘数据库。不仅如此,我国也研制成功了中文 CD-ROM 数据库。例如,中国科学技术情报研究所重庆分所研制的《中文科技期刊篇名光盘数据库》以及中科院上海有机化学研究所的《中国化学文献数据库》等。

(4)网络信息检索阶段

进入 20 世纪 90 年代初,因特网的应用从单纯的科学计算与数据传输向社会应用的各个方面扩展,图书馆、信息服务机构和科研机构以及一些大的数据库生产商纷纷加入因特网,为信息需求者提供各种各样的信息服务,构成极其丰富的网络信息资源,数据库内容涉及所有知识领域。因特网为我们获取文献信息提供了前所未有的方便,也彻底打破了信息检索的区域性和局限性,使用户足不出户就可以获取所需要的文献信息,而且信息形式图文并茂,声影并现。因特网的迅速发展和广泛应用,改变了计算机信息检索的方式和方法,将信息检索拓展到一个更广阔的领域。与联机检索系统的主机和用户终端的主从关系不同,网络信息检索系统客户机和服务器是对等的。3 种机读检索方式比较如表 3-1 所示。

表 3-1　光盘信息检索、联机信息检索、网络信息检索方式比较

项目	光盘信息检索	联机信息检索	网络信息检索
检索页面	友好	需要熟悉	很友好
数据更新	较慢,一般按月/季更新	较快,一般按周更新	更快,实时更新
检索方式	菜单检索	命令检索	菜单/命令/超文本链接检索
检索范围	单机或局域	远程	全球
检索执行	终端用户	专业人员	网络用户
费用支付	一次性投资(购买)	使用费(按时/次/租赁)、通信费	流量费、使用费(购买)

综上所述,脱机批处理信息检索无法实现人-机对话,因此不能进行信息的实时检索。联机信息检索系统主要由系统中心计算机和数据库、通信设备、检索终端等组成,能进行实时检索,具有灵活、不受地理限制等优点,但检索费用较高。光盘信息检索系统主要由光盘数据库、光盘驱动器、计算机等组成,具有易学易用、检索费用低的优点。但是光盘数据库的信息更新有固定周期,不能提供最新信息。网络信息检索系统是将若干计算机信息检索系统用通信线路联结起来以实现资源共享的有机体,是现代通信技术、网络技术和计算机技术发展相结合的产物,它使各大型计算机信息系统变成网络中的一个节点,每个节点又可联结很多终端设备,依靠通信线路把每个节点联结起来,形成纵横交错、相互利用的信息检索网络,既可实现实时检索,又可降低检索成本。

2. 我国计算机信息检索发展概况

我国计算机检索的研究始于 20 世纪 70 年代中期,1975 年我国首次引进国外文献数据库进行计算机检索的试验。1980 年初,由中国建筑技术发展中心等单位在我国驻香港海外建筑工程公司设立了第一台国际联机信息检索终端,通过香港大东电报局与美国的 DIALOG 和 ORBIT 系统联机。1981 年底,北方科技情报所在北京与美国的 DIALOG 联机系统直接联机。1982 年 9 月,冶金部、石油部、化工部等部委情报所也实现了与 DIALOG 和 ORBIT 系统的直接联机,但由于国内通信条件的限制,除香港终端外,其余都是采用 50 波特的电传终端。

1983 年 10 月中国科技情报所建立了几台 300 波特的数据终端与欧洲空间

组织的 ESA-IRS 系统、美国的 DIALOG 和 ORBIT 系统联机，还有华东理工大学、上海交通大学等高校也纷纷建立了自己的国际联机终端。1978 年，中国科技情报所开始试建文献数据库和检索系统，初步实现了建库、编辑、排版和定题检索服务。1984 年 11 月，东南大学用电传机建立了美国 DIALOG 系统联机终端。到 90 年代中期，全国有 200 多个联机检索终端与美国的 DIALOG、ORBIT、STN 等 20 多个国际系统联机。与此同时，我国的计算机信息检索系统和数据库的建设也取得了一定的成绩。1984 年，北京文献服务处联机信息检索系统(BDSIRS)建成并开始服务，该系统拥有文献记录总量 1200 多万篇，中西文数据库 16 个，面向全国的终端用户约 150 个。1989 年，化工部情报所的联机系统(CHOICE)建成，有中文数据库 8 个、西文数据库 1 个、国内终端用户 210 个。同年投入使用的机电部情报所的联机检索系统(MEIRS)，有中西文数据库 4 个、国内终端用户 20 个。在这期间，中国医学科学院情报所、冶金科技情报所、电子科技情报所、核科技情报所等也建立了国内联机检索系统。

近些年来，我国的通信事业有了很大的发展，自 1994 年中国正式加入国际 Internet 行列起，短短几年内已经建成中国公用数据网(CHINADDN)、中国公用分组交换网(CHINAPAC)、中国公用中继网(CHINAFRN)和中国公用电子信箱系统(CHINA-MAIL)四大公用数据通信网，为加速我国信息高速公路的建设奠定了良好的基础，使我国因特网的发展有了必要的条件。在此基础上，同时建起了中国公用计算机互联网(CHINA-NET)、中国教育科研网(CERNET)和中国科技网(CSTNET)等网络。目前，我国绝大多数高校建起了自己的校园网。中国教育科研网设有北京等 8 个地区网的 8 所高校结点，形成包括网络中心、地区中心和高校校园网三级结构的教育科研计算机网络。目前全国几乎所有的国际联机检索终端，都已更新成微机终端，由 CHINAPAC 出口，并且 ISTIC、CHOICE、MEIRS 三家系统的主机在 CHINAPAC 上实现了联网，其他一些国内联机检索系统，像 BDSIRS 的主机，也挂在 CHINAPAC 上，提高了联机检索的效率，从而使我国的计算机信息检索进入了一个新的发展时期。

3.1.2　计算机信息检索系统

计算机信息检索系统从物理构成上说，包括计算机(硬件、软件)、检索终端设备、数据库和通信线路(网络)四个部分。一般而言，软件由计算机信息检索系统的开发商制作，通信线路、硬件和检索终端只要满足计算机检索系统的要求都不需要检索者多加考虑。对检索者来说，他们只需了解数据库的结构和类型，以便根据不同的检索要求选择合适的数据库和检索途径。

1. 计算机

计算机是检索系统的核心部分，它包括硬件和软件。计算机硬件是系统采用的各种硬设备的总称，主要包括具有一定性能的主计算机、外围设备以及与数据处理或数据传送有关的其他设备。

软件由系统维护软件与检索软件构成。系统维护软件，如数据库管理程序、词表管理程序等，其作用是保障检索系统的高效运转。检索软件是用户与系统的界面，用户通过检索软件进行检索，检索软件功能的强弱直接影响着检索效果。检索软件可以分为指令式、菜单式和智能接口等。通过一定的检索软件，计算机能够进行信息的存储、处理、检索以及整个系统的运行和管理。相对来说，硬件部分决定了系统的检索速度和存储容量，软件部分则是充分发挥硬件的功能。

2. 数据库

根据 ISO/DIS5127 标准，数据库(Database)的定义为："至少由一种文档组成，并能满足某一特定目的或某一特定数据处理系统需要的一种数据集合。"通俗地说，数据库就是指计算机存储设备上按一定方式存储并相互关联的数据的有序集合。数据库既是检索系统的信息源，也是用户检索的对象。数据库可以随时按不同目的提供各种组合信息，以满足检索者需求。检索系统中的数据库一般由各个数据库生产者提供，也有一些是由检索系统本身自建的。

数据库内容通常由若干个文档组成，每个文档又由若干个记录组成，每条记录则包含若干个字段。

文档(File)：是数据库中某一部分记录的有序集合。

记录(Record)：是组成数据库的信息单元，每条记录描述了一个原始信息的外表特征和内容特征。

字段(Field)：是比记录更小的单位，是组成记录的数据项目。

字段类型分为基本索引字段和辅助索引字段。基本索引字段：反映内容特征的题名、关键词、文摘等；辅助索引字段：反映外表特征的著者、单位、语种、出版项等。

例如，某个检索数据库将不同年限收录的文献归入不同的文档，文档中每篇文献是一条记录，而篇名、著者、出处、摘要等外表和内容特征就是一个个字段。对于计算机检索来说，字段相当于检索入口。

3. 检索终端设备

检索终端设备是用户与检索系统相互传递信息进行人-机对话的装置，有电传终端、数传终端和 PC 机终端等。现在基本上都是 PC 机终端，通常由计算机、调制解调器和打印机组成。调制解调器的作用主要是把传输的信息在传输前加载到一个载波信号上(称为调制),接收时通过检测收到的信息偏离精确载波信号的程度,分离出原先发送的信息(称为解调),起到数据转换的作用,有内置式和外置式两种。

4. 通信线路

由于现代通信技术的发展,公共数据传输技术为信息的传递提供了保障,信息检索逐渐发展成为网络检索。通信网络(数据传输网)将计算机系统和检索终端设备连接起来,远距离、高速度、无差错传递信息。每个计算机成为网络中的一个节点,每个节点可含一个或多个数据库,网络上的每个节点和其终端只要有授权均可对网络中的数据库进行访问,实现资源共享。随着空间技术的发展,信息检索已进入了信息传递-卫星通信-计算机技术三位一体的新阶段。

整个通信网络分成资源子网和通信子网两部分。资源子网包含网络中所有的计算机、输入输出设备、各种软件资源和数据资源,负责全网的数据处理业务,向网络用户提供各种网络资源和网络服务;通信子网是由用作信息交换的节点计算机和通信线路组成的独立数据通信系统,承担全网数据传输、转接、加工和交换等通信处理工作。检索网络所用的通信线路,一般是公用电话线或专用线,国际联机检索系统则是由通信卫星和海底电缆构成的通信网络。

3.1.3　计算机信息检索数据库类型

数据库是计算机技术和信息检索技术相结合的产物,是电子信息资源的主体,是信息检索系统的核心部分之一。按所提供的信息内容和国际上通用的分类方法,数据库主要可分为参考数据库和源数据库。

1. 参考数据库

参考数据库(Reference Databases)是指引用户到另一信息源以获得原文或其他细节的一类数据库。

书目数据库(Bibliographic Database)是指存储某个领域二次信息的机读目录、题录、文摘、索引、提要或简介的数据库。提供的检索结果是文献的线索而非原文,如许多图书馆提供的基于网络的联机公共检索目录(Online Public Access Catalogue)、MEDLINE、CBMDisc 等。

2. 源数据库

源数据库(Source Databases)是指能直接提供原始资料或具体数据的数据库,用户不必再查阅其他信息源。它可以分为以下几类:

(1)事实数据库(Fact Database)

事实数据库又称指南数据库,是存储有关某些客体(如机构、人物、出版物、项目、程序、活动等对象)的一般事实性描述的一类参考数据库,指引用户从其他有关信息源获取更详细的信息,如人物传记、公司/机构名录、研发项目、基金项目、技术标准、产品目录、指南、大事记等。例如,美国医生数据咨询库 PDQ (Physician Data Query)。

(2)数值数据库(Numeric Database)

数值数据库是一种专门提供以自然数值方式表示的、计算机可读的、具有一定结构的数据集合。是人们从文献资料中分析提取出来或者是从试验、观测、统计工作中得到的数据,主要有数字统计数据库、财务数据库等。

(3)文本-数值数据库(Text-Data Database)

文本-数值数据库是一种能同时提供文本信息和数值数据的源数据库,如企业信息数据库、产品数据库等。

(4)全文数据库(Full Text Database)

全文数据库是一种存储文献全文(原始文献)或其中主要部分的源数据库。

(5)像数据库(Image Database)

像数据库是一种提供给人们存储和检索的图像或图形信息及其有关文字说明资料的源数据库,主要应用于建筑、设计、广告、产品、图片或照片等资料类型的计算机存储与检索。

(6)术语数据库(Item Database)

术语数据库是一种计算机化的术语词典或词库,是专门存储名词术语信息、词语信息以及术语工作和语言规范工作成果的源数据库,如名词术语信息库、各种电子化辞书等。

(7)音/视频数据库(Video Database)

音/视频数据库是提供给人们存储和检索音/视频文件及其文字说明的一种源数据库。

除上述几种类型的数据库外,还有能同时存储多种不同类型数据的数据库,即混合型数据库。另外,按其载体不同又可分成磁介质数据库、光盘数据库和多媒体数据库等。

3.2 计算机信息资源检索基本原理与技术

计算机信息检索是指利用计算机及其相关技术存储和检索信息。具体地说，就是指人们在计算机或网络终端，使用检索词、特定的检索指令和检索策略等技术，从计算机检索系统的数据库中检索出所需的信息，再由终端设备显示或打印的过程。

3.2.1　计算机信息检索基本原理

为实现计算机信息检索，必须事先使用信息处理技术将大量的原始信息加工处理，以数据库的形式存储在计算机中，所以计算机信息检索广义上讲包括信息的存储和检索两个方面。

计算机信息存储过程是用手工或者自动方式将大量的原始信息进行加工。具体做法是将收集到的原始文献进行主题概念分析，根据一定的检索语言抽取出主题词、分类号以及文献的其他特征进行标识或者写出文献的内容摘要，然后把这些经过“前处理”的数据按一定格式输入计算机存储起来，计算机在程序指令的控制下对数据进行处理，形成机读数据库，存储在存储介质（如磁带、磁盘或光盘）上，完成信息的加工存储过程。

计算机信息检索过程是用户对检索课题加以分析，明确检索范围，弄清主题概念，然后用系统检索语言来表示主题概念，形成检索标识及检索策略，输入计算机进行检索。计算机按照用户的要求将检索策略转换成一系列提问，在专用程序的控制下进行逻辑运算，选出符合要求的信息输出。计算机检索过程实际上是一个比较、匹配的过程，提问标识只要与数据库中的描述信息特征的标引标识及其逻辑组配的关系相一致，则属“命中”（Match），即找到了符合要求的信息，如图 3-1 所示。

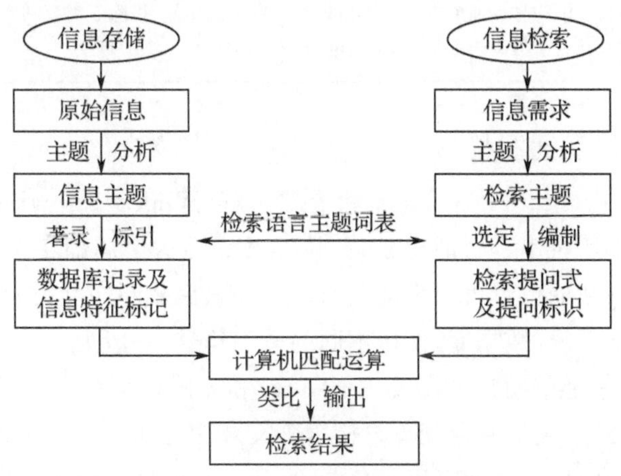

图 3-1　计算机信息检索基本原理

3.2.2 计算机信息检索基本技术

计算机信息检索基本技术包括布尔逻辑运算组配检索、截词/通配检索、位置算符检索、短语检索、模糊检索与精确检索、检域限制检索等。

1. 布尔逻辑运算组配检索

布尔逻辑(Boolean)运算组配检索是利用布尔逻辑运算符进行检索项的逻辑组配,以表达检索者提问的一种检索技术。布尔逻辑运算有三种,即逻辑"与""或"和"非"。在一个检索式中如果含有两个以上的布尔逻辑算符就要注意运算次序:()>not>and>or,即先运算括号内的逻辑关系,再依次运算"非""与""或"关系。布尔逻辑检索含义及功能如表3-2所示。

表3-2　　布尔逻辑检索

逻辑运算	含　义
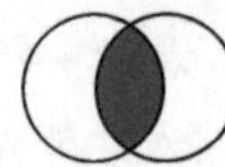	逻辑"与":用"AND/and"或"＊"表示。用于连接概念交叉和限定关系的检索词,要求多个检索词同时出现在文章中。功能:以缩小检索范围,有利于提高查准率。例如:电脑 and 病毒
	逻辑"或":用"OR/or"或"＋"表示。用于连接并列关系的检索词,要求检索词中的任意一个或多个出现在文章中。功能:以扩大检索范围,有利于提高查全率。例如:计算机 or 电脑
	逻辑"非":用"NOT/not/ANDNOT/andnot"或"－"表示。用于连接排除关系的检索词,要求符号后面所有词均不出现在文章中。功能:排除不需要和影响检索结果的概念,有利于提高查准率。例如:电脑 not 综述

2. 截词检索和通配检索

截词算符(Truncation Symbol)和通配算符(Wildcard Symbol)是用被截断的词的一个局部字符串进行的检索,并认为凡满足这个局部字符串的文献均为命中文献。按截断的位置可分为前截断、中截断、后截断3种类型。

不同的检索系统(数据库)使用不同的截词符号,一般为＊、?、!、$等。截词分为有限截词(一个截词符只代表一个字符)和无限截词(一个截词符可代表多个字符)两种形式。截词和通配算符检索含义及功能如表3-3所示。

截词符号的使用一方面可以避免漏检,另一方面也避免了多次输入的麻烦。

表 3-3　　截词/通配检索

名称	符号	位置	用法	样例
截词符	*	前截断	前方不同 后方一致	"* computer",可检索出包含"minicomputer""microcomputer"的检索词,并且所有检索词默认的逻辑关系为"OR"
		后截断	前方一致 后方不同	"comput *",可检索出包含"computer""computers""computing""computerized""computation""computational""computability"的检索词,并且所有检索的词默认逻辑关系为"OR"
通配符	?	中截断	前后方一致, 中间不同	"s? nk",可检索出包含"sink""sank""sunk"的检索词,并且所有检索的词默认逻辑关系为"OR"。也称通配符检索

3. 位置算符检索

位置算符检索,也称邻近检索,是用一些特定的算符来表达检索词与检索词之间的邻近关系,即要求检索词之间的相互位置满足某些条件而使用的检索算符。位置算符检索含义及功能见表 3-4。

表 3-4　　位置算符检索

符号	含义	样例
W	是"word"或"with"的缩写。表示此算符两边的检索词词序必须按输入时的前后顺序排列,不能改变。而且所连接的两个词之间除了可有一个空格,或一个标点符号,或一个连接号之外不得夹有其他的单词或字母	检索"information (2W) management",则可能检出"information management"和"information technologies and management"
nW	是"word"或"with"的缩写。表示此算符两边的检索词词序必须按输入时的前后顺序排列,不能改变。而且所连接的两个词之间最多可间隔 n 个词(一般系统默认两个词之间可间隔的 n 个词数量不超过 100 个单词)	
N	是"near"的缩写。表示此算符两边检索词必须紧密相连,此间不允许插入其他单词或字母,但词序可以改变	检索"economic (2N) recovery",可以检出"economic recovery""recovery of the economy""recovery from economic troubles"
nN	表示在两个检索词之间最多可以间隔 n 个单词,且词序可以改变	
F	是"field"的缩写。表示其两侧的检索词必须在同一字段	检索"? market? (F) information/DE",可以检出 communication 和 satellite 同在题名字段

（续表）

符号	含义	样例
S	是“Sub-field/sentence”的缩写。表示在此运算符两侧的检索词出现在记录的同一句子的同一个子字段内（例如，在文摘中的一个句子就是一个子字段），且词序可以改变，中间插入词的数量不限	检索“high(S) strength(S) steel”，表示只要在同一句子中检索出含有“high、strength 和 steel”三个词均为命中记录

位置检索是很有用的检索技术，它可以规定词组中各词的前后次序，防止错误的搭配和输出；它也可以替代词组中的禁用词。常用的有 9 个禁用词：AND、FOR、THE、AN、FROM、TO、BY、OF、WITH。如果在编制检索式时碰到禁用词，就要用位置算符代替它。

4. 短语检索

对于一些精确的词组或短语可使用“”或{}，将其作为一个词处理。短语检索含义及功能见表 3-5。

表 3-5　短语检索

符号	含义	样例
“”	查找与引号内完全匹配的记录，但一些无用词、标点符号、连字符、停用字等会被自动忽略	“computer aided design”
{}	所有符号都作为检索词进行严格匹配	{Analysis of chemical}

5. 模糊检索与精确检索

模糊检索（Fuzzy Search）是与“精确检索”相对应的一个概念，是指检索系统自动按照用户输入的关键词及其同义词进行模糊检索，从而得出较多的检索结果。同义词由系统管理界面配置，如配置了“计算机”与“computer”为同义词后，检索“计算机”，则包含“computer”的信息也会出现在检索结果中。因此，模糊检索就是同义词检索，用户在检索页面中输入同义词中任何一个检索词时，只要选中“模糊检索”复选框，则该关键词的所有同义词信息都会被检索出来。

精确检索（Accurate Search）是指检索系统按照与用户输入的关键词字符串完全匹配的方式进行检索，从而得出非常准确的检索结果。

6. 限制检索

在绝大多数检索系统中都有一些缩小或约束检索结果的方法，最常用的是对特定字段(Field)的限定检索(Limit Searching),限制符多为 in、=、[]等。用这种方法可以将检索词限制在特定的字段中,如 Chinese in LA,表示检索结果的语种为中文。

3.3　计算机信息检索策略与检索步骤

计算机信息检索基本的实施步骤与用户需要的服务方式有着密不可分的联系。在计算机信息检索过程中,必须首先了解用户需要提供的服务方式,科学地确定检索策略和检索步骤,才能最大限度地满足用户的需求。

3.3.1　计算机信息检索策略

检索策略是对检索行为的全面策划,寻找最佳的检索策略不仅是情报检索研究的一个重要目标,而且是计算机检索实际工作中必然遇到的问题之一。在保证一定数据库质量和功能的前提下,检索策略的优化与否已成为决定检索效率高低的一个重要因素。

1. 检索策略的含义

所谓检索策略,是指为实现检索目标而制订的全盘计划和方案,是对整个检索过程的谋划和指导。具体来讲,就是在分析检索提问的基础上,确定检索的数据库、检索的用词,并明确检索词之间的逻辑关系和查找步骤的科学安排。检索式(检索用词与各运算符组配成的表达式)仅仅是狭义上的检索策略。

2. 检索策略的制定与优化

一般来说,构造检索策略可按下列顺序进行:

(1)填写检索提问表,列出待检课题的学科专业范围、主题内容及其检索目标。

(2)选择相关数据库并确定检索途径,以便编制适合所选数据库的检索策略。

(3)对情报提问进行概念分析,选择能代表概念组面的检索项,从而把提问的主题概念转换成适合系统的检索词,完成用户情报需求由概念表达到计算机系统所能接受的检索标识表达的转换。

(4)拟定检索表达式。

(5)编排具体的检索程序。

检索时不一定要绝对按上述顺序执行，可根据所检课题需求及使用系统的具体情况灵活运用。

3.3.2 计算机信息检索基本步骤

计算机信息检索的基本步骤指的是从用户有信息需求开始到制定检索策略、上机操作直至获得检索结果或原始文献的全过程。由于信息需求本身具有不确定性，加之对数据库中的文献特征标识不能充分了解，以及系统功能的某些限制，都会不同程度地影响检索效果。但是只要遵循一定的检索步骤，制定良好的检索策略，便可以减少各种不利因素的影响，尽可能地使检索提问标识与信息需求和检索系统保持良好的一致性，从而在系统中检索出满足用户需求的信息。一般来说，要经过以下基本程序：分析检索课题、选择检索系统和数据库、确定检索词、构建检索策略（提问式）、上机检索并调整检索策略、输出检索结果。

1. 分析检索课题

利用计算机信息检索系统获取文献信息的用户，一般分为直接用户和间接用户两种类型。直接用户是指最终使用获得的信息进行工作的用户（如科研人员、管理者、决策者等）；间接用户是指专门从事计算机检索服务的检索人员。检索人员在接到用户的检索课题时应首先分析研究课题，全面了解课题的内容以及用户对检索的各种要求，从而有助于正确选择检索系统及数据库，制定合理的检索策略等。

分析检索课题时应从以下几方面进行：

(1)弄清用户信息需求的目的和意图。

(2)分析课题涉及的学科范围、主题要求。

(3)描述课题所需信息的内容及其特征。

(4)确定课题所需信息的类型，包括文献类型、出版类型、年代范围、语种、著者、机构等。

(5)明确课题对查新、查准、查全的指标要求。

2. 选择检索系统和数据库

在全面分析检索课题的基础上，根据用户要求的信息类型、时间范围、课题检索经费支持等因素综合考虑后，选择检索系统和数据库。正确选择数据库是保证检索成功的基础。

选择数据库时必须从以下几个方面考虑：

(1)数据库收录的信息内容所涉及的学科范围。

(2)数据库收录的文献类型、数量、时间范围及更新周期。

(3)数据库所提供的检索途径、检索功能和服务方式。

3. 确定检索词

检索词是表达文献信息需求的基本元素，也是计算机检索系统中进行匹配的基本单元。检索词选择正确与否，直接影响着检索结果。在全面了解检索课题的相关问题后，提炼主要概念与隐含概念，排除次要概念，以便确定检索词。

检索词的确定，一般有以下几种方法：

(1)选择主题词

当所选的数据库具有规范化词表时，应优先选用该数据库词表中与检索课题相关的规范化主题词，从而可获得最佳的检索效果。

(2)选用数据库规定的代码

许多数据库的文档中使用各种代码来表示各种主题范畴，有很高的匹配性。例如，世界专利文摘数据库中的分类代码、化学文摘数据库中的化学物质登记号等。

(3)选用常用的专业术语

在数据库没有专用的词表或词表中没有可选的词时，可以从一些已有的相关专业文献中选择常用的专业术语作为检索词。

(4)选用同义词与相关词等

同义词、近义词、相关词、缩写词、词形变化等应尽量选全，以提高查全率。

4. 构建检索提问式

检索提问式是计算机信息检索中用来表达用户检索提问的逻辑表达式，由检索词和各种布尔逻辑算符、位置算符、截词符以及系统规定的其他组配连接符号组成。检索提问式构建得是否合理，将直接影响查全率和查准率的高低。

构建检索提问式时，应正确运用逻辑组配运算符：

(1)使用逻辑“与”算符可以缩小命中范围，起到缩检的作用，得到的检索结果专指性强，查准率也就高。

(2)使用逻辑“或”算符可以扩大命中范围，得到更多的检索结果，起到扩检的作用，查全率也就高。

(3)使用逻辑“非”算符可以缩小命中范围，得到更切题的检索效果，也可以提高查准率，但是使用时要慎重，以免把一些相关信息漏掉。

另外，在构建检索提问式时，还要注意位置算符、截词符等的使用方法及各个检索项的限定要求及输入次序等。

5. 上机检索并调整检索策略

构建完检索提问式后，就可以上机检索了。检索时，应及时分析检索结果是否与检索要求一致，根据检索结果对检索提问式做相应的修改和调整，直至得到比较满意的结果。

(1)检索结果信息量过多

产生检索结果信息量过多的原因可能有以下两点：一是主题词本身的多义性；二是对所选的检索词的截词截得太短。在这种情况下，就要考虑缩小检索范围，提高检索结果的查准率。调整检索策略的方法如下：

①减少同义词与同族相关词。

②增加限制概念，采用逻辑"与"连接检索词。

③使用字段限定，将检索词限定在某个或某些字段范围。

④使用逻辑"非"算符，排除无关概念。

⑤调整位置算符，由松变严，(N)→(W)。

(2)检索结果信息量过少

造成检索结果信息量少的原因有以下几点：其一，选用了不规范的主题词或某些产品的俗称、商品名称作为检索词；其二，同义词、相关词、近义词没有运用全面；其三，上位概念或下位概念没有完整运用。针对这些情况，就要考虑扩大检索范围，提高检索结果的查全率。调整检索策略的方法如下：

①选全同义词与相关词并用逻辑"或"将它们连接起来，增加网罗度。

②减少逻辑"与"的运算，丢掉一些次要的或者特殊专指的概念。

③去除某些字段限制。

④调整位置算符，由严变松，(W)→(N)。

6. 输出检索结果

根据检索系统提供的检索结果输出格式，选择需要的记录以及相应的字段(全部字段或部分字段)，将结果显示在显示器屏幕上，存储到磁盘或直接打印输出，网络数据库检索系统还提供电子邮件发送。至此，完成整个检索过程。

3.4 计算机信息检索服务方式

计算机信息检索服务始于20世纪50年代，随着计算机技术、通信技术和网络技术的迅猛发展，计算机信息检索服务已成为信息检索服务中最重要的方式，目前国内较大的信息服务机构提供的服务方式多为计算机检索。

计算机信息检索系统按其提供的检索功能可分为回溯检索、定题检索、随机问答和联机订购等服务方式。

回溯检索(Retrospective Searching,RS):主要是指追溯查找过去的信息,帮助用户查找过去几年甚至几十年的文献,使用户一次检索就可以全面了解某一课题在某一段时间中的发展情况。该检索服务比较适合申请专利时的新颖性检索、科研课题的立项或鉴定时的查新、撰写综述性论文以及编写教材时信息的收集等。

定题检索(Selective Dissemination of Information,SDI):该检索服务是用户根据检索课题的内容,一次性输入事先确定好的检索提问式并保存在检索系统中。检索系统根据数据库更新周期,定期对已保存的检索提问式进行检索,将检索出的最新文献信息提供给用户。定题检索服务的特点是定期性、新颖性和批处理式,即每隔一定时间就某个主题在检索系统中检索一次,检索的都是近期的新数据,成批处理检索提问。

随机问答:用户直接利用终端检索,检索系统即时提供用户所需的文献信息。

联机订购:用户通过联机检索得到的结果一般都是二次文献(题录和文摘等),如果需要一次文献,可以通过终端联机订购原始文献的复印件或原件。

第4章 中文网络信息资源

随着互联网和计算机技术的普及和发展,国内外在线数据库剧增,数据库检索已经成为人们获取信息的重要途径。但由于各数据库的结构不同、信息资源标引的规范和深度不同,各数据库的检索功能既相似又有不同,用户使用时难以分辨和掌握。目前,国内比较有影响的中文检索系统有 CNKI 中国知网、超星发现系统及超星图书、读秀学术搜索、万方数据知识服务平台、维普期刊资源整合服务平台、中国高等教育文献保障系统(CALIS)、国家科技图书文献中心(NSTL)等。中国高校及科研单位一般采用包库方式购买特定学科的专题数据库,以 IP 地址控制方式,供给学校或科研单位内部使用。

4.1 中国知网

国家知识基础设施的概念是世界银行于 1998 年提出的。中国国家知识基础设施(China National Knowledge Infrastructure,CNKI)由清华大学、清华同方发起,始建于 1999 年 6 月。在社会各界的大力支持和密切配合下,CNKI 工程集团经过多年努力,采用自主开发并具有国际领先水平的数字图书馆技术,建成了世界上全文信息量规模最大的"CNKI 数字图书馆",并正式启动建设《中国知识资源总库》及 CNKI 网络资源共享平台,为全社会知识资源高效共享提供丰富的知识信息资源和有效的知识传播与数字化学习平台。

4.1.1 中国知网概述

CNKI 中国知网是中文检索系统之一。现有用户遍及全国和欧美、东南亚、大洋洲等许多国家和地区,实现了我国知识信息资源在互联网条件下的社会化共享与国际化传播,资源总量超过全国同类资源总量的 80%。CNKI 中国知网工程的目标：一是建设大规模集成整合知识信息资源，整体提高资源的综合与增值利用价值；二是建设知识资源互联网传播扩散与增值服务平台，为全社会提供资源共享、数字化学习、知识创新信息化条件；三是建设知识资源的深度开发利用平台，为社会各方面提供知识管理与知识服务的信息化手段。

1. 中国知网资源总库

CNKI 中国知网平台面向海内外用户提供中文学术文献、外文文献、学位论文、报纸、会议、年鉴、工具书等各类资源的统一检索、统一导航、在线阅读和下载服务。

2. 中国知网主要数据库简介

CNKI 中国知网现有在线数据库数百个，主要检索数据库有 6 个：

(1)中国学术期刊(网络版)

中国学术期刊(网络版)(China Academic Journal Network Publishing Database，CAJD)是目前世界上最大的、连续动态更新的中国学术期刊全文数据库，是“十一五”国家重大网络出版工程的子项目，是《国家“十一五”时期文化发展纲要》中国家“知识资源数据库”出版工程的重要组成部分，以学术、工程技术、政策指导、高级科普、行业指导及教育类期刊为主，内容覆盖自然科学、工程技术、农业、哲学、医学、人文社会科学等各个领域，收录国内学术期刊 8 810 余种，全文文献总量 5 640 万篇。因知网总库平台升级后提供中英文整合检索，该库默认的检索结果包含知网合作的国外期刊题录数据，只有“中文文献”分组项内的条目是本库全文数据。产品分为十大专辑：基础科学、工程科技Ⅰ、工程科技Ⅱ、农业科技、医药卫生科技、哲学与人文科学、社会科学Ⅰ、社会科学Ⅱ、信息科技、经济与管理科学。十大专辑下分为 168 个专题。收录自 1915 年至今出版的期刊，部分期刊回溯至创刊。服务模式有云租用、云托管、云机构托管、本地镜像。其中云租用、云托管、云机构托管的数据实时发布，本地镜像版数据每月 10 日出版。

(2)中国博士学位论文全文数据库

中国博士学位论文全文数据库(China Doctoral Dissertations Full-text Database，CDFD)是目前国内相关资源完备、出版周期短、数据规范、实用、质量高、连续动态更新的博士学位论文全文数据库。收录的博士学位论文多是在相关学科有造诣的学者、专家指导下完成的，具有较高的参考与借鉴价值。截止到 2020 年 9 月，该数据库收录了自 1984 年以来 480 家(动态)国家“985”“211”工程等重点高校、中国科学院、中国社会科学院等研究院所的博士学位论文。

(3)中国优秀硕士学位论文全文数据库

中国优秀硕士学位论文全文数据库(China Master's Theses Full-text Database,CMFD)是国内内容较全、质量较高的硕士学位论文全文数据库。截止到2020年9月,该数据库收录了自1984年以来770家(动态)国家"985""211"工程等重点高校、中国科学院、中国社会科学院等研究院所的优秀硕士学位论文。主要特色学科包括通信、军事学、中医药等专业。

(4)中国重要会议论文全文数据库

中国重要会议论文全文数据库(China Proceedings of Conference Full-text Database,CPCD)收录了由国内重要会议主办单位或论文汇编单位书面授权,投稿到"中国知网"进行数字出版的会议论文。该数据库收录了自1999年以来,中国科协、社科联系统及省级以上的学会、协会,高校、科研机构、政府机关等举办的重要会议上发表的会议论文文献。截止到2020年9月,该数据库已收录出版2万多次国内学术会议投稿的论文,其中,全国性会议文献超过总量的80%,部分会议论文可回溯至1953年。

(5)国际会议论文全文数据库

国际会议论文全文数据库收录了由国内外会议主办单位或论文汇编单位书面授权并推荐出版的重要国际会议论文,重点收录了自1999年以来,中国科协系统及其他重要会议主办单位举办的、在国内召开的国际会议上发表的文献,部分重点会议文献回溯至1981年。

(6)中国重要报纸全文数据库

中国重要报纸全文数据库(China Core Newspapers Full-text Database,CCND)是我国第一个收录报纸时事新闻、学术性、资料性文献,连续动态更新的报纸全文数据库。截止到2020年9月,该数据库遴选收录了2000年以来我国公开发行的640多种报纸上有关政治、经济、社会、文化、科技、教育、军事、国防等方面的文献,为各类读者用户从事学术、政策和工作研究及决策咨询服务。

3. 中国知网特点

CNKI中国知网的特点包括:收录信息全、学科覆盖面广;检索系统设计先进,用户界面友好,使用方便;检索途径多,标引深度大;系统服务与时俱进,不断创新,包括全文、引文、数据仓库、知识仓库(专题、行业等)、个性化服务、"一站式"检索等服务,数据库数据均为每日更新。具体特点还包括智能键入提示、CNKI指数分析、文献分析、订阅推送、平面式分类导航、跨平台文献分享等。为了更好地服务终端读者,中国知网从 2017 年 1 月 24 日起,免费向各机构用户的终端读者开通“移动知网”云平台,并同时提供机构外的个人漫游服务。

期刊优先数字出版是 CNKI 中国知网的一个主要特点。优先数字出版也称 On-Line First,是指以互联网、手机等数字出版方式提前出版印刷版期刊的内容。这种出版模式的产生是出版业发展的客观要求,是解决出版时滞过长难题的有效方式。在原国家新闻出版总署的支持下,“中国知网”于 2010 年 10 月正式启动了中国学术期刊优先数字出版,开启了中国学术期刊数字出版的新纪元。

中国知网的知识挖掘与知识网络组织的层次,已从题录摘要、全文文献,深化到文献的研究对象、问题、思想、方法、步骤、结果、结论等主题段落,以及概念、原理、方法、命名实体、经济社会微观运行状态等知识单元;知识大数据的处理与应用技术,已从全文文献特征的智能标注与检索,发展到段落主题及 5W2H 知识类标注、知识元本体标注与知识图谱构建、逻辑推理、智能问答,以及内容的动态重组、自动摘要、自动翻译和数据分析的可视化等。这项工程从 2016 年开始规模化建设,至 2019 年 12 月已收录 70 多个国家和地区的 33 种文献共 5 亿多篇(部/条),并从中挖掘、清洗出各种知识单元 82 亿条,正在建设世界第一个融世界科学、社会、政府三大数据体系为一体的综合型大数据,以应对重大和复杂问题的大数据研究。

中国知网在 2019 年 10 月 28 日正式发布了“世界知识大数据”(WKBD)平台——《全球学术快报(2.0)》,以及糖尿病专科、芯片制造、锻造、审计评估、区域养老保险管理等 8 个全新的“行业知识服务平台”示范产品,并宣布全面启动“百行知识创新服务工程”,即在 2020 年细分 500 个行业与学科,分别聚焦产品、技术、管理、学术、教育等领域核心创新能力的提升,以全面应用大数据与人工智能技术打造知识创新服务为新起点,CNKI 工程跨入了 2.0 时代。

4.1.2　中国知网检索

CNKI 中国知网提供了强大的检索功能,具有多种检索入口。检索方式分为分类浏览、检索、高级检索、专业检索、作者发文检索、句子检索、一框式检索。检索词匹配方式包括精确匹配和模糊匹配,用以提高查全率或查准率,可节省检索时间,提高检索效率。

1. 分类浏览

分类浏览是针对文献的学科特性所提供的一种查询方法。CNKI 中国知网首页提供对文献、知识元和引文进行出版物检索。浏览方式包括以下两种:

(1)按文献学科领域浏览

在中国知网首页文献检索后的“出版物检索”页面，通过出版物导航列表或高级检索页面的“文献分类目录”中提供的10个专辑168个学科分类，按学科进行浏览。

(2)按出版物类型和题名浏览

在“出版物检索”中的出版物来源导航，可根据期刊导航、学术辑刊导航、授予单位导航、会议导航、报纸导航、年鉴导航、工具书导航等出版物类型按来源名称、主办单位、出版者、ISSN、CN、ISBN进行浏览。

2. 检索

检索为系统默认的基本检索方式，有文献检索、知识元检索及引文检索三种类型基本检索。该方法类似搜索引擎的检索，可直接在查询框中键入检索词，实现文献的模糊查询，是简单快捷的文献检索方式。对于一些目的范围较大的查询，建议使用该检索方式。如文献检索过程归纳为四个步骤。

(1)在查询框中键入检索词，查询框内多个检索词默认为逻辑“与”运算，每个词之间需插入一个空格。

(2)选择检索字段：系统提供主题、关键词、篇名、全文、作者、单位、摘要、被引文献、中图分类号、文献来源、DOI共计11个检索字段。

(3)单击“检索”就可以查到相关文献。

(4)对检索结果进行分组排序，反复筛选并修正检索式以得到最终结果。

3. 高级检索

相对于基本检索而言，高级检索是数据库检索中使用比较多的一种检索方式。高级检索可使用多于基本检索的设置构造检索策略/表达式，以便精练检索结果。高级检索功能包括字段检索、布尔逻辑检索等，利用这些功能实现精确查找文献的目的。高级检索页面如图4-1所示。

高级检索方法如下(以文献检索为例)：

(1)选择数据库(文献类型)

该平台提供多个数据库检索，可选择单一数据库检索，也可同时选择多个数据库进行文献(跨库)检索。可选择数据库有学术期刊、学位论文、会议、年鉴、图书、专利、标准、成果、学术辑刊、古籍、法律法规、政府文件、科技报告、政府采购、工具书、特色期刊等。

(2)选择专辑(文献分类)

检索数据库时，通过使用学科领域导航达到控制检索范围、提高检索准确率

图 4-1　CNKI 中国知网高级检索页面

及检索速度的目的。可在“文献分类目录”10 个专辑列表中选择相应专辑并勾选。也可以从 10 个专辑列表中,逐级单击某个专辑的展开图标“⊞”,显示各级学科名称和学科级别,直到出现图标“⊟”或“□”,表示无下级学科可分,勾选使之出现“☑”,表示限定在某个/某几个学科领域范围内检索。如果不做选择,系统默认为“全选”。单击“清除”,可一次性清除全部所选导航类目。

(3)确定检索时间范围

在“时间范围”后面“从～到～”的查询框内,单击激活时间选项,选择确切的检索时间范围;也可以通过“更新时间”下拉菜单选择最近一周、最近一月、最近半年、最近一年、今年迄今、上一年度。

(4)选择检索字段

在组合式检索框中,通过下拉菜单选择检索字段。检索字段包括篇关摘、小标题、基金、篇名、关键词、主题、摘要、全文、参考文献、中图分类号、DOI 共 11 项。常用的有篇名、关键词、主题、篇关摘。通过选择检索字段,可缩小/扩大检索范围。需要特定的文献检索时,可以将字段“篇名 * 作者 * 作者单位”进行组合，准确查找所需的特定信息。

检索字段下拉菜单中列出的字段名称是从所选数据库的检索点中汇集的共性检索点，选择不同文献类型的数据库，检索字段数量和名称也会有不同。

检索条件(词)数量设置：在组合式检索框中，符号“⊞⊟”分别表示可以增加/减少逻辑检索行，默认的逻辑检索行是3行，最多可增至9行。

(5)键入检索词

在组合式检索框中，在查询框内键入检索词/词组。

(6)确定布尔逻辑运算或组配关系

在组合式检索框中，各个查询框均按AND、OR、NOT 3种逻辑关系进行组合检索，3种逻辑运算关系的优先级相同，即按先后顺序进行组合，先上后下。

①AND：表示它所连接的两个检索词必须同时出现在每条检索结果中，可用于组配不同的检索概念，可以缩小检索范围，精确检索结果。例如，不锈钢 and 表面 and 热处理。

②OR：表示它所连接的两个检索词中任意一个出现在结果中就满足检索条件，用于同义/近义概念的组配检索，可扩大检索范围，防止漏检，提高查全率，并且不影响查准率。例如，网络 or 互联网 or 因特网。用于交叉概念的组配检索时需慎重，虽可扩大检索范围，但误检率较高，查准率会下降。

③NOT：表示从原来的检索结果中删除包含某些词的检索结果，可以缩小检索范围。例如，(轿车 and 安全系统)not 苏联。

(7)选择检索模式

确定检索词与标引词之间的匹配程度，有模糊、精确两种模式。

①模糊：模糊匹配是指与检索词义基本相同但不完全等于的一种匹配方式。检索结果包含检索词或检索词中的词素，即包括同义词/近义词的检索，可提高查全率。

②精确：精确匹配是指与检索词完全等同的一种匹配方式。检索结果中包含与检索词完全相同的词语，可提高查准率。

(8)其他检索控制条件

检索控制条件包括网络首发、增强出版、数据论文、基金文献、中英文扩展、同义词扩展等选项。

增强出版包含根文献和附加内容，经过组织和封装，形成一个有内在联系的复合数字作品的数字出版物，是全部学术成果的出版。其中，根出版物指与印刷版出版物内容一致的数字化出版物形式，或者并无印刷版相对应的纯粹数字化出版物；附加内容又叫增强材料，伴随根文献一起进行数字化出版，其内容包括文本、数据表格、图像、音频、视频、软件程序、手稿等，通常仅通过网络呈现。

数据出版是指在互联网用出版的方式来发布数据。目前，以数据论文和数据集的方式实现数据出版。数据论文是通过网络在线方式出版的一种学术出版物，主要提供学术数据以及相关的信息，包括数据的采集、处理和分析方法等，但不一定提供科学结论。数据论文稿件由描述文档、数据集（或者数据集存储地址）、数据集元数据构成。

中英文扩展检索控制条件是由所键入的中文检索词，自动扩展检索相应检索项中英文语词的一项检索控制功能。仅在选择“匹配”中的“精确”时，“中英文扩展”功能才可使用。

上述检索条件确定之后，单击“检索”按钮，所有命中文献按篇名及题录信息列表显示。

4. 专业检索

专业检索比高级检索功能更强大，但需要检索人员根据系统的检索语法编制检索式进行检索，适用于熟练掌握检索技术的专业检索人员。专业检索页面如图 4-2 所示。

图 4-2　CNKI 中国知网专业检索页面

在专业检索中，构造检索提问式时检索字段可使用字段文字描述，亦可使用字段代码。可检索字段包括主题、篇关摘、篇名、关键词、摘要、全文、作者、第一作者、通讯作者、作者单位、文献来源、基金、参考文献等。

检索提问式中布尔运算的运算顺序为 NOT→OR→AND，大、小写均可，但不支持"＊""＋""－"运算符的表示。可使用圆括号"()"改变运算顺序（注：括号使用半角），括号内优先于括号外的术语和操作，括号还可重复使用，用户在一次检索中可以使用更多的检索词，构造更复杂的检索提问式。

与高级检索方式相比，专业检索页面只有一个独立的查询框，用户不仅要在查询框中键入检索词，还要键入布尔算符，为用户提供了一个按照自己需求来组合逻辑表达式的方法，使熟练和专业的检索人员能更快速和更准确地查询到所需信息。

5. 检索结果显示与管理

在检索结果显示页面可查阅感兴趣记录的文摘和全文，并对检索结果进行标记、浏览下载、保存、打印等操作。

(1)显示排序

CNKI 中国知网的检索结果可按 4 种排序方式显示，默认排序方式为按主题排序，并提供列表和文摘切换功能。4 种排序方式如下：

①相关度排序：按检索词在检索字段内容里出现的命中次数/频率、位置的相关程度从高到低排序。

②发表时间排序：按数据更新日期排列，最新发表的文献排在前面。

③被引次数排序：按文献被引用次数从高到低排序。

④下载次数排序：按文献被下载次数从多到少排序。

(2)标记

在检索结果列表页面浏览文献题名，勾选"文献"，进行"批量下载""导出/参考文献""计量可视化分析"等操作。导出格式包括 GB/T 7714—2015 格式引文、CAJ-CD 格式引文、查新（引文格式）、查新（自定义引文格式）、MLA 格式引文、APA 格式引文、知网研学（原 E-Study）、Refworks、EndNote、NoteExpress、NoteFirst 和自定义。亦可生成检索报告。可在线预览所选文章（只支持期刊、博士、硕士、报纸、会议和年鉴组合在线阅读）。

(3)浏览与下载

①文摘浏览：详细浏览、分析命中记录题名，如有必要可单击某条记录题名

查看包括文摘在内的详细信息。知识节点包括基本信息、摘要、关键词、分类号、文内图片;知识网络包括引文网络、关联作者、相似文献、读者推荐、相关基金文献。

②全文下载浏览:该数据库的文献全文以.caj 格式(部分提供.pdf 格式)输出,.caj 格式是专为中国知网文献开发的数据交换格式,阅读时需要使用特定的阅读软件 CAJViewer,本软件可以在其主页上直接下载,解压安装后便可使用。除.caj 格式外,还提供手机阅读、HTML 阅读、PDF 下载等。

(4)批量下载

如果需要保存检索结果的题录信息,即可在选中的文献题名左边的复选框内打"√";亦可选择"全选"保存页面上显示的所有题录,单击页面上方"选中"的数值,再选择"导出题录"保存即可。也可利用相应编辑软件进行选择、复制和粘贴等操作。

(5)打印

单击工具栏中的"打印机"图标,或单击菜单栏中的"文件",选择"打印"命令。

6. 中国知网免费资源

CNKI 提供的免费资源具有准确、及时、专业性较强的特点。用户可选择跨库检索入口,对所有数据库进行一站式知识搜索,免费浏览文献的题录/摘要;也可根据课题需要,利用免费题录/文摘数据库,将需要记录的内容保存下来。由于 CNKI 数据库全文资源采用有偿服务方式,采用 IP 地址控制,全文下载仅能在购买数据库的学校或科研院所进行,一般用户无权使用其全文资源。免费网站网址为 http://www.cnki.net,用户可直接键入地址进入。检索结果仅提供包括文摘在内的详细信息,不能浏览全文。如果个人用户需要下载全文,可购买 CNKI 中国知网充值卡。检索页面、方法与全文检索相同,这里不再赘述。

需要注意的是,跨库检索虽然可以解决不同数据库同时检索的问题,但绝不意味着跨库检索的个数越多越好,因为跨库检索的字段随数据库个数增加而逐渐减少,从而影响到一些需要特定条件的检索效果。

4.1.3　中国知网的个人数字图书馆

CNKI 个人数字图书馆是 CNKI 推出的一个新的信息服务理念和服务模式,其基本思想是"读者定制、代人检索、主动推送"。个人数字图书馆抽象出大多数读者的各类重要检索需求和目标,利用文献数据库的规范元数据,一一对应制定可靠的检索策略，形成一系列专用的检索工具，由读者选择使用。在这种模式下，系统自动检索，主动为读者提供推送服务，读者可在不同阶段，自主设计、任意修订自己的总体检索需求和各类目标，自动得到系统及时推送的内容。

1. 个人数字图书馆主要功能

(1)系统化统一管理个人定制与自创的文献资源

首先，个人数字图书馆可以让读者清楚地了解和总体上把握海量资源中与自己研究、学习有关的内容，建成保障读者本人需要的权威性资料库。个人馆可供读者选择定制的资源包括CNKI中国知网的国内外数据库、读者所在单位的本地资源和从互联网上自选配置的资源。这些资源可以分为学科文献馆、主题文献馆、原版文献馆、自创资料馆等。其次，个人数字图书馆提供了功能强大的检索平台。读者可对馆内文献使用多种检索方式进行检索，并通过文献出版统计报表了解馆内各专业文献的出版现状和每日新增文献，用户还可以根据自己的需要对检索平台的资源及检索方式做个性化配置。

(2)限时跟踪学术圈动态和本人成果评价信息

个人馆可以帮助读者建立自己的学术圈，与同行进行交流，了解同行对自己的评价，随时汲取营养，借鉴先进，保持自身的特点。这些功能包括本人学术影响力评价与本人项目跟踪、学者圈动态及评估、学术组织圈动态及国内外学术会议信息播报。

(3)全面跟踪国家科研规划和项目情况

国家科研规划体现了国家发展战略要求，是制定国家各级创新项目的主要依据，也是各地、各部门、各行业、各单位制定发展规划和创新项目布局的重要指导。中国知网全面搜集、系统整理了国家科研规划、项目内容、经费、申报有关信息，并将各项目团队、研究进展和成果信息链接起来，形成了一个动态更新的“国家项目申报综合分析数据库”。读者可选择将其定制到个人馆中，对所关心的项目进行跟踪分析，内容包括新项目申报、在研项目跟踪、完成项目跟踪、个人承担项目的跟踪等。

(4)打造属于自己的个性化阅览室，连通“机构馆”后免费下载文献

读者选择在“CNKI中国知网”和读者所在单位的“CNKI机构数字图书馆”两个网上创建个人馆。创建在“CNKI中国知网”上的个人馆，题录摘要、“知网节”的定制范围限于该网可提供的全部内容，但下载全文需要按篇计费，或通过本单位“机构馆”授权使用；创建在“机构馆”平台上的个人馆，除可使用“CNKI中国知网”的资源外，还可使用本单位网上的其他资源。

2. 个人数字图书馆的建立

在 CNKI 中国知网的首页由“个人/机构数字图书馆”进入，选择创建个人数字图书馆。

(1)填写个人基本信息。在此必须填写的个人基本信息有用户名、密码、关注的学科领域、真实姓名、工作单位、E-mail 等。

(2)选择个性化服务模板。服务内容包括我的个人馆、学者成果库、学者圈、科研项目、互联网学术资源、学术趋势。

(3)申请关联机构馆开通漫游。根据用户填写的工作单位/学校名称，自动检出已创建的相关机构馆，个人用户可向自己所在的机构馆提出加入申请。当个人馆关联机构馆以后，机构馆管理员将为个人馆的账号开通漫游，使用户在任何地方都可以登录个人馆，不受 IP 的限制。

3. 个人数字图书馆首页

个人馆首页根据用户在“建设和管理个人馆”设置的栏目选择和位置显示方式来显示各个栏目，页面显示如图 4-3 所示。下面以通用型模板为例来说明个人图书馆的主要功能。

图 4-3　CNKI 个人数字图书馆主页

(1)页面头部显示区

个人馆名称显示、账号及相关个人信息以及学者圈、成果库、栏目中心、智能建馆、个人馆所加入的机构馆链接等。

(2)个人馆内功能导航

个人馆内功能导航:包括文献检索、日常工作、我的科研、我的学术圈、休闲阅读、网络收藏、我的研究、阅览室等。

(3)个人馆的各类型定制栏目

个人馆的各类型定制栏目包括个人馆检索平台、学术学科文献馆、自建主题文献馆、原版文献馆、学者圈动态及影响力评估、学术组织圈动态、我关注的国家级科研项目、机构馆单库检索馆藏资源、机构馆可跨库检索馆藏资源、本人学术影响力测评、本人承担的科研项目、我收藏的"CNKI 中国知网"文献、学科学术热点、会议信息网、学术趋势搜索、学术圈公开论坛等。

4. 个人数字图书馆资源个性化定制

(1)资源配置:读者可以从个人馆首页单击"栏目中心",在知识资源服务栏目配置页面添加文献资源的各个栏目。文献资源类项目中学术学科文献馆是最为重要的一个部分,学术学科文献馆会根据读者创建时输入的关注学科,为读者推送相关文献资源。学术学科文献馆包括学科快报、学科专业馆、学科文献影响力价值分析报表等内容及我要检索文献功能。

(2)个性化情报服务项目:可以从个人馆首页,单击"栏目中心",在本馆信息服务项目配置页面,添加个性化情报服务的各个栏目,包括科研项目进展评价项目、国家科研项目申报服务项目。

(3)检索平台:在个人馆首页,单击"栏目中心",添加文献管理与互联网信息挖掘各个栏目,包括总库检索、文献检索和知识元检索。

(4)本馆管理项目:通过"管理"功能,进行个人馆的个人基本信息设置、我的机构馆、个人馆模板、使用情况统计、修改密码等管理。

4.2 超星发现及超星图书馆

超星集团成立于 1993 年,总部设在北京,从事数字资源加工、采集、管理以及应用平台开发,主要产品包括超星发现、超星图书、百链、超星移动图书馆等。

由它创建的中文数字图书馆，面向国内外读者提供海量的电子图书及其他资源的网上阅读、下载服务。

4.2.1 超星发现系统概述

超星发现系统以新的资源服务形式、智慧的个人空间、多样化的学术交流帮助读者冲破信息孤岛与信息超载桎梏，启迪创新灵感探索科学法宝，让前人成果成为知识价值再生的基石。该系统以十亿海量元数据为基础，利用数据仓储、资源整合、知识挖掘、数据分析、文献计量学模型等相关技术，较好地解决了复杂异构数据库群的集成集合，实现高效、精准、统一的学术资源搜索，进而通过分面聚类、引文分析、知识关联分析等实现高价值学术文献发现、纵横结合的深度知识挖掘、可视化的全方位知识关联。

1. 超星发现系统总体资源

超星发现系统拥有国内众多类型图书、期刊等学术资源，最多的各种类型学术视频、教育视频，为渴求知识的网友提供有价值内容的互动学习平台，支持查询各种文件格式的资料。

(1)超星期刊：超星发现系统联合学术界、期刊界、图书情报界等同仁，共同探索并提出符合当代期刊出版传播特征的新型出版模式——域出版。域出版是学术期刊从基于 PC 端的数据库与网络出版提升到基于智能手机的互动服务与移动网络出版，以各大期刊出版社社长和主编专业人士为主，针对众多的学术热点问题，通过汇聚论文、文章、视频多种形式进行阐述和深入剖析，是期刊出版业的新思维、新战略、新未来。

(2)超星图书：为读者提供超星电子图书的在线阅读和下载服务，是全球最大的中文电子书网站。书库内含图书资源数百万种，涵盖中图法 22 大分类，年加工图书能力超过 30 万种，并拥有大量珍本善本、民国图书等稀缺文献资源。

(3)超星专题：新云舟专题紧跟当前移动互联潮流，推出功能强大、操作简单的客户端。该专题以全新方式将资源进行组织，更有图片、音视频加入专题中，按读者的需求进行更新，服务方式更加富有乐趣，轻松实现资源的结构化、多媒体化。支持 PC 端及移动端等多终端交流方式，在获得图书馆各种资源和服务的同时，还可以把在超星专题中得到的阅读感悟、学习记录、创作创新以及收藏整理的资源分享给他人，并且能够永久保存。读者可按专题建立不同学术小组，形成学习者与他人协作和交流的互动关系，更有与一流学者、专题作者、不同读者直接交流的机会。

(4)超星讲座：超星视频，为读者提供高校课堂实录、讲座、百家讲坛、名师讲座、教育视频及超星公司独立拍摄制作的学术视频服务，内容囊括哲学、宗教、社会学、政治、文化科学、文学、艺术、历史等系列。目前，超星学术视频已隆重推出超星公开课，涉及文学、历史、哲学、艺术、理工等学科，提供北京大学、清华大学、中国人民大学等诸多国内名校的教育视频。

(5)学银在线：是一个教育联盟、学分互认、共建共享的平台，汇集了海量优质课程资源，并有老师答疑解惑。所有课程经专家权威认证，教学团队保证教学过程实施，课程标签使多方式、多途径获得的学习成果能得到某种程度积累、合并，考核通过后可被众多联盟颁证机构认可、转换，减少重复学习，提高学习效用。

(6)百链：百链云图书馆是超星公司推出的新一代图书馆资源解决方案及共建共享方案，拥有内容丰富的全文资源，旨在为读者提供资源补缺服务。通过对元数据仓储数据与用户本地资源分布建立定位链接，完成学术资源的一站式检索，实现本馆与其他馆的互联互通、共建共享，最终通过原文链接和云服务模式，帮助读者找到、得到所需资源。

2. 超星发现系统的特点

(1)海量存储。包括《中图图书馆分类法》设定的所有类别的 10 亿海量元数据。

(2)优质服务。可提供 24 小时连续在线服务，上网进入不受地域和时间的限制，节假日不休息的在线技术人员和客户服务人员，通过热线电话、在线论坛和电子邮件 3 种方式为用户随时解答疑难问题。

(3)利用方式多样。超星资源不仅可直接在线阅读，还提供下载(借阅)、复制和打印等多种浏览、阅读和利用方式。

(4)基于元数据的统一检索。超星电子书具有 8 种可单独或组合检索的检索途径。通过电子图书的智能检索与在线找书专家的共同引导，可以帮助用户及时准确地查找和阅读到所需要的电子图书文献，检索功能强大。

(5)技术先进。超星电子书的 PDG 格式具有良好的显示效果，适合在网上使用，且具有书签和交互式标注等多种实用功能。超星阅读器具有阅读、资源整理、网页采集、电子书制作等一系列功能。网站与阅读器之间具有良好的联通与互动功能，可随时实现网站和阅读器之间的切换，实现二者的优势互补。

此外，超星发现系统还具有传统与数字服务集成、资源共享云服务、私人化读书空间、个性化订阅体验、智慧的虚拟空间、多样化的学术交流、全终端学术交流平台的特点。本书主要介绍超星图书和超星期刊。

4.2.2　超星图书

超星电子图书分为超星书世界和汇雅电子图书两个品牌，超星书世界为全文本格式图书，汇雅电子图书为图像格式图书。

1. 超星书世界

超星书世界全文资源为有偿服务，部分图书提供免费全文阅读。网站页面如图 4-4 所示。

图 4-4　超星书世界检索页面

该页面提供图书、视频、资料 3 种资源类型，可按分类浏览和搜索两种方式查找这些资源。分类浏览方式是按《中国图书馆分类法》分类进行浏览的。搜索方式中图书搜索提供全部字段、书名、作者 3 个字段；视频搜索提供全部字段、标题、主讲人、主讲人单位、字幕 5 个字段；资料搜索提供全部、PPT、DOC、PDF、TXT、RAR、EXE 共 7 个字段。

检索后所有命中图书书名、作者、出版时间/总页数、部分文摘/简介信息由列表显示。单击某条记录的书名，可浏览包括内容提要在内的详细信息。可选择“网页阅读”或下载超星阅读器后选择“阅读器阅读”方式在线阅读，亦可以选择“下载本书”脱机阅读。

登录个人账户后，可在线免费浏览该书二级标题列表。

2. 汇雅书世界

汇雅书世界是超星发现系统针对付费用户提供的与免费网站不同的检索系统，具有强大的检索功能，拥有多种检索入口。检索总体上可分为图书分类(阅读)、基本检索、高级检索 3 种方式。

(1)图书分类(阅读)

汇雅书世界的分类阅读,不需要用户输入任何检索条件,只需按照《中国图书馆图书分类法》,由网站主页选择进入各级类目,最末级分类的下一层是图书信息页面,可点击书名超链接,阅读图书。检索过程归纳为 3 个步骤:

①查询分类表,选择类目。选择点击主页上"图书分类"中的某一类目,进入图书馆分类目录,依次点击下级图书分类目录。分类目录前标记"+",表示有下级分类目录;分类目录前标记"-",表示无下级分类目录。

②浏览记录。点击被选中的图书分类目录,在其所显示的图书列表中选择所需阅读图书书目。

③选择阅读/下载方式。点击该图书右侧提供的"网页阅读""阅读器阅读""PDF 阅读""下载本书"中的一种进行阅读和下载。

(2)基本检索

基本检索是系统默认的检索方式,提供类似搜索引擎的检索方法,可直接在查询框中键入检索词,实现图书的模糊查询,是简单快捷的中文图书检索方式。对于一些目的范围较大的查询,建议使用该检索方式。系统提供的可选择检索字段有书名、作者、目录、全文检索 4 个字段,每个查询框内可输入多个检索词,各词之间需插入一个空格默认为逻辑"与"运算。检索后可以查到相关的图书书名及题录信息。

(3)高级检索

相对于基本检索而言,利用高级检索可以实现图书的多条件查询,对于目的性较强的读者建议使用该查询。高级检索功能包括字段检索、布尔逻辑检索等,利用这些功能实现精确查找数据的目的。高级检索页面如图 4-5 所示。

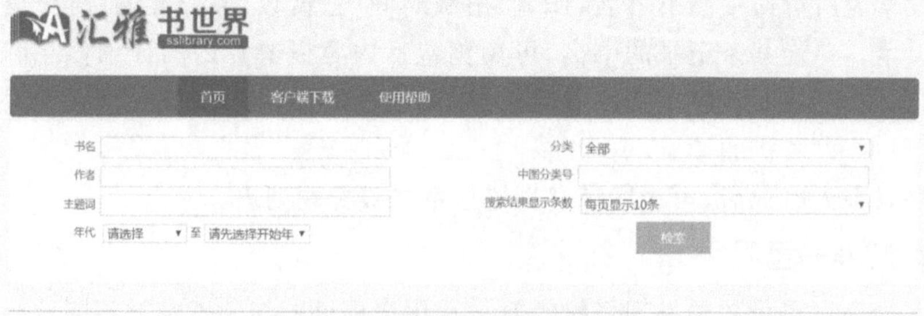

图 4-5 汇雅书世界高级检索页面

高级检索提供的可选择检索字段有书名、作者、主题词、中图分类号 4 个检索字段，组合检索字段仅默认“与”逻辑运算关系，同时提供图书出版时间范围选项，检索时可根据课题需要进行相应的选择，使检索结果更为精确。

检索后所有命中图书书名及题录信息列表显示。单击某条记录的书名，可浏览该条记录包括图书简介和图书评论在内的详细信息。

(4)检索结果排序

检索结果排序方式有 4 种：按出版日期降序（最新出版日期的图书优先显示），按出版日期升序（最早出版日期的图书优先显示），按书名升序（按图书书名首字母汉语拼音音序 A～Z 顺序显示），按书名降序（按图书书名首字母汉语拼音音序 Z～A 顺序显示）。

(5)图书全文阅读/下载

汇雅书世界的电子图书使用专门的阅读器（SSReader），检索前应下载该阅读器软件并安装，方可阅读图书。

①阅读器下载及安装：在汇雅书世界，点击“客户端下载”，将该软件下载到一个指定的文件夹，下载结束后再根据超星阅读器安装向导安装阅览器。

②图书全文阅读/下载：从显示的查询结果中选择感兴趣的图书，选择“阅读器阅读”“PDF 阅读”“网页阅读”，可在线阅读图书全文；点击“下载本书”，可下载图书全文。

4.2.3　超星期刊

超星期刊涵盖中外文期刊 88 000 余种，其中全文收录中文期刊 6 500 余种（核心期刊超过 1 300 种），实现与上亿条外文期刊元数据联合检索，内容涉及理学、工学、农学、社科、文化、教育、哲学、医学、经管等各学科领域。不仅提供传统 pdf 格式文件下载，更创新性地实现了流式媒体的全文直接阅读，构建了全终端、全过程、多渠道的传播神经网络，最大限度地提高了读者精准获取文献的速率。超星期刊分为公共和订购两个平台。

1. 超星期刊(公共)

超星期刊（公共）(http://qikan.chaoxing.com)提供 4 种检索方式：检索、分类导航、期刊导航、高级检索。

(1)检索

检索是超星期刊系统默认的检索方式，提供类似搜索引擎的检索方法，可直接在查询框中键入检索词，系统提供全部、刊名、标题、作者、机构、关键词、主题、摘要、全文9个可选检索字段，各词之间插入一个空格默认为逻辑“与”运算。检索后可以查到相关文章的题录及文摘内容。

(2)分类导航

超星期刊的分类浏览按照《中国图书馆分类法》组织，由超星期刊页面选择进入各级类目层层展开，选择某个类目点击超链接即可浏览文章。

(3)期刊导航

期刊导航提供学科导航、重要期刊导航、主办单位导航、出版周期导航、出版地导航5种方式。学科导航可按推荐、大众、教育、理工、综合等聚类文章提供浏览。重要期刊导航细分为CA化学文摘、SCI科学引文索引、EI工索引、CSCD中国科学引文库、CSSCI中文社科引文索引5个世界著名检索工具期刊收录的文章。主办单位导航聚集了51家出版社、239家科研院所、581所211高校、116家学会出版的文章。出版周期导航提供年刊、半年刊、季刊、双月刊、月刊、半月刊、旬刊、周刊出版频率的文章浏览。出版地导航提供华北、华东、华中、东北、西南、华南、西北、其他8个地域范围的文章浏览。

(4)高级检索

高级检索可以实现期刊的字段检索、布尔逻辑检索等，利用这些功能精确查找数据，适合目的性较强的读者。高级检索页面如图4-6所示。

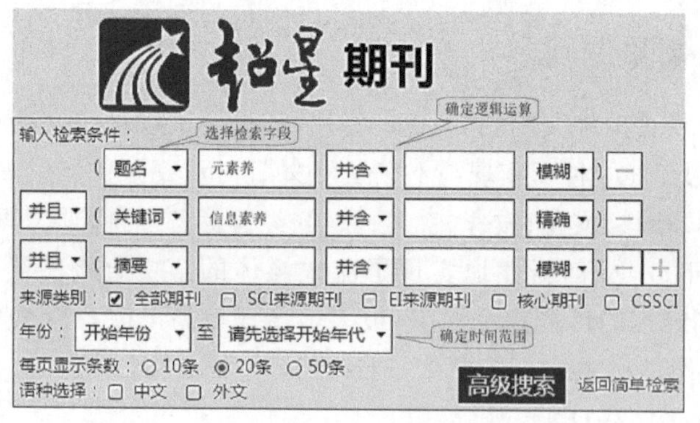

图4-6 超星期刊(公共)高级检索页面

高级检索提供的可选择检索字段有全部字段、主题、题名、作者、作者机构、关键词、摘要、刊名、全文9个检索字段，组合检索字段提供“并且/并含”“或者”“不含”3种逻辑运算关系，默认运算关系是“并且/并含”。系统同时提供期刊来源类别、期刊出版时间范围、语种限制选项。检索结果可按主题、发表时间、被引量、阅读/下载量排序，检索时可根据课题需要进行相应的选择，使检索结果更为精确。检索后所有命中文章及题录信息列表显示。单击某条记录的题名，可浏览该条记录包括摘要、网页版全文和超星知识图谱在内的详细信息，也可打开“pdf 下载”全文链接，浏览、下载“pdf”格式全文。超星知识图谱呈现该文章影响因子趋势、相似文献和全国馆藏信息。

2. 超星期刊(订购)

超星期刊(订购)是为订购用户提供的专业检索系统，高级检索页面增加了订购单位馆藏资源选项，检索方法可参见“4.2.3 超星期刊(公共)”中相关内容叙述。

4.2.4　超星移动图书馆和超星 App

超星移动图书馆是以移动无线通信网络为支撑，以图书馆集成管理系统平台和基于元数据的信息资源整合为基础，以适应移动终端一站式信息搜索应用为核心，以云共享服务为保障，通过手机、iPad 等手持移动终端设备，以 WAP 和应用 App 为展现形式，为用户提供搜索和阅读数字信息资源，自助查询，减少环节，实现传统资源和多媒体资源统一，帮助用户建立随时随地获得全面信息服务的现代图书馆移动服务平台。

其功能特点如下：

1. 基于元数据的一站式检索

超星移动图书馆应用数据整合技术对馆内外的中外文图书、期刊、报纸、学位论文、标准、专利等各种文献进行了全面整合，在移动终端上实现了资源一站式检索、导航和全文文献服务。

2. 传统与数字服务集成

移动图书馆与图书馆 OPAC 系统的无缝对接，实现了馆藏查询、个人借阅历史查询、图书续借、咨询、移动图书馆检索历史记录、浏览历史记录、图书到期提醒、预约通知推送等个性化自助服务，并保持与现有图书馆 OPAC 系统功能同步。

3. 云服务共享

提供 24 小时云传递服务，可通过邮箱接受电子全文。系统接入文献共享云服务的区域与行业联盟达到了 78 个，加入的图书馆有 723 家。24 小时内，文献传递请求满足率，中文文献达 96%以上，外文文献达 85%以上。

4. 个性化阅读体验

移动图书馆集成 RSS 订阅功用，有效地为用户提供个性化信息服务，包括电子书籍、报纸、视频、资讯等近 30 种频道分类，使得用户在任何时间都可以有针对性地阅读自己所需信息，实现了为用户提供多来源信息的个性化阅读体验。

超星移动端构建了学术出版的物理空间和社会空间，依托集成的海量信息资源与云服务共享体系，为移动终端用户提供了资源搜索与获取、自助借阅管理和信息服务定制的一站式解决方案。依托先进的设计理念、移动出版技术和坚实的市场传播基础，帮助学术期刊在传统互联网出版前提下，实现全新的在线移动出版。超星移动图书馆 App 如图 4-7 所示。

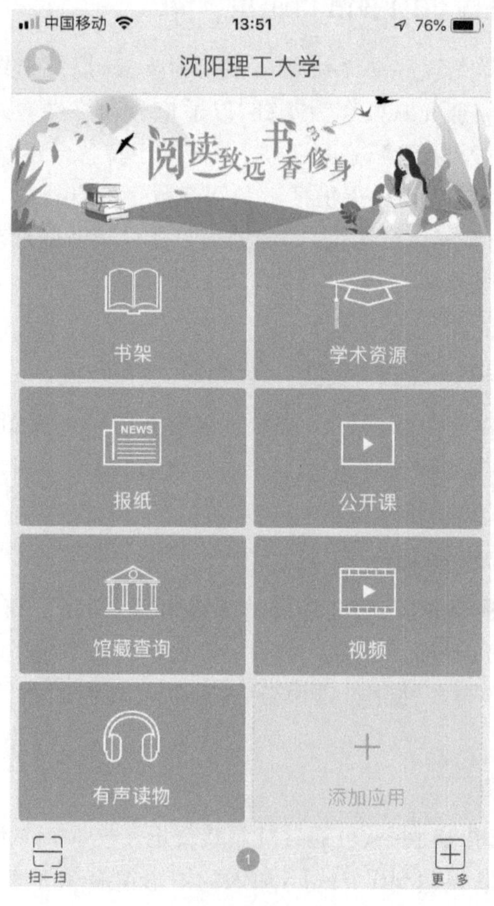

图 4-7　超星移动图书馆 App 页面

4.3　读秀学术搜索

4.3.1　读秀学术搜索概述

读秀学术搜索(http://www.duxiu.com)由北京世纪读秀技术有限公司研发,是由海量全文数据及元数据组成的超大型数据库。以中文图书和全文资料为基础,集文献搜索、试读、文献传递、参考咨询等多种功能于一体,突破一般检索模式,为用户提供切入目录章节和全文的深度检索。还提供书名页、版权页、前言页、目录页及部分文献的全文试读,读者通过阅读文献的某个章节或通过文献传递来获取想要的馆藏纸质图书、电子图书、随书光盘等学术资源。期刊元数据打破空间限制的获取方式,为用户提供最全面的期刊文章。高效查找、获取各种类型学术文献资料的一站式检索,周到的参考咨询服务,使其成为真正意义上的学术搜索引擎及文献资料服务平台。

4.3.2　读秀学术搜索检索平台

读秀学术搜索平台检索提供了强大的检索功能,具有多个频道检索入口。检索总体上可分为知识、图书、期刊、报纸、学位论文、会议论文、音视频、文档、更多 9 个检索频道。本书主要介绍知识、图书、期刊 3 个频道的搜索方法。读秀学术搜索检索平台如图 4-8 所示。

图 4-8　读秀学术搜索检索平台

1. 知识频道

知识频道是页面默认的搜索频道，仅提供中文搜索和外文搜索两种方式，不提供按字段搜索。在查询框中输入关键词，然后点击“中文搜索”，能够在图书数据资源中，围绕该关键词深入图书的每一页资料中进行信息深度查找。由于知识搜索是在图书资料的章节、内容中搜索包含检索词内容的知识点，为读者提供了突破原有一本本图书翻找知识点的新的搜索体验，因此更有利于资料的收集和查找。为方便快速找到所需要的结果，建议使用多个关键词或较长的关键词进行检索。如果点击“外文搜索”，则自动进入外文期刊频道进行搜索。

在搜索结果页面，还可以通过查询框右侧的“在结果中搜索”或页面左侧的“筛选辅助”，按“年代”或“专题聚类”来缩小检索范围。点击标题即可查阅文献详细信息。

2. 图书频道

图书频道提供图书分类导航浏览，按照中国图书馆图书分类法设置的 22 个分类进行浏览；提供按主题检索，包括快速搜索、高级搜索、专业搜索 3 种方式。

选择图书频道后，在查询框输入关键词，然后点击“中文搜索”，能够在海量的图书数据资源中进行查找。如果希望获得外文资源，可点击“外文搜索”。在查询框下方提供全部字段、书名、作者、主题词、丛书名、目次 6 个检索字段选项。通过右侧的高级检索、专业检索可以更精确地查找图书。

读秀学术搜索的图书检索结果页面如图 4-9 所示。

图 4-9 读秀学术搜索的图书检索结果页面

在搜索结果页面中，还可以通过查询框右侧的“在结果中搜索”或通过页面左侧的“类型、年代、学科、作者”两种方式缩小搜索范围。

从搜索结果页面点击书名或封面进入图书详细信息页面，关于本书的题名、作者、页数、封面、出版社、出版时间、主题词等详细信息将一一罗列。点击链接文字，可直接在图书频道中搜索该文字，以便查找相关图书。

在图书详细信息页面可以通过“部分阅读”“馆藏纸本”和“图书下载”链接进行试读、阅读电子全文。“部分阅读”包括书名页、版权页、前言页、目录页、正文 15 页、封底页的试读。

如果想阅读图书内容，可在图书详细信息页面点击“图书馆文献传递”，进入“图书馆参考咨询服务中心”页面。所需信息填写完整后，在 24 小时之内即可收到咨询结果，所有咨询内容有效期为 20 天，每本图书单次咨询最多不超过 50 页，同一图书每个星期的咨询量不超过全书的 20%。由于回复邮件可能会被当作未知邮件或垃圾邮件，若没有收到回信，请查看一下不明文件夹或垃圾邮件箱。

3. 期刊频道

期刊频道提供快速搜索、高级搜索、专业搜索 3 种方式，系统提供全部字段、标题、作者、刊名、关键词、作者单位 6 个检索字段。在搜索结果页面中，还可以通过查询框右侧的“在结果中搜索”或通过页面左侧的“类型、年代、学科、期刊刊种”方式缩小搜索范围。

从搜索结果页面点击期刊名可进入期刊文献详细信息页面，可以查看该文献的题名、作者、刊名、出版日期、期号等详细信息。点击链接文字，可直接在期刊频道中搜索该文字，以便查找相关期刊。

在期刊文献详细信息页面中可以通过“全文链接”“图书馆文献传递”“互助平台”3 种方式获取所需文献。

除上面介绍的知识频道、图书频道、期刊频道之外，读秀学术搜索还提供报纸、学位论文、会议论文、音视频、文档、更多等频道的搜索服务，在更多选项中提供 8 种类型数据搜索，检索方法基本相同，这里不再赘述。

4.3.3　读秀学术搜索技巧

掌握读秀学术搜索使用技巧，可以使用户更灵活、准确地查询自己所需要的信息。搜索技巧包括除去特定词搜索和提示画词搜索。

1. 除去特定词搜索

以知识频道为例，如果想查找“数字图书馆”，但不希望关于“主要特征”的结果出现,可以输入关键词“数字图书馆－主要特征”。还可以同时去除多个关键词。注意:前一个关键词和减号之间必须有空格,否则,减号会被当成连字符处理,而失去减号语法功能。

2.提示画词搜索

以图书频道为例,当在搜索结果页面选中文字时,会自动显示“读秀搜索”按钮,点击后即可将该选中文字视作关键词,在全文检索频道进行检索。

4.4 万方数据知识服务平台

万方数据知识服务平台(http://www.wanfangdata.com.cn)是在原万方数据资源系统基础上,经过不断改进,创新而成。该服务平台集知识资源、发现技术、人性化设计等特色于一身,是国内优秀知识资源增值服务平台之一。

4.4.1 万方数据知识服务平台概述

万方数据知识服务平台由北京万方数据股份有限公司开发研制,于1997年8月在因特网上推出。该平台集经济、金融、社会、人文等各行业领域信息于一体,以科技信息为主,为科研机构、机关企业、学校团体提供多层面、全方位信息服务。其代表产品《中国企业、公司及产品数据库》(CECDB)于1995年被全球著名的DIALOG系统收录。该平台提供检索、知识脉络分析、万方学术圈、论文相似性检测等多种人性化的信息揭示方式及多元化增值服务,全方位贴近用户使用习惯,体现了丰富的人性化设计理念。

4.4.2 万方数据知识服务平台主要数据库

万方数据知识服务平台拥有期刊、学位论文、会议论文、专利、科技报告、科技成果、标准、法律法规、地方志、视频等多种资源。截止到2020年9月该平台主要数据库数据如下:

1.学术期刊

中国学术期刊数据库(China Online Journals, COJ)收录数据起始于1998年,包含8000余种期刊,其中包含北京大学、中国科学技术信息研究所、中国科学院文献情报中心、南京大学、中国社会科学院历年收录的核心期刊3300余种,每年约增加300万篇论文,涵盖自然科学、工程技术、医药卫生、农业科学、哲学政法、社会科学、科教文艺等各个学科，可提供文献全文，数据每周更新两次。

万方数据知识服务平台的期刊资源除国内期刊外，还包含40 000余种世界各国出版的重要学术期刊，主要来源于NSTL外文文献数据库与数十家著名学术出版机构及DOAJ、PubMed等知名开放获取资源。

2. 学位论文

中国学位论文全文数据库(China Dissertations Database)收录了自1980年以来我国自然科学领域各高等院校及科研院所的硕士、博士以及博士后论文全文。与国内900余所高校、科研院所合作，占研究生学位授予单位85%以上，涵盖基础科学、理学、工业技术、人文科学、社会科学、医药卫生、农业科学、交通运输、航空航天和环境科学等各学科领域，每年增加约30万篇。

3. 学术会议

中国学术会议文献数据库(China Conference Proceedings Database)包含中文会议和外文会议，中文会议收录始于1983年，年收集约3 000个重要学术会议，年增20万篇论文，数据每月更新。外文会议主要来源于NSTL外文文献数据库，收录了1985年以来世界各主要学协会、出版机构出版的学术会议论文共计766万篇全文(部分文献有少量回溯)，每年增加论文约20万余篇，数据每月更新。

4. 专利

中外专利数据库(Wanfang Patent Database)收录始于1985年，目前共收录中国专利2 200万余条，国外专利8 000万余条，年增200万条，收录范围涉及十一国两组织。其中，十一国为中国、美国、澳大利亚、加拿大、瑞士、德国、法国、英国、日本、韩国、俄罗斯；两组织为世界专利组织、欧洲专利局。

5. 科技报告

中外科技报告数据库包括中文科技报告和外文科技报告。中文科技报告收录始于1966年，源于中华人民共和国科学技术部，共计2.6万余份。外文科技报告收录始于1958年，涵盖美国政府的四大科技报告(AD、DE、NASA、PB)，共计110万份。

6. 科技成果

中国科技成果数据库(China Scientific & Technological Achievements Database)收录了自1978年以来国家和地方主要科技计划、科技奖励成果，以及企业、高等院校和科研院所等单位的科技成果信息，涵盖新技术、新产品、新工艺、新材料、新设计等众多学科领域，共计90万余项。数据每两月更新一次，年新增数据1万条以上。

7. 标准

中外标准数据库(China Standards Database)收录了所有中国国家标准(GB)、中国行业标准(HB)以及中外标准题录摘要数据,共计200万余条记录,综合了中国质检出版社、浙江省标准化研究院等单位提供的标准数据。国际标准来源于科睿唯安 Techstreet 国际标准数据库,涵盖国际及国外先进标准,包含超过55万件标准相关文档,涵盖各个行业。

8. 法律法规

中国法律法规数据库(China Law & Regulations Database)收录始于1949年,涵盖国家法律法规、行政法规、地方法规、国际条约及惯例、司法解释、合同范本等,内容权威、专业。数据每月更新,年新增量不低于8万条。

9. 地方志

地方志,简称“方志”,即按一定体例,全面记载某一时期某一地域的自然、社会、政治、经济、文化等方面的情况或特定事项的书籍文献。按年代分为新方志、旧方志,新方志收录始于1949年,共计4.7万册;旧方志收录为新中国成立之前,共计8 600余种,10多万卷。

10. 视频

万方视频是以科技、教育、文化为主要内容的学术视频知识服务系统,现已推出高校课程、会议报告、考试辅导、医学实践、管理讲座、科普视频、高清海外纪录片等适合各类人群使用的精品视频。截至目前,已收录视频3.3万余部,时长近100万分钟。

4.4.3 万方数据知识服务检索平台

万方数据知识服务平台提供了检索、高级检索、专业检索3种方式。本书主要介绍“高级检索”。

1. 检索

检索是系统默认的基本检索方式,该检索方式类似搜索引擎,可直接在查询框中键入检索词,实现文献的模糊查询,是简单快捷的文献检索方式。对于一些目的范围较大的查询,建议使用该种检索方式。查询框内多个检索词之间默认为逻辑“与”运算,每个词之间需插入一个空格,可以查到相关文献的题名、题录及部分文摘信息。

检索结果可按相关度优先、新论文优先、经典论文优先、仅相关度、仅出版时间、仅被引次数等排序。

2. 高级检索

高级检索功能包括字段检索、布尔逻辑检索等,利用这些功能可以实现精确查找数据的目的。高级检索页面如图 4-10 所示。

图 4-10　万方数据知识服务平台高级检索页面

具体检索方法如下:

(1)选择文献类型数据库

该系统提供跨库检索。如果需要对某一类型文献进行检索,也可选择单一数据库检索方式。提供全文检索的数据库有期刊论文、学位论文、会议论文。

(2)选择检索字段

在组合式检索框中,通过下拉菜单选择检索字段,包括全部、主题、题名或关键词、题名、作者、作者单位、关键词、摘要等,常用的有题名、关键词、摘要、主题字段。通过限制字段和字段组合,可缩小/扩大检索范围,进行特定检索。

在组合式检索框中同一查询框内多个检索词默认为逻辑"与"运算,每个词之间需插入一个空格;不同检索字段(纵向查询框)所有检索项按"与""或""非"3 种逻辑关系进行组合检索。

(3)选择检索模式

确定检索词与标引词之间的匹配程度。检索模式有模糊检索、精确检索两种模式。

(4)确定检索时间范围

可选择"不限"时间范围,也可以选择"从某年到某年"的确切检索时间范围。上述检索条件确定之后,点击"检索"按钮,所有命中文献篇名、题录及部分文摘信息默认按时间排序并显示命中文献篇数。

在题名列表中进行浏览、比较、筛选。点击选中的文献题名链接,进一步浏览包括文摘内容的详细信息,并可浏览、下载保存全文。

3. 专业检索

在高级检索页面提供专业检索方式。专业检索比高级检索功能更强大,但需要检索人员根据系统的检索语法编制检索式进行检索,适用于熟练掌握检索技术的专业检索人员。

单击页面上的"专业检索"链接,即可直接进入跨库专业检索页面。

专业检索方法及步骤参见"4.1.2 CNKI中国知网检索"中相关内容叙述。

4. 检索结果显示与管理

在检索结果显示页面,可查阅感兴趣记录的文摘和全文,并对检索结果进行标记、保存、打印等操作。

(1)显示排序

在检索方式下,检索结果显示包括全部、仅全文两种方式。

在高级检索方式下,检索结果显示包括:(精简模式)仅显示部分题录信息,(详细模式)显示题录和部分文摘信息。

万方数据知识服务平台跨库检索的检索结果可按年份、命中数两种排序方式显示,默认排序方式为按年份排序;单库检索的检索结果可按相关度、新论文两种排序方式显示,默认排序方式为按相关度排序。

(2)标记

在检索结果列表页面,浏览文献题名,勾选 文献,可进行文献"导出"操作。"导出"格式包括导出文献列表、参考文献格式、NoteExpress、RefWords、NoteFirst、EndNote、自定义格式、查新格式。

如有保存、打印需要,参见"4.1.2 CNKI中国知网检索"中相关内容的叙述。

5. 万方数据知识服务平台免费资源

在万方数据知识服务平台免费资源中,图书提供免费全文服务;学术期刊、会议论文、学位论文、中外专利和科技成果等信息提供免费文摘服务;标准等信息提供免费题录服务。

用户可直接键入地址进入检索平台,免费检索网址:http://www.wanfangdata.com.cn。

4.5　维普期刊资源整合服务平台

重庆维普资讯有限公司的前身为中国科技情报研究所重庆分所数据库研究中心,是中国第一家进行中文期刊数据库研究的机构。作为中国数据库产业的开拓者,数据库研究中心自主研发并推出了《中文科技期刊篇名数据库》,是中国第一个中文期刊文献数据库,也是中国最早的自建中文文献数据库。维普资讯网建立于 2000 年。经过多年的商业运营,维普资讯网已经成为全球著名的中文专业信息服务网站以及中国最大的综合性文献服务网站之一。该网陆续推出了《中文科技期刊数据库》《中国科技经济新闻数据库》《中文科技期刊数据库(引文版)》《外文科技期刊数据库》《中国科学指标数据库》、智立方文献资源发现平台、中文科技期刊评价报告、中国基础教育信息服务平台、维普-google 学术搜索平台、维普考试资源系统、图书馆学科服务平台、文献共享服务平台、维普期刊资源整合服务平台、维普机构知识服务管理系统、文献共享平台、维普论文检测系统等系列产品,受到了用户的广泛赞誉。

4.5.1　维普资讯网

维普资讯网提供医药卫生、工程技术、自然科学、农林牧渔、人文社科 5 个专辑,47 个类别的期刊文献检索。系统具有强大的检索功能,检索页面虽然与维普期刊资源整合服务平台检索页面有差异,但检索方法基本相同。检索入口总体上可分为期刊大全、文献分类、优先出版、论文检索、论文选题、在线分享、学者空间、学术机构、搜索、高级检索。在高级检索页面还提供"直接输入检索式"(专业检索)方式。本书简要介绍期刊大全、搜索、高级检索。

1. 期刊大全

期刊大全页面分别提供了如下的期刊检索入口:按专辑/学科分类导航、按字母顺序查找期刊、自行输入关键词查询区。通过这些检索方式,用户可以方便且准确地找到目标期刊。其中,按专辑/学科分类导航查找期刊包括最新期刊和医药卫生、工程技术、人文社科、自然科学、农林牧渔 5 个专辑选择,每个专辑下又包含若干个类目;按字母顺序查找期刊是按照刊名首字的汉语拼音字顺 A~Z

将期刊进行列表;自行输入关键词查询区可以依据期刊名称、作者、CN号快速定位用户已知的期刊。选择某一检索入口定位期刊后,可进一步按年、卷、期的内容浏览文献。

2. 搜索

搜索是系统默认的检索方式。在维普网仓储式在线出版平台首页,可以看到有多个搜索对象,包括文献搜索、期刊搜索、学者搜索、机构搜索,可对不同对象选定不同的特征属性进行搜索。默认搜索对象为文献搜索。不同搜索对象提供的检索字段不同,见表4-1。

表4-1　不同搜索对象提供的搜索字段

搜索对象	文献搜索	期刊搜索	学者搜索	机构搜索
搜索字段	标题/关键词、作者、机构、刊名	期刊名、作者、CN	学者名、学科、单位	机构名、地区、学科

搜索页面无逻辑组配关系选项,同一查询框内多个检索词默认为逻辑"与"运算,每个词之间需插入一个空格。维普资讯网仓储式在线出版平台搜索页面如图4-11所示。

图4-11　维普资讯网仓储式在线出版平台搜索页面

3. 高级检索

维普网高级检索与维普期刊资源整合服务平台高级检索页面稍有差异,但检索方法基本相同,使用时可参见维普期刊资源整合服务平台高级检索部分内容,这里不再赘述。

4.5.2 维普期刊资源整合服务概述

维普期刊资源整合服务平台由维普“中文科技期刊数据库”升级而来，是维普资讯推出的中文科技期刊资源一站式服务平台。该平台服务贯穿用户对期刊资源使用需求的各个环节，提供多层次、纵深度的集成期刊文献服务，从单纯的全文保障服务延伸到引文、情报等服务。

1. 期刊文献检索模块

期刊文献检索模块是对原有《中文科技期刊数据库》检索查新扩全文保障功能的有效继承，并在此基础上做了流程梳理和功能深化，同时还增加了文献传递、检索历史、参考文献、基金资助、期刊被知名国内外数据库收录的最新情况查询、查询主题学科选择、在线阅读、全文快照、相似文献等展示功能。

2. 文献引证追踪模块

文献引证追踪模块是对原有《中文科技期刊数据库》(引文版)功能和流程的梳理，是目前国内规模最大的文摘和引文索引数据库。采用科学计量学中的引文分析方法，对文献之间的引证关系进行深度数据挖掘，除提供基本的引文检索功能外，还提供基于作者、机构、期刊的引文分析功能，可广泛用于课题调研、科技查新、项目评估、成果申报、人才选拔、科研管理、期刊投稿等用途。该功能模块引文数据回溯加工至 2000 年，除帮助用户实现强大的引文分析功能外，还采用数据链接机制实现到维普资讯系列产品的功能对接，极大地提高了资源利用效率。

3. 科学指标分析模块

《中国科学指标数据库》是目前国内最具规模的动态连续分析型事实数据库之一，是一个提供三次文献情报加工的知识服务功能模块，通过引文数据分析揭示国内近 200 个细分学科的科学发展趋势，衡量国内科学研究绩效，有助于显著提高用户的学习研究效率。

该功能模块是运用科学计量学有关方法，以维普中文科技期刊数据库近 10 年的千万篇文献为计量基础，对我国近年来科技论文的产出和影响力及其分布情况进行客观描述和统计。从宏观到微观，逐层展开，分析了省市地区、高等院校、科研院所、医疗机构、各学科专家学者等的论文产出和影响力，并以学科领域为引导，展示我国最近 10 年各学科领域最受关注的研究成果，揭示不同学科领域中研究机构的分布及重要文献产出，是致力于为用户提供具有高端分析价值的精细化产品，专门为辅助科研管理部门、科研研究人员等了解我国的科技发展动态而倾力打造，适用于课题调研、科技查新、项目评估、成果申报等用途。

4. 高被引析出文献模块

高被引析出文献模块，即维普资讯《高被引析出文献库》。期刊文献是最具连续性、动态性的文献传播载体，是教学科研工作重要的信息来源。期刊文章的文后参考文献往往跨越了期刊、学位论文、会议论文、图书、专利、标准等多种文献类型。这些参考文献脉络所涉及的文献内容也具备丰富的科研参考价值。

5. 搜索引擎服务模块

搜索引擎服务模块是一个为机构用户基于谷歌和百度搜索引擎面向读者提供服务的有效拓展支持工具，从而为广大的终端使用者提供方便；既是灵活的资源使用模式，也是图书馆服务的有力交互推广渠道，良好的网络访问速度，全天候免维护；通过开通该服务可以使图书馆服务推广到读者环境中去。“读者在哪里，图书馆的服务就在哪里”，让图书馆服务无处不在。

“维普期刊资源整合服务平台”广泛应用于教育学习、科学研究、情报分析、科研管理、决策咨询、编辑出版等诸多领域，为我国教育、科研和社会管理事业的发展提供了强有力的保障。

4.5.3 维普期刊资源整合服务之中文期刊服务平台

维普期刊资源整合服务平台的主导产品“中文科技期刊数据库”是经国家新闻出版总署批准的大型连续电子出版物，源于重庆维普资讯有限公司于 1989 年创建的“中文科技期刊篇名数据库”。截至 2020 年 9 月，该数据库收录了自 1989 年以来国内出版发行的社会科学、自然科学、工程技术、农业科学、医药卫生、经济管理、教育科学、图书情报等学科的期刊 15 300 余种，包括核心期刊 1 973 种。回溯年限至 1955 年，以 1989 年以后期刊数据为主。数据每日更新。

“维普期刊资源整合服务平台”是中文期刊资源一站式服务平台，是从单纯的全文保障服务延伸到引文追踪、情报分析等服务的产品。服务贯穿读者对期刊资源使用需求的各个环节，提供多层次、纵深度的集成期刊文献服务：从一次文献保障到二次文献分析，再到三次文献情报加工，深入整理期刊文献服务价值。为用户提供最具创新力的期刊资源研究学习平台。

维普期刊资源整合服务平台提供了强大的检索功能，具有多种检索入口。

检索方式总体上可分为期刊导航、基本检索、传统检索、高级检索 4 种方式。匹配方式包括精确匹配和模糊匹配，用以提高查全率或查准率，节省检索时间，提高检索效率。本书主要介绍“高级检索”。

1. 期刊导航

期刊导航是针对期刊文献的一种查询方法，可对某一期刊或某一学科的期刊进行浏览，多渠道快速定位期刊。期刊导航提供按期刊名称、ISSN、(刊名)字顺、期刊学科分类导航等多种渠道快速定位期刊并可进一步按年、卷、期的内容浏览文献。期刊学科分类导航有核心期刊导航、国内外数据库收录导航、期刊地区分布导航等。进入某一导航链接后，可以直接浏览该导航内某一种期刊的全部文章。

2. 基本检索

基本检索是简单快捷的中文期刊文献检索方式。默认的检索查询框有 2 个，点击“＋”或“－”图标，可增加或减少查询框数量，最多可增加到 5 个查询框。

该检索平台提供任意字段、题名或关键词、题名、关键词、文摘、作者、第一作者、机构、刊名、分类号、参考文献、作者简介、基金资助、栏目信息共计 14 个可选检索字段。同一查询框内多个检索词默认为逻辑“与”运算，每个词之间需插入一个空格。在组合式检索框中，各查询框可进行逻辑关系组配，选项有“与”“或”“非”3 种方式。

可按检索的时间、范围(全部期刊、核心期刊、EI 来源期刊等)、学科来限定结果，检索后就可以查到相关的文献题名、题录及部分文摘信息。

3. 高级检索

高级检索提供多条件逻辑组配检索(高级检索)和一次输入复杂检索式(专家检索)两种方式。高级检索功能包括多条件组合检索、字段检索、布尔逻辑检索等，可根据检索课题的需要对系统提供的多个检索项，进行逻辑(与、或、非)运算。直接键入检索式是将检索词和逻辑算符形成的检索表达式直接键入查询框。高级检索页面如图 4-12 所示。

图 4-12　维普期刊资源整合服务平台——期刊文献检索高级检索页面

中文期刊服务平台高级检索过程如下：

(1)检索流程

在组合式检索框中，在查询框内键入检索词/词组，最多可键入5组。

可选择的检索字段包括任意字段、题名或关键词、题名、关键词、文摘、作者、第一作者、机构、刊名、分类号、作者简介、基金资助、栏目信息共计13个。在组合式检索框中，某些字段可做扩展检索。如题名或关键词、关键词字段提供“查看同义词”(相当于传统检索的同义词库功能)，进行同义词/近义词的逻辑“或”扩展检索；作者、第一作者字段提供“同名/合著作者”，分类号字段提供“查看分类表”，机构字段提供“查看相关机构”，刊名字段提供“期刊导航”和“刊名变更情况”等扩展检索。

在组合式检索框中，各查询框间可进行逻辑关系组配，选项有“与”“或”“非”3种方式。同一字段查询框多个检索词逻辑检索要插入空格。

(2)查询条件设置

对于高级检索和直接键入检索式的检索方式，系统提供的“更多检索条件”是相同的，都是关于检索范围的限定。更多检索条件的限定包括时间、专业限制、期刊范围。

检索后所有命中文献篇名、题录及部分文摘信息按时间顺序显示。单击某条记录的标题，可浏览该记录的文摘。

4. 检索式检索

在高级检索页面还提供直接输入检索式查询框检索，与专家检索功能相同。检索式检索比高级检索功能更强大，但需要检索人员根据系统的检索语法编制检索式进行检索，适用于熟练掌握检索技术的专业检索人员。

5. 检索结果显示与管理

在检索结果显示页面，可查阅感兴趣记录的文摘和全文，并对检索结果进行标记、浏览、保存、打印等操作。

(1)显示

检索结果每页最多显示20条记录，记录多时分页显示。

(2)标记

在检索结果页面，浏览文献题名，勾选“ ”文献，可进行文献“导出”操作。导出格式包括文本、参考文献、XML、NoteExpress、RefWords、EndNote、自定义导出等方式。

(3)浏览全文

在显示文摘等详细信息的页面,点击“在线阅读”或“下载全文”链接;或单击某条记录的标题,弹出链接全文查询框,点击“在线阅读”或“下载全文”可浏览全文。该数据库全文浏览为 PDF 格式。

如有保存、打印需要,参见“4.1.2 CNKI 中国知网检索”中相关内容的叙述。

4.6　中国高等教育文献保障系统

中国高等教育文献保障系统(China Academic Library & Information System,CALIS)是经国务院批准的我国高等教育“九五”总体规划中 3 个公共服务体系之一。中国高等教育文献保障系统是教育部“九五”“十五”和“三期”“211 工程”中投资建设的面向所有高校图书馆的公共基础设施,通过构建基于互联网的“共建共享”云服务平台——中国高等教育数字图书馆,制定图书馆协同工作的相关技术标准和协作工作流程,培训图书馆专业馆员,为各成员馆提供各类应用系统等,支撑碰上高校成员馆的“文献、数据、设备、软件、知识、人员”等多层次共享,已成为高校图书馆基础业务一日不可或缺的公共服务基础平台。CALIS 的宗旨是在教育部的领导下,把国家的投资、现代图书馆理念、先进的技术手段、高校丰富的文献资源和人力资源整合起来,建设以中国高等教育数字图书馆为核心的教育文献联合保障体系,实现信息资源共建、共知、共享,以发挥最大的社会效益和经济效益,为中国的高等教育服务。

4.6.1　总体资源

CALIS 管理中心设在北京大学,下设了文理、工程、农学、医学 4 个全国文献信息服务中心,华东北、华东南、华中、华南、西北、西南、东北七个地区文献信息服务中心和一个东北地区国防文献信息服务中心,构成 CALIS 资源保障体系的第一层,主要起到文献信息保障基地的作用。CALIS 的文理、工程两个全国中心分别设在北京大学和清华大学,以两校图书馆和学校各方面条件为基础,拥有相对丰富的文献数据库资源以及最强大的网上检索服务和文献传递的手段,从而作为“211 工程”重点学科建设的最终文献保障基地;农学和医学两个全国中心则分别设在中国农业大学和北京大学医学部,作为 CALIS 与全国农业信息网和全国医学信息网的连接点,扩大文献资源共享的范围,开展相应的资源共享活动。

从1998年开始建设以来，CALIS管理中心引进和共建了一系列国内外文献数据库，既有二次文献库，也有全文数据库；采用自主独立开发与引用消化相结合的方式，开发了联机合作编目系统、文献传递与馆际互借系统、统一检索平台、资源注册与调度系统，形成了较为完整的CALIS文献信息服务网络，为高等院校的教学、科研和重点学科建设提供高效率、全方位的文献信息保障与服务。数据库资源按语种、类型、学科导航，见表4-2。

表4-2　　CALIS数据库

语种		类型		学科	
中文(257)	理学(101)	管理学(65)	哲学(59)	期刊(76)	技术报告(1)
英文(229)	工学(265)	经济学(39)	历史学(17)	图书(10)	多媒体(2)
	农学(30)	法学(103)	文学(33)	会议论文(2)	古籍(4)
	医学(78)	教育学(108)		报纸(4)	综合(37)

1. 中文数据库

CALIS配置的中文资源包括2个自建库、2个引进库、27个特色库。见表4-3。

表4-3　　CALIS中文资源数据库

自建库	
CALIS联合书目数据库	CALIS高校学位论文库
引进库	
万方数据库	中国资讯行(China InfoBank)数据库
特色库	
敦煌学数据库(全文)	教育文献数据库
机器人信息数据库	邮电通信文献数据库
棉花文摘数据库	钱学森特色数据库(全文)
数学文献信息资源集成系统(全文)	石油大学重点学科数据库
中国工程技术史料数据库	长江资源数据库(全文)
巴蜀文化数据库	东北亚文献数据库
船舶工业文献信息数据库	蒙古学文献数据库
中国资讯行(全文)	机械制造与自动化数据库
岩层控制数据库	新型纺织信息库
有色金属文摘库	环境科学与工程学科信息数据库

（续表）

特色库	
世界银行出版物全文检索数据库（全文）	上海交通大学学位论文数据库
全国高校图书馆信息参考服务大全	东南亚研究与华侨华人研究题录数据库
全国高校图书馆进口报刊预订联合目录数据库	通信电子系统与信息科学数据库的建设
经济学学科资源库（全文）	

2. 西文数据库

CALIS 配置的西文资源包括 3 个自建库、67 个引进库。见表 4-4。

表 4-4　　CALIS 外文资源数据库

自建库	
CALIS 联合书目数据库	CALIS 西文现刊目次库
CALIS 统一检索平台	
引进库	
ABI/INFORM Global——ABI 商业信息数据库	Institute of Physics——英国皇家物理学会
ACM Digital Library 全文数据库（全文）	IEL(IEEE/IEE Electronic Library)（全文）
American Chemical Society——ACS 美国化学学会（全文）	INSPEC——英国科学文摘（镜像）
Academic Press——美国学术出版社	IWA——国际水协会（镜像）
Academic Research Library——学术研究图书馆	International Society for Optical Engineering——国际光学工程学会（镜像）
Academic Search Premier——学术期刊集成全文数据库	John Wiley Interscience 电子期刊
American Physical Society——美国物理学会（全文）	JSTOR（西文过刊全文库）
American Institute of Physics——美国物理所（全文）	Kluwer Online
岩层控制数据库	新型纺织信息库
有色金属文摘库	环境科学与工程学科信息数据库
世界银行出版物全文检索数据库（全文）	上海交通大学学位论文数据库
全国高校图书馆信息参考服务大全	东南亚研究与华侨华人研究题录数据库
全国高校图书馆进口报刊预订联合目录数据库	通信电子系统与信息科学数据库的建设
经济学学科资源库（全文）	
American Society for Testing and Materials——美国试验与材料协会（全文）	Knovel 数据库（全文）
The American Society of Civil Engineers——美国土木工程协会（全文）	Lexis——Nexis

（续表）

引进库	
American Society of Mechanical Engineers——美国机械工程师协会(全文)	MAIK NAUKA——俄罗斯科学院(镜像)
Applied Science & Technology (AST)(全文)	Nature Online
Business Source Premier——商业资源电子文献数据库(全文)	National Technical Information Service——NTIS美国政府报告文摘题录数据库(镜像)
BIOSIS Preview——生物学文献数据库	OCLC FirstSearch数据库系统
Beilstein/Gmelin CrossFire ——化学数据库	Web of Science Proceedings数据库
Blackwell——Blackwell电子期刊数据库	WorldSciNet——世界科技期刊网(全文)
Bowker数据库	ProQuest Digital Dissertation——ProQuest数字化 博硕士学位论文文摘数据库
Cambridge Science Abstract(CSA)——剑桥科学文摘	ProQuest Digital Dissertation——ProQuest学位论文全文检索系统(全文)
CELL PRESS数据库(全文)	Royal Society of Chemistry——(英国皇家化学学会)电子期刊
China InfoBank——中国资讯行数据库	Safari——Safari数据库(全文)
Derwent Innovations Index数据库(全文)	SAGE全文数据库(全文)
Deutsches Institut für Normung——德国标准化学会(全文)	Science Citation Index
Encyclopedia Britannica——不列颠百科全书	Science Online
Engineering Information(EI)数据库	SciFinder Scholar数据库
Elsevier SDOS(Science Direct Onsite)(全文)	SIAM——工业和应用数学学会数据库(全文)
Ebrary电子图书数据库(全文)	Springer LINK数据库(镜像)
Thomson Gale——Gale参考性资料数据库	Springer电子书(镜像)
Genome Database——基因组数据库	UNCOVER——UNCOVER数据库

4.6.2　CALIS统一检索系统

CALIS统一检索系统(http://www.yidu.edu.cn,也称e读学术搜索引擎)旨在针对CALIS中心、各个图书馆和数据库商中的各种异构数字资源进行整合,为用户提供一种更好的整合检索服务,从而提高资源的利用率。e读学术搜索引擎整合全国高校纸本资源和电子资源,揭示资源收藏与服务情况,一站式检索全国高校图书馆的几百万种图书、几千万篇外文期刊论文、百万篇中外文学位论文,以及古籍、拓片等特色资源,从海量资源中快速发现与获取有用信息。在尊重知识产权的基础上，为读者提供全文学术资源和全新的用户体验。e 读资源有联合目录、外文期刊网、学位论文、古籍数据库等，可以通过集成本馆 OPAC（Online Public Access Catalogue，OPAC）、电子资源全文阅读、章节试读、无缝链接 CALIS 互借体系获取原文，具有 SaaS 定制（Software-as-a-Service，软件即服务）、API 定制（应用编程接口）、分面浏览、个性化、键入提示、聚类检索、WIKI 多种功能，并通过云服务模式帮助各高校零投入建立电子图书馆，各成员馆不需要开发软件，不需要硬件设备，也不需要维护系统。

CALIS 统一检索系统采用了新型的基于元数据的检索技术，能够对分布在本地和异地的各种异构资源提供统一的检索页面和检索语言。系统可检索的资源类型包括图书、期刊、学位论文等；文章类型包括原文、图片、引文、文摘、馆藏、相关文献等。CALIS 统一检索系统用 Web 方式提供简单检索和高级检索两种方式，并支持多种检索运算符。本书主要介绍“高级检索”。

1. 简单检索

简单检索是 CALIS 统一检索系统默认的检索方式，适合大部分用户使用。简单检索页面仅支持一个查询框键入检索词的检索，可选择的检索字段有全部字段、题名、作者/出版者、主题、ISSN（国际标准刊号）/ISBN（国际标准书号）。资源类型包括中文图书、外文图书、期刊文章、中文期刊、外文期刊、学位论文、特藏资源（古籍、网络资源、会议论文），系统默认为“所有类型”。

2. 高级检索

高级检索的查询页面包括 3 个查询框，可以进行最多 3 个检索项的复合检索。另外在简单检索的基础上增加了逻辑运算及限制性检索，各个检索项之间默认的逻辑关系是“与”。高级检索页面如图 4-13 所示。

高级检索提供 3 个查询框，每个查询框可选择的检索字段有全部、题名、作者/责任者、主题词、ISBN；限制条件包括资源类型选择、检索范围、出版年、语种和排序，各查询框及所有限制性检索项之间默认关系为逻辑“与”。

系统提供资源类型选择有中文图书、外文图书、期刊文章、中文期刊、外文期刊、学位论文、特藏（古籍、网络资源、会议论文）诸多类型选项，系统默认为“全部”类型。

检索后所有命中文献篇名、题录及部分文摘信息列表显示，系统提供按作者、年代、语种、资源类型、学科、主题词 6 种方式缩小检索结果范围。

点击选中的文献题名链接，可进一步浏览包括文摘内容的详细信息。阅读提供“试读”“文献传递”“借书”3 种方式。CALIS 成员馆可享受全文传递服务。

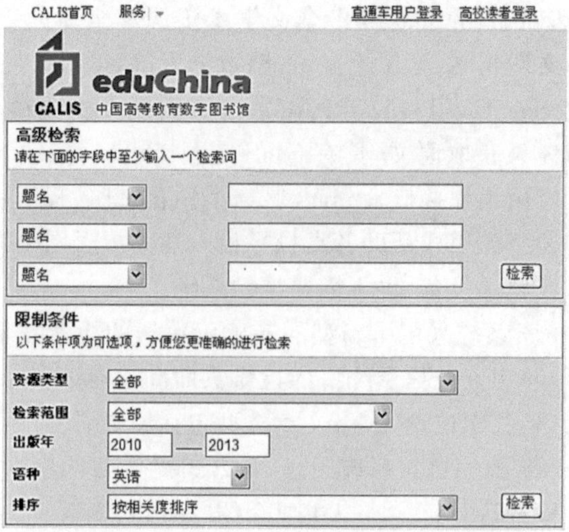

图 4-13　CALIS 统一检索系统高级检索页面

CALIS 统一检索系统为用户提供“我的学科”“我的资源”“我的收藏夹”“我的检索历史”等个性化检索服务。CALIS 统一检索系统还实现了与 CALIS 其他各种应用系统(如资源调度、统一用户管理、馆际互借等)的无缝集成,可以使读者更方便地访问国内外文献资源。

4.6.3　CALIS 联合目录公共查询系统

联合目录(Union Catalogue)是指多个文献收藏单位所藏文献的目录。通常由若干个文献信息资源比较丰富的单位合作编制,事先制定统一的著录项目和标准,注明收藏单位,明确收录范围,最后编辑汇总。使用者可以从单一窗口网站来检索多个图书馆的馆藏,并知晓哪个图书馆收藏所需要的文献。尤其是对于只提供二次信息的检索工具和数据库,根据二次信息提供的出版物线索,配合联合目录的使用,就能获取原始/一次文献收藏单位的信息,检索并索取原始文献。

CALIS 从 1998 年 11 月正式启动建设,目前注册成员馆逾 1 800 家,覆盖除中国台湾地区外 31 个省区市直辖市和港澳地区,成为全球最大的高校图书馆联盟。它的主要任务是建立多语种图书、期刊联合目录数据库和联机合作编目、资源共享系统,为全国高校的教学科研提供书刊文献资源网络公共查询,为成员馆之间实现馆藏资源共享、馆际互借和文献传递奠定基础。该数据库信息日积月累,截至 2020 年 9 月,收藏近 770 万种书目的馆藏信息,已成为国内外颇具影响力的联合目录数据库。数据资源涵盖印刷型图书、连续出版物、古籍、部分电子资源及其他非书资料等多种文献类型，覆盖中、英、日、俄、法、德、意、西、拉丁、韩、阿拉伯文等 40 多个语种。

OPAC 用 Web 方式提供检索与浏览。检索又分为简单检索和高级检索两种方式，本书主要介绍"高级检索"。

1. 简单检索

简单检索是系统默认的检索方式，可直接在查询框中键入检索词，实现文献的模糊查询。检索字段包括全面检索、题名、责任者、主题、分类号、所有标准号码、ISSN(国际标准刊号)、ISBN(国际标准书号)。在查询框内键入检索词，检索数据范围包括中、西、日文等所有数据。

2. 高级检索

高级检索的查询页面包括 3 个查询框，可以进行最多 3 个检索字段的复合检索。另外在简单检索的基础上增加了检索词匹配模式、检索词及检索字段之间逻辑运算及限制性检索。高级检索页面如图 4-14 所示。

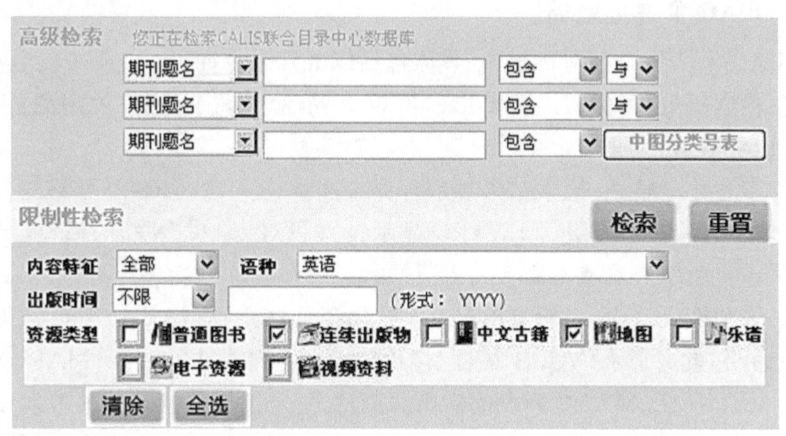

图 4-14　CALIS 联合目录公共检索系统高级检索页面

如果查询期刊文献馆藏信息，可选择"期刊题名"或"ISSN"字段，在查询框内键入期刊名称(中、英文均可)或 ISSN(国际标准刊号)；如果查询会议文献馆藏信息，可选择"会议名称"字段；如果查询图书文献馆藏信息，可选择"题名"在查询框内键入书名(中、英文均可)。

系统提供包含、前方一致、精确匹配 3 种匹配方式。在实际操作中，英文期刊通常选择“包含”，中文期刊通常选择“精确匹配”。

系统提供逻辑“与”“或”“非”3 种逻辑运算组配关系，通常选择“与”。如果只有一个检索条件，此项可不设置。检索词与所有限制性检索项之间为逻辑“与”的关系。

限制性检索包括内容特征、语种、时间范围及资源类型四种限定。内容特征分为全部、统计资料、字典词典、百科全书 4 种选项；语种包括数十种语言的选择；时间范围选择有不限、＜、＞、＜＝、＞＝、＝、介于之间；资源类型有普通图书、连续出版物、中文古籍、地图、乐谱、电子资源、视频资料等。

检索后显示所有命中信息的题名、责任者、出版信息、资源类型、馆藏内容，系统优先默认按照题名排序，也可以选择按相关度排序。

可直接点击题名页面中“馆藏”下面的“Y”链接，查看该出版物的馆藏信息；也可以点击某条记录的“题名”查看该出版物的详细信息，点击“馆藏信息”链接，可得到该出版物的具体收藏单位，以便获取全文。

如果检索结果为多条记录，可在出版物题名相同的情况下，参考浏览出版单位等多项内容，帮助确定某一种出版物。

3. OPAC 个性化服务

OPAC 个性化服务项目很多，具体包括以下几个方面。

(1)检索历史：可保留用户发出的最后 10 个检索请求，用户关闭浏览器后，检索历史将清空。

(2)多种显示格式：检索结果显示有详细文本格式、MARC 显示格式。前一种格式对所有用户免费开放，MARC 显示格式只对 CALIS 联合目录成员馆开放，成员馆可免费查看或下载 MARC 记录。

(3)多种格式输出：对所有用户提供记录引文格式、简单文本格式、详细文本格式的输出，此外，对 CALIS 联合目录成员馆还提供 ISO2709、MARCXML、CALIS bookXML、MARC 列表的输出。提供 E-mail 与直接下载到本地 2 种输出方式。输出字符集提供常用的“GBK”“UTF-8”“UCS2”“MARC8”4 种，用户可根据自己的需要进行选择。

(4)浏览功能：对古籍数据提供四库分类的树形列表浏览。

(5)收藏夹功能：对有权限的用户提供保存用户的检索式与记录列表、标注书签、添加和维护用户评论的功能。目前这些功能不对普通用户开放。

(6)馆际互借：OPAC 系统提供直接发送请求到本馆的馆际互借网关功能，用户无须填写书目信息。

4.6.4　CALIS 其他服务

1. 外文期刊网服务

CALIS 外文期刊网(CCC)是国内高校外文期刊综合服务平台，是获取外文期刊论文的最佳途径，同时也是图书馆馆员开展文献传递服务的强大基础数据源和进行期刊管理的免费服务平台。系统收录的所有外文期刊均标注了 CALIS 高校成员馆的纸本馆藏和电子资源馆藏信息，资源信息每周更新。

截至 2018 年 9 月，CALIS 外文期刊网(CCC)中西文期刊篇名目次数据库综合服务系统包含 10 万种高校收藏的纸本期刊和电子期刊信息，其中有 4 万多种期刊的文章篇名信息，目前期刊文章的篇名目次信息量近亿条。具备篇名目次检索、馆藏期刊 OPAC 链接、电子全文期刊链接。该数据库不仅给出二次文献收录情况、国内馆藏情况以及提供各种分类统计数据，还链接了馆际互借和文献传递系统，可为用户提供一站式期刊和文章检索及全文传递服务。服务内容(仅限成员馆)包括期刊导航、文章信息检索、电子期刊链接、文章全文链接、纸本期刊的文献传递服务、个性化期刊服务定制、期刊分析和管理服务、图书馆本地化服务。数据每周更新。

2. e 得文献获取服务

e 得(易得)是为读者提供“一个账号、全国获取”“可查可得、一查即得”一站式服务的原文文献获取门户，集成了电子原文下载、文献传递、馆际借书、单篇订购、电子书租借等多种原文获取服务。结合专业馆员提供的代查代检服务，可在 CALIS 各类检索工具覆盖的文献资源之外，帮助读者在全国乃至全世界范围查找并索取包含中外文的图书、期刊、学位论文、会议论文、专利标准等各种类型的电子或纸本资源全文。

支撑 e 得全文服务的不仅有 1 800 余家 CALIS 高校成员馆，还有以国家图书馆、上海图书馆为代表的公共图书馆；以 NSTL、科学院图书馆为代表的各类情报机构；以 CASHL、外国教材中心、CADAL 等为代表的教育部资源共享项目；以方正阿帕比、清华同方知网、维普资讯、万方数据等为代表的国内数据商。

3. CALIS 馆际互借与文献传递服务

CALIS 馆际互借与文献传递网(以下简称文献传递网)面向读者或文献服务机构提供馆际互借与文献传递服务。该文献传递网由众多成员馆组成，包括利用 CALIS 馆际互借与文献传递应用软件提供馆际互借与文献传递的图书馆(以下简称服务馆)和从服务馆获取馆际互借与文献传递服务的图书馆(以下简称用户馆）。读者以馆际互借或文献传递的方式通过所在成员馆可获取CALIS文献传递网中众多成员馆丰富的文献收藏。

(1)CALIS与NSTL文献传递服务

国家科技图书文献中心(National Science and Technology Library,NSTL,在下一节详细介绍)与CALIS合作,于2012年3月正式开通“NSTL文献传递服务(高校版)”。高校读者可通过本校CALIS馆际互借系统,利用本校图书馆的用户账号,享受NSTL拥有的文献资源及CALIS项目经费提供的补贴。

检索时,可通过登录e得门户,点击“NSTL文献传递服务(高校版)”检索NSTL文献资源,用在本校图书馆开设的CALIS馆际互借系统账号(通常就是本校图书馆读者账号),完成提交文献传递申请等操作,即可获得文献传递服务,所查得的文献按文献传递服务相关收费标准收费。通过CALIS获得的文献传递服务可享受一定的费用补贴,见表4-5。

表4-5　CALIS文献传递服务的费用补贴比例

地区	东部地区	西部(除新疆、西藏)	新疆、西藏
补贴比例	50%	75%	100%

(2)CALIS与上海图书馆的馆际借书服务

为了方便高校读者,上海图书馆与CALIS合作,于2011年11月正式开通全国范围的馆际借书服务。高校读者可通过部署在本校的CALIS馆际互借系统,利用本校的图书馆用户账号,享受上海图书馆的丰富资源,并获得CALIS项目经费提供的费用补贴。

上海图书馆拥有图书、报刊和科技资料等信息。检索时,可通过登录e得门户,点击“上海图书馆馆藏”检索上海图书馆文献资源,用在本校图书馆开设的CALIS馆际互借系统账号(通常就是本校图书馆读者账号),完成提交文献传递申请等操作,即可获得馆际互借服务。

(3)CALIS电子图书在线阅读和租借式借阅服务

CALIS成员馆的读者用户均可获得电子图书在线阅读服务。服务资源包括中文电子图书、外文电子图书,可免费在线阅读,若需要下载到本地阅读,只需支付1元钱即可“租借”30天。

检索时,可通过登录e得门户,点击“CALIS全文资源”检索所需的电子图书,点击“在线全文”,即可在线阅读。若需要下载到个人计算机本地阅读,只需点击“借电子书”,用本校图书馆读者账号登录CALIS统一认证系统后,即可完成"租借式"电子书借阅下载服务。

(4)CALIS 中文期刊论文单篇订购服务

为了便于高校读者查找和获取中文期刊论文,CALIS 与维普资讯公司合作推出"CALIS 中文期刊论文单篇订购服务"。服务资源包括国内公开出版的 12 000 余种期刊,期刊收录年限回溯自 1989 年起,数据库包括全文和引文信息。

检索时,可通过登录 e 得门户,点击"中文科技期刊(维普)",用本校图书馆读者账号登录 CALIS 统一认证系统后,即可检索所需要的中文期刊论文。没有购买维普资讯中文期刊服务的高校读者找到所需论文后,点击"在线支付",通过维普公司的在线支付平台支付论文费用后,即可下载全文。在 CALIS 项目建设期间,将给予部分补贴,降低读者费用。已购买维普资讯中文期刊服务的高校读者直接点击"下载"即可获得论文全文。

4.7　国家科技图书文献中心

国家科技图书文献中心(http://www.nstl.gov.cn)是经国务院批准,于 2000 年 6 月成立的一个基于网络环境、公益性、虚拟的科技文献信息服务机构。

4.7.1　总体资源

NSTL 成员单位包括中国科学院文献情报中心、工程技术图书馆(中国科学技术信息研究所、机械工业信息研究院、冶金工业信息标准研究院、中国化工信息中心)、中国农业科学院图书馆、中国医学科学院图书馆,网上共建单位包括中国标准化研究院和中国计量科学研究院。

NSTL 于 2000 年 12 月 26 日开通的网络服务系统是国家科技文献中心对外服务的一个重要窗口。系统通过丰富的资源和方便快捷的服务满足广大用户的科技文献信息需求。2002 年,中心对系统进行了改造升级,在原有文献检索与原文提供的基础上,增加了联机公共目录查询、期刊目次浏览和专家咨询等新的服务。截至 2018 年 11 月,NSTL 在全国各地建成了 8 个镜像站和 40 个服务站,全面、高效发挥国家科技文献信息战略保障的整体功效。

NSTL 订购的外文文献资源覆盖自然科学、工程技术、农业科技、医药卫生 4 大领域 100 多个学科或专业,包括各类外文印刷本文献,既有外文科技期刊,亦有外文会议文献,还有中文科技电子图书。资源类型包括期刊论文、会议文献、学位论文、科技报告等。资源类别见表 4-6。

表 6　　NSTL 文献检索与全文提供

西文库	中文库	俄、日文库	专利文献	标准、计量检定规程
西文期刊	中文期刊	俄文期刊 日文期刊	美国专利 英国专利	国外标准 中国标准
外文会议	中文会议		法国专利	计量检定规程
外文学位论文	中文学位论文		德国专利	
国外科技报告			瑞士专利	
文集汇编			日本专利	
科技丛书			欧洲专利	
			中国专利	
			世界知识产权组织专利	

4.7.2　NSTL 文献检索系统

该系统的文献检索实行免费服务，如果需要获取原文，需先到本单位的文献服务机构提出申请方可使用。

在 NSTL 首页提供快速检索入口。首先在检索输入框上选择文献类型，包括期刊、会议、学位论文、报告、专利、文集、图书、标准及计量规程 9 个选项。这是一个必选项目，既可以单选，也可以多选或全选。快速检索具有跨库检索功能，可同时在多个数据库中查寻文献。此外，在 NSTL 首页设置了文献浏览、物色资源、物色服务、专题服务等栏目。本书主要介绍“文献检索”。

NSTL 文献检索系统提供的检索方式有普通检索、高级检索、词表导航等。本书主要介绍“高级检索”方式。

1. 普通检索

普通检索是文献检索的基本检索方法，直接在查询框中键入检索词，检索词之间默认逻辑“与”，可实现文献的模糊查询，适合大部分用户使用。

2. 高级检索

(1)检索流程

在 NSTL 首页单击“高级检索”，即可进入高级检索页面，如图 4-15 所示。检索页面默认 2 个查询框，单击“+”图标，最多可以增加到 5 个检索项的复合检索。支持逻辑运算，并可选择文献类型，设置查询条件。

图 4-15　NSTL 文献检索的高级检索页面

高级检索中提供的检索字段包括题名、作者、机构、关键词、主题词、摘要 6 个选项。可供选择的字段是随所选数据库的不同而变化的，多库查询时所列出的字段是所选数据库共有的字段。同一查询框内各检索词之间可直接键入“and”“or”“not”进行逻辑运算。例如，“(computer or PC)and design”。不同查询框之间提供逻辑“与”“或”“非”3 种逻辑运算。检索词与所有限制性检索项之间为逻辑“与”的关系。

选择数据库包括期刊、会议、学位论文、报告、专利、文集、图书、标准、计量规程等数据库。可单选、多选或全选，支持跨库检索。

(2)查询条件设置

检索时可根据需要设置查询条件。在此限制选项中，可对检索的语种、馆藏范围、查询范围、时间范围、获取方式等进行具体的选择和限定，还可选择精确匹配使检索结果更为精确。

检索后可按相关度、时间、标题 3 种方式排序显示所有命中文献的题名和题录信息。如果查询到的文献过多，可在“文献查询结果”页面进行二次查询，提高查询准确率。用户只需在二次查询框内选择限制字段并键入新的查询词，单击“二次检索”，系统将在前一次查询的结果中进行查找；也可以单击“重新检索”放弃前一次查询结果。

单击某条记录的标题，可直接浏览该文章包括文摘在内的详细信息。

高级检索可以使用字段限定符、布尔逻辑运算符和截词符，与“普通检索”的不同之处就是键入检索词的查询部分。高级检索可以在检索查询框中组合词间关系或直接键入包括字段在内的检索表达式一次性完成检索。“选择数据库”和“查询条件设置”与“普通检索”相同。

高级检索的关键在于构造检索表达式。检索表达式的编制可以利用系统提供的数据库、字段对照表和逻辑运算符对照表,再通过检索词和小括号“( )”(半角符号)的限定,在查询框中便可组织出用户定制的检索表达式,若不用“字段对照表”选择字段而直接键入查询内容,则表示在全部字段中查询。

3. 文献浏览

文献浏览可按不同的文献类型对非中文语种的文献进行浏览。如期刊浏览可按语种浏览西文期刊、日文期刊、俄文期刊,对于中文期刊,目前不提供此种检索方法。除语种不同,还可按相应语种的期刊名称字顺、学科分类进行浏览。期刊浏览无“选择数据库”和“查询条件设置”。

4.7.3 NSTL 个性化服务

个人用户注册并登录后,可以进行“文献传递”“代查代借”“我的图书馆”等个性化服务操作。NSTL 对个人用户的文献提供服务不收取版权费。其中“我的图书馆”栏目提供的服务如下。

1. 我的数据库

设定个人常用的文献数据库集,在定制的数据库范围内进行检索和订购。用户通过该页面下的“添加新数据库集”,对“文献检索”栏目下的所有数据库进行选择和定制。

2. 我的期刊

设定个人关注的期刊,在定制的期刊范围内进行文献检索和浏览。用户可在 NSTL 订购 2 万多种期刊中,选择常用期刊进行定制。

3. 我的检索策略

存放检索过程中保存的检索策略,供再次调用检索或进行定制推送。

4. 我的定制推送

定制检索策略,定期接收系统自动推送的文摘信息,推送周期可由用户自行确定。

5. 我的收藏

存放在检索过程中保存的检索结果,供再次查阅或订购全文。

6. 我的通知

接收查看系统通知和用户通知。

第5章 外文网络信息资源

随着科学技术和经济全球化的发展,信息资源的数量呈指数级迅速增长,如何获取国外先进的科技信息并且有效地利用国外高质量的学术资源成为科研工作者必须面对的一个问题。这里主要介绍部分国外影响较大、学术质量较高的数据库,包括 Elsevier、EBSCO、Springer、Wiley、ACS 等。

5.1 ScienceDirect 数据库

在现代科研环境中,研究人员正经历着信息超载的痛苦。因此,他们迫切需要创造一种新的知识生态系统来排除这个科研障碍,这样的一个系统要兼具整合性、智能性、可信赖性并具备能够向第三方创新性研究工具和应用程序开放等特性。简言之,就是需要一个具有信息洞察力并能加速科学研究的信息平台,由 Elsevier(爱思唯尔)公司推出的 ScienceDirect 就是这样的一个平台。

5.1.1 Elsevier 概述

Elsevier 是一家享有盛誉的科学技术和医学信息产品的商业性学术出版商和信息供应商,公司总部设在荷兰的首都阿姆斯特丹。从 2010 年 8 月 28 日起,Elsevier 公司将原 ScienceDirect、Scopus 及 Scirus 的内容整合到 SciVerse 的平台中。该平台是一个研究知识生态系统的核心,它构建了符合研究人员的特定研究领域和工作流程的一系列应用程序,并通过将备受信赖的内容和更多可以提高检索和查阅速度的工具整合在一起的方法来提升用户检索内容的价值。通过 Elsevier 网站主页,研究人员可以及时访问两个核心数据库:ScienceDirect 全文数据库和 Scopus 索引及摘要数据库。本书主要介绍 ScienceDirect 数据库。

1. ScienceDirect 数据库简介

ScienceDirect 是 Elsevier 公司的核心产品，也是全球著名的、多学科的大型全文数据库之一。通过 ScienceDirect 数据库，检索人员可以检索到 Elsevier 出版社丰富的电子资源，包括期刊全文、单行本电子书、参考工具书、手册以及图书系列等。

ScienceDirect 是 Elsevier 公司完全基于网络版的电子全文数据库检索系统。该数据库规模增长迅速，每年平均增加 15%。主要数据可追溯到 1995 年，回溯文档最早至 1823 年。2002 年 5 月 Elsevier 成功收购 IDEAL，将包括 Academic Press 等出版商在内的 335 种全文期刊纳入其系统。截至 2020 年 9 月，ScienceDirect 数据库收录的期刊总数已增至 3 800 多种（均为同行评审期刊），这些期刊中很多是 SCI、EI 等国际权威检索数据库收录的核心期刊。除此之外，该数据库还收录图书 35 000 多种。该数据库侧重于自然科学和工程技术学科，学科分类详细，包括自然科学与工程、生命（生物）科学、社会科学与人文、卫生科学 4 个一级主题类目和 24 个二级主题类目。通过 CrossRef 链接 300 多个出版平台的全文，用户可在线访问 24 个学科的全文文献，网上提供免费文摘及少部分期刊文章全文的检索、浏览、下载服务。大部分全文服务需要付费购买，数据每周更新。

该平台提供先进的搜索和检索功能，方便用户提高他们知识发现过程的效率。具体特点是：

(1)检索系统用户页面友好，检索过程中自由选择的余地较大，方便易用，检索功能强大，检索效率高。

(2)数据库中期刊的出版时间提前于印刷版的期刊，充分体现了网络数据库的优越性，有利于用户及时了解最新相关信息。

(3)具有高效的浏览、灵活的快速检索、深层次的高级检索和专业检索多种检索方式，灵活多样的检索结果显示与输出。

(4)个性化文献报道服务直接面向网络终端用户，帮助用户方便、及时了解、追踪、获取自己真正需要的最新信息，适应网络数据库的发展趋势。

2. Scopus 数据库

由于科学研究模式越来越全球化，Scopus 于 2004 年 11 月正式推出，在世界范围内收集关键技术研究信息。截至 2020 年 9 月，Scopus 已收录了 330 个学科门类超过 25 300 册连续学术出版物——包括同行评审期刊、行业杂志、丛书和会议论文集，其中有超过 5 000 家出版商所出版的期刊文献，是目前全球规模最大的同行评审期刊文摘和引文数据库。通过 Scopus,用户可检索到 1823 年以来的近亿条摘要和题录信息,以及 1996 年以来所引用的参考文献,并可通过参考文献快速准确地定位全文;还可查找来自全球 5 个主要专利组织的专利信息。Scopus 提供科学、技术、医药、社会科学、艺术和人文领域的世界科研成果的全面概览,是可以追踪、分析和可视化研究的智能工具,为世界范围内的学术机构、政府机构和公司提供科研数据。数据每日更新。

5.1.2 ScienceDirect 数据库检索

ScienceDirect 数据库提供了浏览、快速检索、高级检索 3 种检索方式。本书主要介绍高级检索。

1. 浏览

浏览是针对期刊文献的特性所提供的一种查询方法。用户可分别按期刊名称首字母字顺(Browse by Title)或者在某一学科范围内(Browse by Subject)选中期刊。点击期刊名称链接,进入该刊浏览所有卷期的列表,进而逐期、逐篇浏览文章。浏览不需要检索人员键入检索条件,只需按页面提供的链接操作即可。

2. 快速检索

快速检索是系统提供的默认检索方式。这种方式可在 Keywords(关键词)、Author Name(著者)、Journal/Book Title(期刊/书名)3 个选项中的任一字段进行检索,也可以将 3 个选项进行组配检索,默认的布尔逻辑运算为“and”。用户只需在相应的查询框中键入检索词即可得到检索结果。其中,Keywords 可对数据库中各记录的题名、文摘、关键词字段进行检索;期刊/书名检索还提供卷(Volume)、期(Issue)、页(Page)的进一步限定条件,使检索结果更为准确。快速检索方式由于检索字段范围相对较为宽泛,因此检索结果准确性较差,适合初学者使用。

3. 高级检索

高级检索页面在快速检索的基础上增加了更多的检索条件选项,可以在单一字段、多个字段进行布尔逻辑运算检索,也可以限定检索的文献类型、学科范围、时间范围等,使检索结果更加精确。检索方法如下:

点击主页页面上方的“Search”或者“Advanced Search”,即可进入高级检索页面。高级检索是一种更加详细、精确的检索方式,检索页面分为上、下两个区域:上区为检索区,下区为检索结果限定区。高级检索页面如图 5-1 所示。

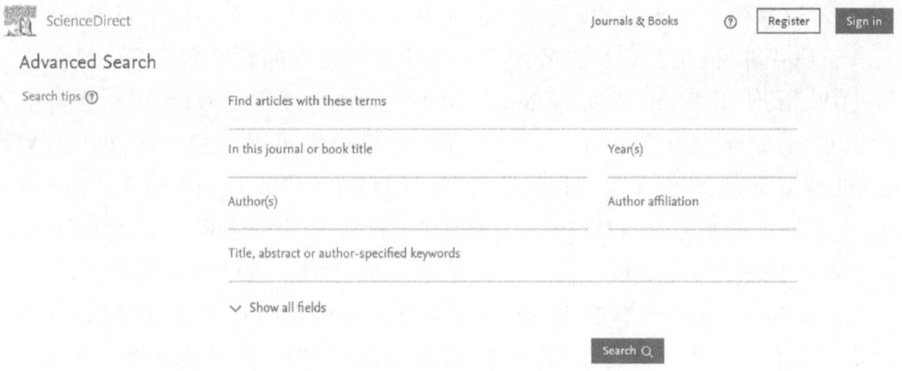

ScienceDirect
Journals & Books　Register　Sign in
Advanced Search
Search tips
Find articles with these terms
In this journal or book title
Year(s)
Author(s)
Author affiliation
Title, abstract or author-specified keywords
Show all fields
Search

图 5-1　ScienceDirect 数据库高级检索页面

高级检索方式可进行相同字段和不同字段逻辑运算组配检索，可以同时进行截词运算、通配符运算、优先算符、精确短语、位置算符等检索，可以使用户将多个主题检索项连接或者排除，也可检索拼写上有变化的词，使检索更加简单、灵活。

(1)布尔逻辑运算(Boolean)：可以在同一查询框及不同查询框中使用 3 种布尔逻辑运算“and”“or”“not”，词间空格默认为逻辑“and”运算。检索时既可选择其中一种运算方式，也可进行多种逻辑运算方式的组配。

(2)截词运算(Truncation)：截词符“ * ”表示可以代替无限个字符，用来检索所有同词根的词，这些词自动匹配为逻辑“or”关系。该系统中截词运算只能做尾部截词检索，例如，键入 comput * ，可以检索 computer、computers、computing 等所有词根为 comput 的词汇。

(3)通配运算(Wildcard)：通配符“?”可替换一个单词中除第一个字母外任何位置的任意一个字符。例如，键入 s? nk，可以检索出包含 sink、sank、sunk 等词的检索，每个检索词自动匹配成逻辑“or”，但不包含 snk 检索，因为通配符必须替换一个字符。

使用通配符和截词符的方法可用来满足某个检索词中含未知字符、多种拼写或词尾有变化的检索，但这两种方法都不能用在检索词的词首。

(4)优先算符：括号“()”被称为优先处理运算符，用于改变逻辑运算的优先次序，计算机将优先处理括号内的运算符。

(5)短语检索：检索词加上双引号“”表示短语检索，用以查找与引号内完全匹配的记录。例如，“computer aided design”仅检索那些引号内指定词汇的文章，而且每个单词拼写不能改变，每两个单词之间不得插入其他词，各个单词位置顺序不可颠倒。也就是说，引号内的所有单词被当作一个整体来对待。

(6)位置算符：位置运算符号用于指定检索词出现的顺序和位置关系。

①W/n：使用 W/n(邻近)算符，表示算符两侧的检索词邻近，中间允许插入 *n* 个其他词(系统默认值为 10 个)，检索词前后顺序可以交换。例如，car W/5 electric检索那些含有 car 和 electric 且两者间隔在 5 个词以内的结果，检索结果按匹配结果中的接近程度排序。一般而言，要检索的词在同一词组中可使用 W/3、W/4 或者 W/5，在同一句中可使用 W/15，在同一段中可使用 W/50。

②Pre/n：使用 Pre(邻近)算符，表示算符两侧的检索词邻近，中间允许插入 n 个其他词(系统默认值为 10 个)，但检索词前后顺序不可以交换。例如，car Pre/5 electric 检索那些含有 car 在前，electric 在后，且两者间隔在 5 个词以内的结果，检索结果按匹配结果中的接近程度排序。

③ADJ：使用 ADJ(邻接)运算符，表示算符两侧的检索词紧密相邻，前后顺序固定。除了空格外，检索词中间不可以插入任何字符，相当于执行短语检索。例如，car ADJ electric，将检索到同时包含 car 与 electric，而且这两个检索词的前后顺序绝不颠倒的匹配结果。

④TYPO[检索词]："排字工"(Typo Operator)用以解决同一个词有不同的拼写形式，以及打字时经常发生的"形近致误"问题。例如，TYPO [fibre]可以查找包含 fiber、fibred、fire 以及其他拼写可能近似的单词的文献。

4. 检索结果显示与管理

检索结果显示排序方式有两种：按相关度排序(Relevance)，按出版时间排序(Date)。另外，页面还设置了"All access types"(所有访问类型)、"Open Access articles"(开放获取文章)、"Open Archive articles"(开放回溯文章)选项。用户可根据自己的需要选择。

在题名列表中进行浏览、比较、筛选。点击某条记录，点击选中的文献题名链接，可进一步浏览包括文摘内容在内的详细信息。包含该记录的文献题名、文献出处、著者、著者所在单位及地址等项目。内容部分还显示该记录重点(Highlights)、文摘(Abstracts)、图形摘要(Graphical abstract)、引言(Introduction)、目的(Purpose)、材料与方法(Materials and Methods)、设计与实验(Design and testing)、结果(Results)、讨论(Discussion)、结论(Conclusion)、致谢(Acknowledgements)、参考文献(References)等内容。每条记录还设置了"Abstract"(文摘)、"Graphical abstract"(图形摘要)、"Research highlights"(研究重点)单项内容链接，提供专项内容浏览。

在检索结果显示页面，可查阅感兴趣记录的文摘和全文，并对检索结果进行阅读、下载、打印等操作。系统默认的检索结果显示所有相关记录的文献题名、文献出处、著者姓名等项。

5. 检索结果全文下载

每条全文记录提供两种显示格式：点击文章标题（题名），除显示该条记录的文献题名、文献出处、著者、著者所在单位及地址、文摘外，还显示全文内容，这种方式全文下载速度快；亦可以点击“PDF”图标浏览、下载免费全文，或点击“Purchase”图标购买全文，这种格式完全按期刊论文的原貌显示。

5.1.3 ScienceDirect 个性化服务

ScienceDirect 对于不使用机构 IP 地址进行访问的单个用户，可以利用唯一的用户名进行注册。注册后用户可以创建配置文件，包括填写用户信息、设置检索偏好、设定检索次数以及检索方式等。这种个性化文献报道服务直接面向网络终端用户，可以帮助用户方便、及时地了解、追踪、获取自己报道需要的最新信息。

个性化服务包括以下具体内容：

1. 追踪研究领域最新进展

在“Enjoyed the ScienceDirect Top25 lists?”（喜欢的 25 篇热点文章列表）页面，可按出版时间、学科主题（可细分到三级）浏览期刊的热点文章和热门图书（Discover Top Articles）。从 Most Cited（高被引文章）、Most Download（最近 90 天高影响力文章）、Recent Articles（最新发表文章）、Open Access Articles（开放获取文章）、Special Issues（特刊）5 个角度报道和揭示热点文章内容。

2. 定制个性化服务

创建个人账号（Register）：注册个人账户，系统将自动保存用户使用的检索式（检索历史），以备再次检索时使用。

定制个性化服务（My Settings）：注册后完成个人设置，系统可以按照用户设置的检索默认值，永久保存某个检索策略，执行自动检索。系统最多为用户保留 20 个检索策略，这样，数据库在更新数据后，如果出现与用户保存的检索策略相匹配的记录，系统会将其目录内容自动发送至用户设定的邮箱，并提供快速链接浏览。

定制期刊通知（My Alerts）：用户可对自己喜欢或感兴趣的出版物进行提醒选择。当用户定制的期刊新一期出版时，系统会将其目录内容自动发送至用户设定的邮箱，并提供快速链接浏览。

5.1.4 ScienceDirect 免费资源

ScienceDirect 数据库全文资源为有偿服务，其免费检索结果仅提供包括文摘在内的详细信息，但有少部分期刊文章提供免费全文，网站地址：http://www.sciencedirect.com。只要有网络环境支持，用户就能随时随地进行检索，不受任何 IP 地址限制。需要获取全文时可以申请文献传递或付费购买。检索页面、方法与全文检索相同。

ScienceDirect 数据库现有大量开放获取期刊。很多 Elsevier 期刊当年的第一期都是免费开放的，作为样刊为作者投稿提供参考。另外，期刊不定期进行宣传，某种新刊上市推广，会连续开放一些期次的内容。

5.2 EBSCO 数据库

EBSCO 公司创建于 1943 年，是美国的一家私人集团公司，名称由其创始人 Elton B. Stephens 名字首字母加上公司(Company)前两个字母缩写而成。EBSCO 公司总部在美国，在全球 19 个国家设有分部，专门经营纸本期刊、电子期刊、全文期刊数据库、文摘型数据库的出版发行业务。

5.2.1 EBSCO 网络数据库概述

EBSCO 公司于 1986 年开始发展电子信息产品，1994 年率先推出网上全文数据库平台——EBSCOhost(http://search.ebscohost.com)提供在线服务。该平台通过国际专线为用户提供文献检索一体化服务，数据每日更新。

EBSCO 平台使用方法简捷、高效，给用户提供了良好的检索界面。检索功能强大，并有丰富的用户可定制选项，特点如下：

(1)EBSCO 网络数据库融一次文献和二次文献于一体，能根据文献线索直接迅速地获取一次文献资料。

(2)EBSCO 网络数据库扩展了用户查询的自由度，检索点多，使用方便，允许对文献全文中的任何信息进行检索，打破了主题词对检索的限制。

(3)EBSCO 网络数据库标引深度高，采用自然语言进行标引，可以找到许多可贵的边缘信息。一般的数据库只标引主要的概念，因而边缘性信息往往被遗漏。

(4)EBSCO 网络数据库支持多文档检索,用户进入后可以一次选择多个数据库,提供多种检索方式。

(5)EBSCO 提供工商企业名录、图片和华尔街金融词典等特色检索。

(6)EBSCO 提供检索期刊快报(Journal Alert),自动将用户选定的主题内容通过 E-mail 方式通知用户,为用户提供个性化服务。

(7)凡订购 EBSCO 公司网络数据库的用户,都可得到 EBSCO 公司免费提供的数据库光盘作为备份,所送的光盘全部为网络版。

5.2.2 EBSCO 数据库总体资源

EBSCO 公司开发了 100 多个在线文献数据库,数据库涉及自然科学、社会科学、人文和艺术等领域。EBSCOhost 是 EBSCO 公司自主开发的检索平台,它可为全球的用户提供在线服务。目前,在 EBSCOhost 主页上有 9 个全文数据库,其中我国许多高校引进的 ASU(Academic Search Ultimate)、BSC(Business Source Complete)是其主要数据库。以下数据更新至 2020 年 9 月。

1. 学术文献集成数据库

学术文献集成数据库(Academic Search Ultimate,ASU)是当今世界最大的多学科学术文献全文数据库之一,提供丰富的学术类全文资源。该数据库的信息覆盖社会科学和自然科学,内容涉及几乎所有的学术研究领域,主要有生物科学、医学、政治、工程、教育、社会学、物理、艺术、文学等学科。ASU 数据库提供了超过 10 600 种期刊的全文,其中包括 6 800 多种为同行评审(Peer Reviewed)的期刊;此外,收录有 900 多种非刊类全文文献,例如:360 多种全文图书专著以及百余种会议论文、百科和专题报告全文等。另外还收录数千种来自亚洲、大洋洲、欧洲及拉丁美洲等当地语言的全文期刊,涉及 80 多个国家。该库的 2 700 多种全文期刊同时收录于 Web of Science 数据库,有 5 000 多种全文期刊同时收录于 Scopus 数据库。

2. 商业资源集成数据库

商业资源集成全文数据库(Business Source Complete,BSC)是世界上最大的全文商业数据库,主要侧重经济、管理和金融领域的专业性的文献全文,该数据库收录文献有主题营销、管理、管理信息系统(MIS)、生产与作业管理(POM)、会计、金融、经济等。该数据库提供 6 200 多种学术性商业期刊索引及摘要,其中近 3 800 种为全文期刊(包括 1 960 多种同行评审期刊)。BSC 还提供了近千种图书专著,超过 110 万份的企业背景介绍,1 200 多种国家经济报告,8 200 多种行业报告，10 500 多份对全球知名企业高层管理人员以及财经分析家的访谈录，2 600 多份市场研究报告，4 200 多份 SWOT 分析，等等。另外，BSC 还特别收录以下独家财经文献：伯恩斯坦金融数据（Bernstein Financial Data）、晨星基金股票分析出版品、美国会计师协会出版品、Richard K. Miller & Associates 市场研究报告、非英语系国家的商学文献资源、900 多篇案例分析（其中 680 多篇全文）、哈佛大学知名教授的 57 个研讨会视频等。独特的期刊如：*Harvard Business Review*（自 1992 年 10 月 1 日第一卷第一期至今，没有时滞）、*Administrative Science Quarterly*、*Academy of Management Journal*、*Academy of Management Review*、*Journal of Marketing*、*Journal of Marketing Research*（*JMR*）、*MIS Quarterly*、*Communication of ACM*、*International Journal of Production Research* 等；同时收录 *Business Monitor International*、*Country Watch Incorporated*、*Datamonitor Plc.*、*EIU*：*Economist Intelligence Unit*、*Global Insight Inc.*、*ICON Group International, Inc.*、*PRS Group, Inc.*（*Political Risk Yearbook*）等 1 400 种各知名出版社的国家/地区报告（全文）。

上述数据库通过 EBSCOhost 平台每日进行更新。

3. 教育资源信息中心

教育资源信息中心（Education Resource Information Center，ERIC）是美国教育部的教育资源信息中心数据库，收录自 1966 年以来 2 800 多种教育及教育相关期刊文献的题录和文摘，提供 1 800 多种教育期刊的全文，500 余种书籍和专著全文，众多与教育相关的会议论文全文。

4. 医学文献

医学文献（MEDLINE）由美国国家医学图书馆（National Library of Medicine）创建，提供权威的医学、护理、牙科、兽医、医疗保健制度、临床科学及其他方面医学信息。采用了包含树、树层次结构、副标题及激增功能的 MeSH（医学主题词表）索引方法，用户可检索到 4 800 余种最新医学、生物医学方面的期刊文摘或引文。

5. 报纸资源

报纸资源（Newspaper Source，NS）收录了 40 多种美国和国际报纸以及精选的美国 300 多种地区宗教报纸全文，包括《基督教科学箴言报》《今日美国报》《华盛顿邮报》《华盛顿时报》《伦敦时报》《多伦多之星》等。此外，还提供电视和广播新闻脚本，内容来自 CBS 新闻、CNN、CNN 国际、福克斯新闻、NPR 等。

6. 地区商业信息

地区商业信息(Regional Business News)提供 244 个地区性商业出版物信息,包括美国境内所有城市和农村地区的商务报告。在这个数据库中包括《亚利桑那州商业》《商务北卡罗来纳州》《克雷恩纽约商业》(及其他克雷恩通信版)、《得梅因业务记录》《企业盐湖城》及沃思堡商务出版社、奥兰治县商业杂志、威彻斯特县商业杂志等。数据每日更新。

7. 电子图书数据库

电子图书数据库[eBook Collection(EBSCOhost)]即原 NetLibrary 数据库。NetLibrary 是 OCLC 的一个部门,eBook 的主要提供商之一,也是世界上著名的电子图书数据库系统。它提供来自 700 多个出版商的 50 000 多种高质量电子图书,其中 90%是 1990 年以后出版的,每月增加几千种。NetLibrary 电子图书覆盖了全部学术领域以及普通阅读和通俗阅读领域,其中 80%的电子图书面向大学与研究型读者层。2009 年 12 月,EBSCO 正式收购 NetLibrary 转为 EBSCOhost 平台上的 eBook Collection 数据库,能够访问的图书达 1 万多种,是来自 EBSCO 顶级出版商提供的电子图书学术文集。这个数据库仅被限定非商业用途的教育、学术研究使用。数据每月更新一次。

8. 经典图书数据库

经典图书数据库[EBSCO eClassics Collection(EBSCOhost)]包含 25 本由知名作家撰写的世界级经典电子图书,如《富兰克林自传》《理想国》《呼啸山庄》等,适合青年休闲阅读。

9. 免费数据库

除上述主要数据库之外,EBSCOhost 还提供 5 个免费数据库:

(1)美国博士学位论文数据库

美国博士学位论文数据库(American Doctoral Dissertations,ADD)免费提供美国认可的大学时期博士学位论文资源,通过电子记录存取、打印,由 H. W. Wilson 基金、波士顿的国会图书馆和档案馆支持创建。部分引文包含可访问全文的链接,通过硕博士机构知识库诸如俄亥俄链接、罗切斯特理工学院和北卡罗来纳州立大学使用该功能。

(2)图书馆、信息科学与技术文摘数据库

图书馆、信息科学与技术文摘数据库(Library, Information Science & Technology Abstracts,LISTA)收录期刊、图书、研究报告和诉讼程序等,主题涉及图书馆事业、分类、编目、文献计量学、网络信息检索、信息管理等，数据库内容可追溯到20世纪60年代中期。

(3)环境数据库

环境数据库(GreenFILE)提供人类对环境产生各种影响的深入研究信息，主题包括全球变暖、绿色建筑、污染、可持续农业、再生能源、资源回收等。

(4)教师参考中心

教师参考中心(Teacher Reference Center，TRC)提供280多种教师和教育管理期刊的索引和摘要，旨在为职业教育者提供帮助。其中，同行评审期刊占96%。主题包括评估、最佳教学法、继续教育、最新教育研究、课程开发、基础教育、高等教育、多媒体教学、语言艺术、素养标准、学校行政、科学和数学、教师教育。

(5)欧洲人对美国的评论

欧洲人对美国的评论(European Views of the America 1493 to 1750)是EBSCO出版商与约翰卡特布朗(John Carter Brown)图书馆合作，根据“欧美：1493—1750年在欧洲出版的有关美洲的作品年谱”创立的资源，免费提供一个著名的、受到全世界学者尊崇的权威参考书目数据库。其内容包含1493年至1750年按年代编写的欧洲印制的有关美国的文献32 000多笔记录，是记载在欧洲的美洲作品的综合指南，对图书馆以及对发表在欧洲的有关美洲作品感兴趣的学者和个人来说都是一个有价值的索引。权威书目(Authoritative Bibliography)尤为知名，受到全世界各国学者的肯定。

就上述数据库而言，其检索方法基本相同，可在同一个界面下进行跨库检索。

5.2.3 EBSCO数据库检索技术

EBSCO数据库在使用时，虽然可进行跨库检索，但同时对多个数据库进行检索可能会影响某些检索功能或数据库的使用。例如，如果所选的数据库使用了不同的主题词表，就无法使用主题检索功能；又如，单独检索Business Source Premier数据库时可以使用Company Profiles数据库，而同时对Business Source Premier和其他数据库进行检索时则无法使用该数据库。

EBSCO网络数据库通过EBSCOhost平台提供检索服务。检索功能包括新检索(New Search)、出版物(Publications)、辞典(Thesaurus)、图像(Image)(跨库检索)/作者简介(Author Profiles)(单库检索)、更多(More)，检索方式有基本检索(Basic Search)、高级检索(Advanced Search)。本书主要介绍“高级检索”。

1. 新检索(New Search)

新检索是系统页面切换功能按钮,返回初始页面。

2. 出版物(Publication)

出版物检索方式是针对期刊文献的特性所提供的一种查询方法。提供对单一期刊或多种期刊的文献进行检索的方式,同时也提供所选期刊的详细出版信息。出版物分为"Academic Source Premier-Publications"和"Business Source Premier-Publications"。

3. 辞典(Thesaurus)

辞典检索方式是利用EBSCO自建的叙词表进行检索。检索时可在词汇的查询框中键入检索词的部分字符或全称,然后点击"浏览"(Browse)按钮,浏览系统提供的词汇列表。选中所需要的检索叙词后,点击"添加"(Add)按钮,系统将选中的叙词自动粘贴至检索的查询框中,再点击"Search"按钮,得到检索结果的目次信息。如果是多个检索词检索,亦可使用"and""or""not"布尔逻辑运算进行组配检索。

如果用户所选检索词是非规范叙词,词表会用"Use"指向EBSCO叙词表使用的正式叙词。例如,computer communication systems Use computer networks。

4. 图像(Image)/作者简介(Author Profiles)

图像(Image):在对话框中输入需要检索的图片主题内容词汇,点击"搜索"按钮即可得到带有图像的检索记录。

作者简介(Author Profiles):此检索页面可以按字顺浏览著者姓名或在对话框输入著者姓名进行检索,了解某个著者发表文章的全部情况。

5. 更多(More)

提供其他的检索入口,例如,参考文献(Cited References)、图像(Images)、索引(Indexes)。在索引检索中,提供著者、著者提供的关键词、ISSN/ISBN、主题词等14个字段,满足用户针对某一特征进行特定检索的需求。

6. 基本检索(Basic Search)

基本检索是系统默认的检索方式。在查询框内键入"词组/词组/"进行检索,允许使用逻辑运算符、通配符、截词符、优先算符、字段限定代码、位置算符等检索技术,检索词间空格相当于逻辑"and"。基本检索方式的检索结果准确性相对较差,适用于初学者检索。

字段限定代码被用来限定检索字段,默认的是所有字段。在基本检索中可以使用以下字段代码对检索词进行字段限定检索。

字段代码:TI(题名,Title);KW(关键词,Keyword);SU(主题词,Subject);AU(著者姓名,Author);AB(文摘,Abstract);SO(期刊名称,Journal name);TX(全文,All text);GE(地域,Geographic terms);IS(国际标准刊号,ISSN);AN(入藏号,Access Number)、IL(插图,Illustrations)。

7. 高级检索(Advanced Search)

高级检索在基本检索的基础上增加了更多的检索条件选项,可以在单一字段、多个字段进行布尔逻辑运算检索,也可以对检索模式、限制结果、不同数据库特殊限制条件等进行更加详细的选择和限定,使检索结果更加精确。高级检索页面如图 5-2 所示。

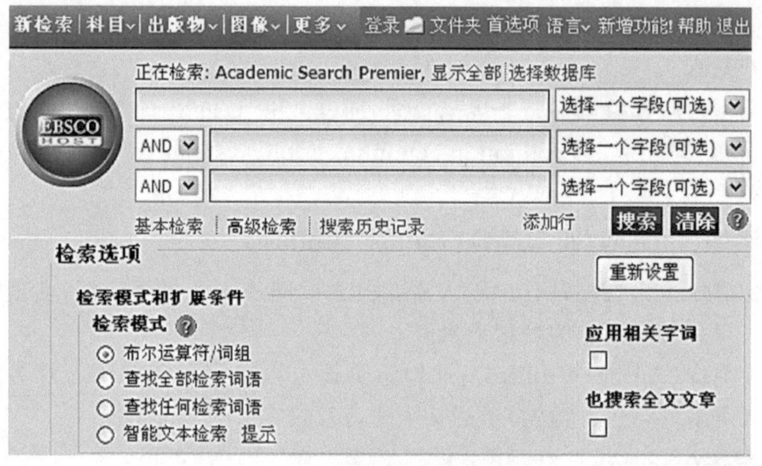

图 5-2　EBSCO 网络数据库高级检索页面

(1)键入检索词

系统使用自然语言、关键词和主题词检索。有 3 个检索词键入框,可根据检索需要同时键入 3 组检索词。如果查询框不够,还可点击"添加行"按钮,增加查询框数量,最多可添加至 12 个。

(2)选择检索模式

在检索选项(Search Options)中,提供检索模式和扩展(Search Modes and Expanders)选项,其中检索模式(Search modes)有 4 种选择,即布尔逻辑运算符/词组、查找全部检索词语、查找任何检索词语、智能文本检索。此外，还有 3 种扩充选择：应用相关词语，同时在文章全文范围内搜索、应用对等科目。

①布尔逻辑运算符/词组(Boolean/Phrase)：使用逻辑运算符(and、or、not)确定各检索词之间的逻辑组配关系。

②查找全部检索词语(Find All My Search Terms)：全部检索词均为逻辑"and"关系。

③查找任何检索词语(Find Any of My Search Terms)：全部检索词均为逻辑"or"关系。

④智能文本检索(SmartText Searching)：键入尽可能多的检索文本，如词组、句子、篇章或全部页面。该模式仅检索 EBSCO 数据库。

⑤应用相关字词(Apply Related Words)：相关词检索。相关词指同义词，如在检索框中键入"bike"一词，结果中不但有"bike"的文献，同时也有含"bicycle"一词的文献。

⑥同时在文章全文范围内搜索(Also search within the full text of the articles)：在文章的全文范围内检索。

⑦应用对等科目(Apply Equivalent Subjects)：同义词检索。

(3)确定布尔逻辑运算或组配关系

系统支持相同字段内检索项布尔逻辑运算和不同字段间检索项逻辑运算组配检索，也支持截词运算、通配符运算、优先运算、精确短语、位置算符等检索，将多个主题的检索项连接或者排除，也可检索拼写上有变化的词，使检索更加简单、灵活。

截词运算、通配符运算、优先运算、精确短语具体使用方法参见"5.1 ScienceDirect 数据库"有关此项内容的叙述。

位置运算符("Wn"/"Nn")：用于指定检索词出现的顺序和位置关系。

Wn(Within)：表示算符两侧的检索词邻近，检索词出现顺序与键入顺序相同，检索词前后顺序不可以交换，并且间隔最多 n 个词。

Nn(Near)：表示算符两侧的检索词邻近，检索词出现顺序不必与键入顺序相同，检索词前后顺序可以交换，并且间隔最多 n 个词。

(4)选择检索字段

在"位于"后面的下拉菜单选项内选择要检索的字段[Select Field(Optional)]。LISTA 单库检索提供 14 个检索字段，ADD 单库检索提供 7 个检索字段，跨库检索提供 8 个检索字段。共有字段包括：题名(TI Title)、主题词(SU Subject Terms)、文摘(AB Abstract)、全文(TX All Text)、著者(AU Author)。

(5)限制结果

为了使检索结果更加精确,该系统在检索页面的下半部设置限制结果(Limit your results)检索和特殊限制条件作用于某个数据库(Special limiters for…)。该区域有多个条件,可选一个、多个或不选。如图 5-3 所示。

图 5-3　EBSCO 网络数据库高级检索页面(下半部分)

①全文(Full Text):限定有全文的记录范围内检索。

②有参考(References Available):检出的结果可看到参考文献。

③出版物(Publication):限定在某种或几种出版物中检索。

④出版日期(Publication Date):限定在某段时间内出版的文献中检索。

⑤学术(同行评审)期刊[Scholarly(Peer Reviewed)Journals]:限定在经同行(专家)评审过的期刊中检索。

⑥图像快速查看(Image Quick View):限定在有图片的文章中进行检索,可选择 PDF 格式的图片、HTML 格式内嵌的图片或不做选择。

⑦图像快速查看类型(Image Quick View Types):限定所要查看图像的类型。可选类型有:Black and White Photograph(黑白照片)、Chart(图表)、Color Photograph(彩色照片)、Diagram(图表)、Graph(图形)、Illustration(插图)、Map(地图)。

⑧出版物类型(Publication Type):限定在图书、期刊、报纸等出版物类型中检索。

⑨文献类型(Document Type):限定在文献类型(摘要、论文、书目、书评等)中检索。

⑩语言(Language):限定在某种语言文章范围内检索。

(6)检索

上述检索条件确定之后,点击"检索"按钮开始检索。检索结果按题录列表方式显示。

该列表对检出文献进行编号,并给出文献的题名和来源。每篇文献都注明是否有全文、简介或文摘。点击实用工具条中的"首选项(Preferences)",根据引导说明用户可以按需要设定文献说明的详简程度。

(7)检索结果排序

检索结果按出版时间、来源、作者、相关度排序,系统默认按时间排序。

5.2.4　EBSCO 免费资源

EBSCOhost 平台提供少部分数据库资源的免费检索,如上节所述。

进入网上免费数据库检索平台——EBSCOhost,选择所要使用的数据库,可单选或多选,然后点击"确定"按钮。如果在一个数据库中进行检索,可直接单击某数据库名称。

5.3 SpringerLink 期刊数据库

5.3.1 Springer 概述

Springer(施普林格)出版社于 1842 年在德国柏林成立,是世界著名的科技期刊、图书出版公司。20 世纪 60 年代建立了其国际性科技出版公司的地位,截止到 2020 年 9 月已成为全球第一大科技图书出版公司,第二大科技期刊出版公司,出版了 30 万余种科技图书和 2 900 余种科技期刊。到目前为止,该出版社已出版报道 150 多个诺贝尔奖获得者的学术研究信息。

Springer 的出版业务遍及全球,总部设在德国的柏林和海德堡,出版范围包括自然科学、社会科学、医学及建筑等各个学科领域。施普林格在网络出版方面居于全球领先地位,其 SpringerLink 是全球科技出版物市场最受欢迎的电子出版物平台之一,于 1996 年正式推出,是全球第一个期刊电子全文数据库,1999 年和 2000 年分别获得德国和欧洲的科技创新奖。施普林格注重出版物内容水平、出版人员的专业性和服务质量,专注出版,服务科学是施普林格的准则目标。

5.3.2 SpringerLink 平台概述

截止到 2020 年 9 月,Springer 出版有 3 671 种电子期刊(Journals)(全部为同行评审)、274 973 种电子图书(Books)、6 675 种电子丛书(Books Serial)、1 448 种在线参考工具书(Reference Work)、60 375 条实验室指南(Protocols)、30 673 个会议记录及 156 种视频,其出版的学科范围包括所有自然科学、工程和技术、医学以及建筑。同时施普林格也是网络出版方面的领先者,早在 1996 年就开发推出 SpringerLink 平台。2006 年 SpringerLink 升级进入第三代界面,成为全球第一个跨产品的电子出版服务平台,实现了在一个平台上集成提供电子期刊、电子图书、电子丛书和大型电子工具书等在线资源。该平台是全球科技出版市场最受欢迎的电子出版物平台之一,也是全球第一个电子期刊全文数据库。

SpringerLink 平台提供的学术期刊 SCI(第 7 章论述)影响因子较高。现在大部分期刊优先以电子方式出版,大大提高了文献网上出版的速度和效率。数据每周更新。

5.3.3 SpringerLink 平台全文数据库检索

SpringerLink 数据库提供 3 种检索方式:浏览、快速检索、高级检索。本书主要介绍“高级检索”。

1. 浏览(Browse)

SpringerLink 提供按学科浏览(Browse by Discipline)方式,还提供每日特色图书(Featured Books)和特色期刊(Featured Journals)在线可读。

2. 快速检索(Search)

快速检索是系统提供的默认检索方式,用户只需在查询框中键入检索词即可得到检索结果。快速检索字段范围相对较为宽泛,检索结果准确性较差,适合初学者使用。

3. 高级检索(Advanced Search)

高级检索页面在快速检索的基础上增加了更多的检索条件选项,可以在多个字段进行布尔逻辑运算检索,也可以限定检索的时间范围,使检索结果更加精确。高级检索页面如图 5-4 所示。

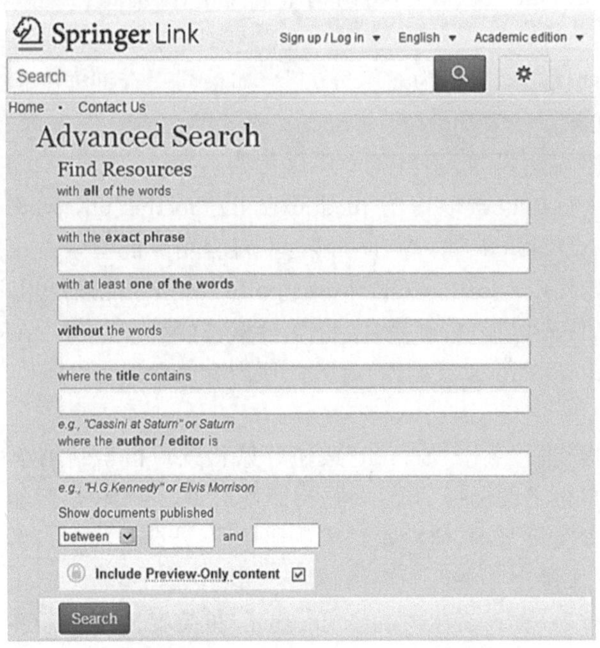

图 5-4　SpringerLink 平台高级检索页面

(1)输入检索词

在不同布尔逻辑运算关系及字段的查询框内键入检索词或词组。本系统不需要使用截词符号，同词根的词自动检索。

(2)选择检索字段

系统提供题名(where the title contains)、作者/编辑(where the author/editor is)两个检索字段。

(3)确定布尔逻辑运算或组配关系

系统支持同字段检索词布尔逻辑运算和不同字段检索项逻辑运算组配检索，支持多个主题的检索项连接或者排除，使检索更加简单、灵活。

同一查询框的检索词可进行布尔逻辑"and""or""not"运算检索，多个检索词之间的空格，执行默认的逻辑运算关系。各查询框内检索词默认布尔逻辑运算关系如下：

①"with all of word"：所有键入词默认为逻辑运算"and"。

②"with at least one of the words"：所有键入词默认为逻辑运算"or"。

③"without the word"：所有键入词默认为逻辑运算"not"。

④"with the exact phrase"：精确词组或短语，所有键入词视为一个词运算检索。

⑤不同查询框之间默认为逻辑"and"。如果同一查询框中检索词有多种逻辑运算关系，优先顺序为：not>or>and。

如检索策略表达式为：塑料瓶 OR 水污染(plastic bottles OR water pollution)，则系统执行的检索顺序为 plastic AND(bottles OR water) AND pollution，即塑料 AND(瓶 OR 水)AND 污染，不符合用户的检索需求。该检索策略表达式应写成"plastic bottles"OR"water pollution"，才能满足用户的检索需求。

通配运算、优先运算、精确短语、位置运算符(NEAR/ONEAR)具体使用方法参见"5.1 ScienceDirect 数据库"有关此项内容的叙述。

(4)检索

完成上述操作后，点击"Search"按钮开始检索。检索结果全部按题录方式列表显示。用户可继续选择其子学科、出版物类型、某一种出版物、语种等限制，进一步缩小检索结果范围，使检索结果更加专业、精确。

(5)检索结果排序

检索结果排序(Sort By)包括：Relevance(相关度)、Newest First(最新出版日期优先)、Oldest First(最早出版日期优先)。

(6)浏览文摘和全文预览

在题名列表中进行浏览、比较、筛选。点击选中的文献题名链接，或点击"Get Access"图标，进一步浏览包括文摘内容的详细信息；点击"Look Inside"图标，可以预览全文的前两页。

(7)检索结果全文下载

在检索结果显示页面，可查阅感兴趣记录的文摘和全文。带有“Download PDF”(PDF 格式)、“View Article”(HTML 格式)或“Open Access”图标的，表示是免费提供全文，可在线阅读或下载。其他下载全文则需要付费。

5.3.4 SpringerLink 平台个性化服务

对于不使用机构 IP 地址进行访问的单个用户，经注册后可以创建 E-Mail 服务(通知设置)、SpringerAlerts 通知服务等个性化服务功能。完善用户的个人资料，用户可以根据需要选择超过 500 个学科的相关信息。

1. E-mail 服务

E-Mail 服务可进行期刊目录、丛书目录、新书等通知设置，平台将根据用户设置定期将上述最新信息自动发送至用户设定的邮箱。通知包括：

(1)期刊目录通知(Table of Contents Alerts for Journals)：当新期刊发行时，用户将收到该期刊的目录内容。用户可以按期刊的刊名字顺或主题领域对 1 800多种期刊进行选择，系统会将最新信息发送至用户设定的邮箱。

(2)丛书目录通知(Table of Contents Alerts for Book Series)：对于选定的系列丛书，系统将每卷新出版图书的目录内容发送至用户设定的邮箱。

(3)新书通知(New Book Alert - Including eBooks)：每本新书出版或电子书发布时，用户将分别收到通知邮件。此外，用户还会收到有关特殊优惠的信息，例如：SpringerLink 在线期刊的免费试用、会议补贴和更多其他的优惠信息。

2. SpringerAlerts 通知服务

SpringerAlerts 通知服务是一项方便且可自行设定的免费通知服务，读者可根据作者、主题、关键字或出版标准来选择出版物通知服务。

5.4 ISI Web of Science

5.4.1 ISI Web of Science 概述

ISI Web of Science(WOS)是全球最大、覆盖学科最多的综合性学术资源，收录了自然科学、工程技术、生物医学等各个研究领域中最具影响力的超过

8 700种核心学术期刊。WOS引文索引是在20世纪六七十年代由美国科学情报研究所(ISI,Institute for Science Information)创建。1992年,Thomson公司收购了ISI;2008年,Thomson公司与Reuter公司合并组成Thomson-Reuters公司。2016年,Onex公司和霸菱亚洲投资基金完成对Thomson-Reuters公司的知识产权与科技业务的收购,成立新的Clarivate Analytics公司,WOS平台由其负责运营。

5.4.2 ISI Web of Science 总体资源

1. WOS核心合集—引文索引

(1)SCIE(Science Citation Index Expanded)。SCIE是科学引文索引,目前收录了1900年至2020年的9 200多种具有国际性、高影响力的学术期刊,包含自然科学、工程技术、临床医学等方面共178个学科。

科学引文索引分为核心版(又称光盘版,SCI)和扩展版(又称网络版,SCIE)。就起源来说,ISI在早期每年向其客户(主要是全世界的图书馆)寄光盘,内容是所有被ISI收录的期刊发表文章的摘要。当时收录的期刊没有现在多,后来随着互联网的发展,ISI在1999年前后建立了网络检索系统,原先需要寄光盘的数据也都导入网站系统,此后每年新增的期刊只在网络上检索,不入光盘,能通过网站检索到的期刊都称为SCIE。但建立网站检索后,ISI并没有停止向其客户寄光盘,这就导致了光盘版和网络版的区别。2000年起,经国家科技部等部门研究决定,科学引文索引的论文统计采用SCIE数据,但很多人仍然习惯将科学引文索引称为SCI索引。

SCI索引已成为目前国际上最具权威性的、用于基础研究和应用基础研究成果的重要评价体系。它是评价一个国家、一个科研机构、一所高等学校、一本期刊,乃至一个研究人员学术水平的重要指标之一。

(2)SSCI(Social Science Citation Index)。SSCI是社会科学引文索引,目前收录了1900年至2020年的3 400多种具有国际性、高影响力的学术期刊,包含社会科学方面57个学科。

(3)A&HCI(Arts & Humanities Citation Index)。A&HCI是人文艺术引文索引,目前收录了1975年至2020年的1 800多种具有国际性、高影响力的学术期刊,包含哲学、语言学、文学、建筑、艺术、亚洲研究、电影/广播/电视等28个艺术与人文学科。

(4)CPCI-S(Conference Proceedings Citation Index-Science)。CPCI-S是科

技会议文献引文索引，提供 1990 年以来以专著、丛书、预印本、期刊、报告等形式出版的国际会议论文文摘及参考文献索引信息，涉及自然科学和工程技术所有领域。

(5) CPCI-SSH (Conference Proceedings Citation Index-Social Science & Humanities)。CPCI-SSH 是社会科学以及人文科学会议文献引文索引，提供 1990 年以来以专著、丛书、预印本、期刊、报告等形式出版的国际会议论文文摘及参考文献索引信息，涉及社会科学、艺术及人文科学的所有领域。

2. WOS 核心合集——化学索引

(1)CCR-EXPANDED(Current Chemical Reactions)，新化学反应。收录了从 1986 年至今来自期刊和专利文献的一步或多步新合成方法。其中包括 Institut National de la ProprieteIndustrielle 化学结构数据，可回溯至 1840 年。

(2)IC(Index Chemicus)化合物索引。收录了从 1993 年至今世界上有影响力的期刊报道的新颖有机化合物数据。

3. 学术分析与评价工具

(1)ESI(Essential Science Indicators)。ESI 是基本科学指标，是基于 SCIE 和 SSCI 而建立的评价基准数据库，为研究人员和科研管理人员提供研究绩效的量化分析，了解在各研究领域中最领先的国家、期刊、科学家、论文和研究机构；识别自然科学和社会科学领域的重要趋势、研究方向和研究前沿；确定具体研究领域内的研究成果和学术影响力。ESI 从研究的生产力、影响力、创新力和发展力 4 个方面衡量分析一个研究机构整体的影响力。

(2)JCR(Journal Citation Reports)。JCR 是期刊引用报告，依据 SCIE 和 SSCI 的引文数据，提供可靠的统计分析方法，对全球学术期刊进行客观、系统的评估，帮助用户以定量的方式了解全球的学术期刊，并通过这些分析数据了解某本学术期刊在相应领域中的影响力。截止到 2020 年 9 月，JCR 从世界上经同行评议的学术期刊中，筛选出被引次数最高的近 8 500 种期刊，涵盖了 200 多门学科，提供了自 1997 年以来的期刊引文统计分析数据。

4. 专利索引 DII(Derwent Innovation Index)

DII 是基于 WOS 平台的专利信息数据库，将德温特世界专利索引(DWPI，Derwent World Patents Index)与专利引文索引(PCI，Patents Citation Index)加以整合。用户不仅可以检索专利信息，而且可以检索到专利的引用情况。截止到 2020 年 9 月，该数据库收录了来自全球 52 个专利发行机构(涵盖 100 多个国家和地区)的专利信息；专利覆盖范围可以追溯到 1963 年，引用信息可以追溯到 1973 年。

5. 重要学术信息资源

(1)INSPEC。INSPEC 是由英国电气工程师协会提供的综合文献索引，它涉及的主要学科领域包括物理学、电子与电子工程、计算机与控制工程以及信息科技方面的综合索引。截止到 2020 年 9 月，数据库涵盖了 700 多万篇科技论文，它为物理学家、工程师、信息专家、研究人员与科学家提供了不可或缺的信息服务。INSPEC 每周进行更新，涵盖了来自期刊、图书、科技报告以及会议记录的数据。

(2)MEDLINE。MEDLINE 是由美国国家医学图书馆及合作机构编制的关于生命科学(包括生物医学、生命科学、生物工程、公共健康、临床护理、植物科学和动物科学)的文献数据库。截止到 2020 年 9 月，记录来源于 1950 年以来的 4 900多种，以 30 多种语言出版的期刊，每年新增记录约 50 万条。

5.4.3 ISI Web of Science 检索平台

Web of Science 平台是一个基于 Web 构建整合的数字研究环境，通过强大的检索技术和基于内容的连接能力，将高质量的信息资源、独特的信息分析工具和专业的信息管理软件无缝地整合在一起，兼具知识的检索、提取、分析、评价、管理与发表等多项功能，从而大大扩展和加深了信息检索的广度与深度，加速科学发现与创新的进程。

在功能上，WOS 平台提供了强大的知识发现与管理工具，包括跨库跨平台的 CrossSearch、独特的引文检索、主题检索、化学结构检索、基于内容与引文的跨库交叉浏览、检索结果的信息分析、定题跟踪 Alerting 服务、检索结果的信息管理(EndNote、Reference Manger、ProCite、WriteNote)等，帮助研究人员迅速深入地发现自己所需要的信息，把握研究发展的趋势与方向。

1. 基本检索

用户从 WOS 平台的首页上，选择“Web of Science 核心合集”数据库，即可进入基本检索界面。

基本检索默认在 WOS 核心合集中进行。但用户如果只想查询某一类索引，可以通过“更多设置”选择所需的引文索引，所列出的引文索引为本馆所购买的数据库，每个引文索引的后面都标注了所购买索引信息的起始时间。没有购买的引文索引不会显示。

在基本检索中，可根据需要增加检索框，既可以执行单字段检索，也可以结合主题、作者、地址等进行多字段组合检索。

Web of Science 的检索字段包括：Topic（主题）、Title（标题）、Author（著者）、Author Identifiers（著者识别号）、Group Author（团体著者）、Editor（编者）、Publication Name（出版物名称）、DOI（数字对象标识符）、Year Published（出版年）、Address（地址）、Organization-Enhanced（机构扩展）、Conference（会议）、Language（语种）、Document Type（文献类型）、Funding Agency（基金资助机构）、Grant Number（授权号）、Accession Number（入藏号）、PubMed ID（给每条 MEDLINE 记录的唯一标识符）等。

2. 被引参考文献检索

引文检索将文章中的参考文献作为标引词或标引条目，利用作者自己建立起来的文献之间存在的关系统链查找文献，是 SCI 特有的检索功能。Web of Science 的引文索引提供了被引作者、被引著者和被引年份 3 个检索字段，每个字段均可使用截词符"＊"、逻辑运算符"OR"进行组合。

3. 高级检索

检索界面只有一个检索框，根据检索需要，创建一个复杂检索式进行检索。界面右侧显示了 ISI 支持字段代码和布尔逻辑运算符，正文可以限定语言和文献类型。

5.4.4　ISI Web of Science 检索结果

检索结果页面显示所用检索式、检索结果的数量、每条记录的概要信息（题名、作者、刊名、卷期、页码、出版年、摘要、被引频次）、来源数据库、出版商的全文链接等内容。

1. 检索结果的排序方式

检索结果的排序方式有：出版日期（降序、升序）、最近添加、被引频次（降序、升序）、相关性、第一著者、来源出版物名称、会议标题等。

2. 检索结果全记录格式

点击找到的文献篇名，可以看到该篇文献的全记录页面。该页面显示文献的题名、作者、摘要、关键词、作者信息、出版商、基金资助、文献被引频次、引用的参考文献、使用次数、全部被引频次计数以及在 Web of Science 数据库中各个子库中的引用情况等。

点击"被引频次"可以查看该文献的被引文献，数值是指在 WOS 核心合集中的被引频次；点击"引用的参考文献"，可以查看该文献的参考文献。

“创建引文跟踪”需要用户事先在WOS平台上注册，然后登录，之后每次该篇论文被引用时，用户注册的邮箱都能自动收到通知邮件。

“附加关键词”，是编辑从文章参考文献的标题中提取的关键词，它们并未出现在作者自己给出的关键词列表中，标注每篇文献的Keyword Plus，可帮助以不同的词条查询用户找到该文献。

“查看期刊影响”，可以查看该期刊在当年以前和前5年的影响因子，所属JCR类别，在该类别所有期刊的排序情况，以及JCR分区情况，同时还可以知道该期刊的出版商和ISSN。

如果一篇文献未被WOS核心合集收录，在WOS检索首页，选择“被引参考文献检索”。用户可以通过“被引作者”“被引著作”“被引年份”“被引卷”“被引期号”“被引页码”“被引标题号”等检索字段，查找某一特定文献的被引情况。

5.5 ACS电子期刊检索平台

5.5.1 ACS概述

美国化学学会(American Chemical Society，ACS)成立于1876年，总部位于华盛顿。ACS是美国国会特许的独立的会员制组织，会员由涉及化学学科各个领域的人员组成，每年组织两次全美会议，是世界上最大的科技学会之一。

ACS出版多种纸本和电子版的化学教育期刊、新闻杂志和参考手册等。ACS Symposium Series是美国化学学会从1950年开始出版的一套系列丛书，内容涉及化学教育、有机化学、高分子化学、材料学、农业和食品科学、纤维素和可再生材料等领域。Symposium系列中的所有图书均经过同行评审，每个章节的作者都是来自相应领域的知名专家，每本书的编者均是该领域国际知名的学者。

ACS旗下拥有美国化学文摘服务社(Chemical Abstracts Services，CAS)，该社致力于发现、收集、整合所有已知关于化学物质、化学反应的信息，包括专利和期刊数据库等，并随时更新。ACS的数据库被全世界的化学制品和制药公司、大学、政府机构和专利局公认为最权威和最全面的数据库。

5.5.2 ACS电子期刊平台概述

ACS全面收集并提供最多的经同行评审的化学和相关学科期刊。截止到2020年9月，ACS电子期刊平台出版72种纸本和电子版的化学教育期刊、

1 600多种图书、化学与工程新闻杂志、参考工具书、ACS 回溯档案和专题论文集等。每年新出版电子书近 30 种，内容涵盖有机化学、分析化学、应用化学、材料学、分子生物化学、环境科学、药物化学、农业学、材料学、食品科学等 27 个化学相关领域。ACS 的期刊被 Thomson Reuter 出版的 Journal Citation Report (JCR)评为化学领域中被引用次数最多的化学期刊。

ACS Web 版资源内容丰富，其中 ACS 电子期刊平台除具有一般的检索、浏览功能外，还可在第一时间内查阅到被作者授权发布、尚未正式出版的最新文章(Articles ASAPsm)。ACS 的 Articles References 可直接链接到 CA 的资料数据库，也可与 PubMed、Medline、GenBbnk、Protein Data Bank 等数据库相链接。该平台还具有增强图形功能，含 3D 彩色分子结构图、动画、图表等，可提供 HTML 和 PDF 格式全文。

5.5.3 ACS 电子期刊平台数据库检索

ACS 电子期刊平台数据库提供 5 种检索方式：浏览、快速检索、引文检索、主题检索、高级检索。本书主要介绍"高级检索"。

1. 浏览(View All Publication)

用户可以从首页通过"Publication A-Z""CAS Sections""Cover Gallery"链接，按期刊名称字顺、学科主题、封面图 3 种方式进行浏览，点击所选出版物标签阅读。浏览方式细分为：按 ASAP 文章(Articles ASAP，尚未正式出版的最新文章)、最新一期(Current Issues)、阅读次数最多的文章(Most Read Articles，前一个月/一年下载次数排名前 20 位的文章)、样品期次(Sample Issue)、作者索引(Author Index)、封面(Cover Art Gallery)、专题期刊(Thematic Issues)。

2. 快速检索(Search)

快速检索是系统提供的默认检索方式，设有 4 个检索字段：Anywhere(任何位置)、Title(题名)、Author(作者)、Abstract(文摘)。键入检索词或 DOI(Digital Object Unique Identifier，数字目标识别符)，即可得到检索结果。DOI 用于数字媒介，是为了提供持久而可靠的数字目标标示。在 ACS 电子期刊平台中，每篇文章的 DOI 显示在 HTML 版本的上部和 PDF 版本的下部，通过 DOI 可快速定位该篇文章。

3. 引文检索(Citation)

引文检索可选择或键入文章所在期刊的名称、卷号、页码，系统列出这本期刊该卷的所有期次及页码链接，点击某一期次链接，即可快速定位某篇文章。

4. 主题分类检索(Subject Search)

主题分类检索也可以视为主题分类浏览,所有文章按照 CAS 的主题目录进行分类。用户在首页点击“Subject”可选择某个最高一级主题类目(共 5 个)展开,二级主题类目会在同一页面显示,检索相应类目下包含的所有文章。

5. 高级检索(Advanced Search)

高级检索页面在快速检索的基础上增加了更多的检索条件选项,可以在单一字段、多个字段、图/表进行布尔逻辑运算检索,也可以限定检索的文献类型范围、学科范围、时间范围等,使检索结果更加精确。高级检索页面如图 5-5 所示。

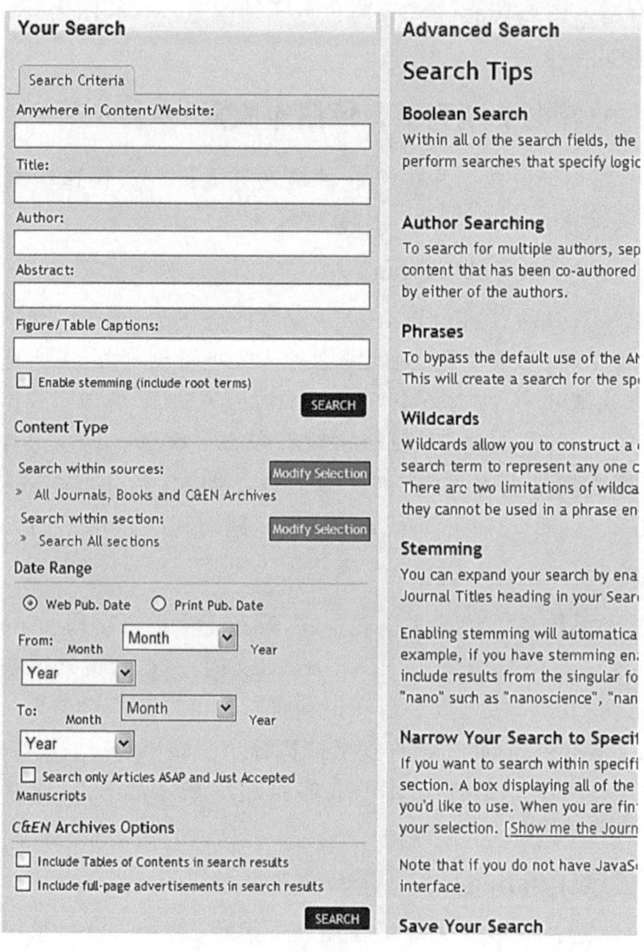

图 5-5　ACS 电子期刊平台高级检索页面

高级检索提供 5 个检索字段：Anywhere in Content/Website(内容/网站的任何位置)、Title(题名)、Author(作者)、Abstract(文摘)、Figure/Table Captions(图表标题)。各字段间默认逻辑关系为“and”。每个检索字段可按需要键入检索词/词组，甚至短语，系统自动完成词尾时态及单复数检索。

该系统支持逻辑算符(and、or、not)、截词符、通配符和位置算符检索，所有被包含的检索词自动进行逻辑“or”运算。

6. 检索结果显示

ACS 电子期刊平台对检索结果有非常全面和科学的限制设置，包括：

(1)限定检索的文献类型范围“Search within Sources”：在所有资源中(All Journals，Books and C&EN Content)可选择一种或几种期刊/图书/化学与工程新闻检索。系统默认在全部类型状态下检索。

(2)限定检索的学科范围“Search within Section”：在学科列表中可选择一种或几种学科的期刊检索。

(3)限定检索时间范围“Publication Date”：可设定检索的时间年限，包括 All dates(全部)、Last(最新日期)、Custom range(自定义范围)3 种选项。在自定义范围选项中，还可勾选 Use Print Publication Date(instead of Web Publication Date)[使用印刷出版日期(替代网上出版日期)]。

(4)优先检索“Ahead of Issue”：勾选“Search only Articles ASAP and Just Accepted Manuscripts”，仅限在优先出版文章和已接受的手稿中检索。

(5)访问类型“Access Type”：点选“All Content”，在所有内容中检索；点选“Open Access Content”，在开放获取文章中检索。

(6)C&EN Archives Options：C&EN(Chemical & Engineering News，化学与工程新闻)是 ACS 出版的新闻周刊，创办于 1923 年，致力于关注化学化工界的最新事件，报道与化学相关的科研、工业、教育等各方面的最新动态，是化学研究领域的指南针和风向标，内容权威，在化学生物及相关领域具有不可撼动的学术地位。在“C&EN Archives Options”(C&EN 回溯文档选项)中，可勾选检索结果是否包含表格或广告的文章。

7. 检索结果排序

检索结果排序(Sort By)方式有两种：相关度(Relevance)、出版时间(Date)。用户可根据自己的需要选择排序方式。

8. 二次检索

在“Refine Search”选项下，可进一步对内容类型(Content Type)、访问类型

(Access Type)、出版日期(Publication Date)、优先出版(Ahead of Issue)、C&EN 回溯文档选项(C&EN Archives Options)进行定义,优化检索结果。

9. 浏览文摘和全文首页预览

在题名列表中进行浏览、比较、筛选。点击文献题名或“Abstract”,进一步浏览包括文摘内容的详细信息;点击“First Page”,可以预览全文的首页。

10. 检索结果全文下载

每条全文记录提供 3 种格式下载:“Full Text HTML”“PDF”“PDF w/ Links”。点击文献标题(题名),除显示该条记录的文献题名、文献出处、著者、著者所在单位及地址、文摘,还显示全文下载链接。

5.5.4 ACS 电子期刊平台个性化服务

(1)用户注册 ACS 电子期刊平台后可以创建配置文件。包括:最新文献出版的定制 E-mail 通知服务和 RSS 新闻组订阅、保存文章和检索式以便系统自动推荐相关信息。

(2)通过“E-mail Alerts”设置,可以定期(每日/周)接收电子邮件通知。

(3)最新文献通知(ASAP Alerts):通过 E-mail 及时通知最新在线出版的 ASAP 文章信息,以及特定文章被引用的信息,提供文章的标题、作者、刊名、论文全文的网址。

(4)最新目次通知(Table of Contents Alerts):通过 E-mail 及时通知最新一期期刊的目次。包括文章的标题、作者、刊名、论文全文的网址。

个性化服务还包括:保存检索式,在检索结果页面中,通过“Saved Searches”可将本次使用的检索式保存下来;收藏我喜爱的文章,可在文摘页或 HTML 全文页中,使用“Favorite Articles”将文章添加到收藏夹;文章推荐服务,系统会根据用户的阅读历史,自动推荐相关文章“Recommended Articles”;RSS 新闻组订阅,通过 RSS 阅读器随时跟踪期刊最新出版动态。

5.6 ProQuest 平台

5.6.1 ProQuest 概述

ProQuest Information and Learning 公司通过 ProQuest 平台提供 60 多个

数据库，包含文摘题录信息和部分全文。自 2012 年起，原剑桥科学文摘（Cambridge Scientific Abstract，CSA）平台的数据库全部合并到 ProQuest 平台。这些数据库涉及商业经济、人文社会、医药学、生命科学、水科学与海洋学、环境科学、土木工程、计算机科学、材料科学等领域，包含学位论文、期刊、报纸等多种文献类型。尤其值得一提的是，著名商业经济数据库 ABI 和全球最大的学位论文数据库 PQDT，还有原 CSA 平台丰富的特色专业数据库。

国外博硕士学位论文数据库（ProQuest Dissertations and Theses，PQDT）是目前世界上规模最大、使用最广泛的博硕士学位论文数据库。截至 2020 年 9 月，该数据库收录了自 1743 年至今全球超过 3 000 余所高校、科研机构逾 448 万篇博硕士论文信息。其中，博硕士学位论文全文文献超过 218 万篇，涵盖了从 1861 年获得通过的全世界第一篇博士学位论文（美国），回溯至 17 世纪的欧洲培养单位的博士学位论文，到本年度本学期获得通过的博硕士信息，近几年少量学位论文免费提供全文。美国国会图书馆指定该数据库为其博、硕士学位论文数字收藏单位。多数论文可以看到前 24 页的扫描图像。如需完整论文原文，可先查询 ProQuest 学位论文数据库，若没有再通过馆际互借或文献传递获取。

ARL（ProQuest Academic Research Library）是一个综合性的数据库，截止到 2020 年收录 6 000 多种综合性期刊和报纸，其中大部分是全文期刊，主题领域分别是经济、人文、法律、教育、心理学、科技、社科、儿童、妇女、国际问题等。

5.6.2　ProQuest 检索技术

PQDT 全文库提供基本检索、高级检索和学科导航 3 种检索方式。

1. 基本检索

PQDT 数据库主页上默认的检索方式即基本检索方式，可选择检索字段，输入检索词，选择布尔逻辑组配，选择检索年份，检索框下方提供“全部”和“只显示有全文的结果”两个限制选项，默认的是在“全部”论文中进行检索。

2. 高级检索

高级检索可提供 7 个不同检索字段的逻辑组配，检索字段共 9 个，包括标题、摘要、学科、作者、学校、导师、来源、ISBN、出版号。对检索结果可以从出版年、学位级别、语种和有无全文方面进行限定。检索结果可进行二次检索。高级检索页面如图 5-6 所示。

高级检索提供了更多检索框，通过下拉菜单可以选择检索字段以及更多的限制选项。

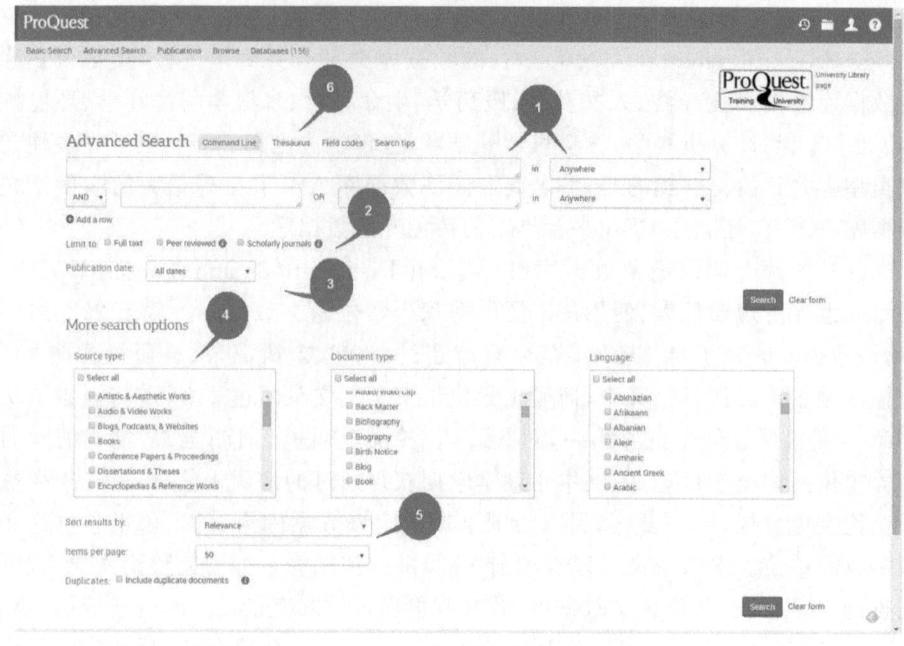

图 5-6　ProQuest 高级检索页面

(1)高级检索框

高级检索支持布尔逻辑运算控制、位置控制、字段控制等控制技术，可选字段有所有字段、篇名、摘要、作者、出版物名称等。输入检索词后，默认词间关系为逻辑 AND，如果需要检索词组，需要使用双引号(“”)。

(2)限制条件：同行评审、学术期刊

同行评审表示文献在出版前经过该领域专家(同行)的评审，学术期刊是以学术研究为目的所出版的期刊。

(3)出版日期

日期范围默认的是所有日期，其他选项包括：最近 7 天、最近 30 天、最近 3 个月、最近 12 个月、最近 3 年、在此日期、在此日期之后、在此日期之前、特定日期范围等。

(4)数据库特定限制

文档类型可限定文献的类型，包括文章、博客、书、公司档案、行业报告、市场研究及其他。

(5)检索结果显示选项

检索结果排序方式可以控制结果呈现的顺序，包括相关性排序、时间排序。

(6)词库

该数据库采用了多种词库与分类术语表进行标引,另外部分文献提供了关键词/标识符、地点的标引信息,借助这些信息,可以帮助用户定位准确的信息。

控词可以通过 A－Z 浏览,或通过检索框查询。另外,部分控词表不显示词间的等级关系,以便于用户利用适合的主题词检索。

3. 学科导航

根据数据库首页的学科导航,PQDT 按学科分成 Applied Sciences(应用科学)、Biological Sciences(生物科学)、Communication and Arts(通信与艺术)、Earth and Environmental Sciences(地球与环境科学)、Education(教育)、Health Sciences(健康与卫生)、Language,Literature and Linguistics(语言、文学与语言学)、Philosophy Religion and Theology(哲学、宗教与神学)、Psychology(心理学)、Pure Sciences(纯粹科学)、Social Sciences(社会科学)11 个一级类目,每个一级类目之后的括号中显示的是该类目下的论文总数,可以按学科进行浏览。

5.6.3　ProQuest 检索结果

检索结果可按相关度或出版时间排序列表显示。在该列表显示的右侧可以按学科、发表年度和学位选择排序顺序。

勾选检索到的文献,可以利用工具栏实现应对的操作,可以单独勾选或按项勾选。

已选择文献可以保存到个人账户,或选择 E-mail 或下载输出。

点击文献篇名,可进入该文献的包括文摘在内的详细书目信息页面。每篇文献的显示可使用全文格式或全文定位链接两种方式。

第6章 中外专利信息资源

对于从事科技创新活动的人来说，知识产权(Intellectual Property，IP)信息的利用与分析是非常重要的。知识产权作为科技信息源，具有技术性和法律性，其内容从日常生活到高精尖技术无所不含。近年来，Internet 的出现和蓬勃发展，给专利发布、传播和检索带来了较大变化，许多国家，如美国、英国、日本、加拿大、中国等纷纷开设专门网站，供广大用户免费检索知识产权信息资源。世界知识产权组织也将各国专利汇集于网上提供专利检索服务，以便更好地开发和利用专利信息资源。

6.1 知识产权的起源和发展

“知识产权并非起源于任何一种民事权利，也并非起源于任何一种财产权。”(郑成思：知识产权的起源)专利起源于封建社会由君主个人、封建国家或代表君主的地方官授予的“特权”，其最初的目的是避免先进技术流失到国外，是封建国家之间竞争的产物。

6.1.1 国外知识产权的起源和发展概述

知识产权的前身是专利，专利的英文名称是“Patent”，源自拉丁文 Royal letters patent(皇家特许证书)，系指由皇帝或皇室颁发的一种公开证书，通报授予某一特权。随着人类社会工业化进程的发展，逐渐产生了由国家立法保护技术发明的各种条文、法规，即专利法。此后，需要法律保护的对象范围越来越广泛，相应的法律条文种类也越来越多，综合起来即为知识产权。

1. 垄断权

在英国和意大利最先出现了由封建君主政府以特许的方式，授予一些商人或工匠的某项技术以独家经营的垄断权。例如 1331 年，英王爱德华三世曾授予约翰·卡姆比(John Kempe)在缝纫与染织技术方面“独专其利”，目的在于避免外国制造作坊将在英国使用的先进技术带走。又如 1421 年，在意大利的佛罗伦萨，建筑师布鲁内来西(Brunelleschi)为运输大理石而发明的“带吊机的驳船”(A Barge with Hoisting Gear)被授予 3 年的垄断权。由于垄断权是源于君主或国家授予的特权，因此具有很强的地域性特点。

1474 年，意大利的著名城市威尼斯制定了世界上第一部最接近现代专利制度的法律，目的是吸引和鼓励发明创造。该法规定，权利人对其发明享有 10 年的垄断权，任何人未经同意不得仿造与受保护的发明相同的设施，否则将赔偿百枚金币，并销毁全部仿造设施。但是它并不是真正现代意义上的专利法。因为它的出发点是把工艺师们的技艺当作准技术秘密加以保护，只在当地同领域工艺师之间传授，对外国工艺师们严格保密，只有接受这一出发点才可能获得专利并得到保护。而现代专利制度的一项突出特征却是“公开”。威尼斯的这一制度其实是以法律的形态将科学技术置于国家的控制之下，在本国内传播并避免流传到他国，并非现代意义的专利制度。

2. 专利法

现代专利制度是商品经济发展到一定阶段的产物，与科技和经济的发展水平相适应。到 17 世纪资本主义经济发展和资本主义生产方式确立后，现代专利制度才逐步形成、发展和完善起来。

16 世纪以后，英国早期资产阶级为了追求财富和保持国家经济的繁荣，鼓励发明创造。1624 年英国颁布的《垄断法》(*The Statute of Monopolies*)成为现代专利法鼻祖。它以立法取代了由君主赐予特权的传统，规定了许多一直沿用至今的原则和定义。例如，发明专利权的主体、客体、可以取得专利的发明主题、取得专利的条件、专利有效期以及在什么情况下专利权将被判为无效等。18 世纪初，英国改善了它的专利制度，加入了“专利说明书”，具有现代特点的专利制度最终形成。为了换取公众在一定时期内承认对创新成果的专有权，专利法中要求发明人必须充分地陈述其发明内容并予以公布，专利的内容必须包括专利说明书，这对打破封建社会长期的技术封锁、交流和传播科学技术，是革命性的一步。继英国之后，美国于 1790 年、法国于 1791 年、荷兰于 1817 年、德国于 1877 年、日本于 1885 年先后颁布了自己的专利法。迄今已有约 190 个国家和地区建立了专利制度。

3. 专利制度国际化

为了满足国际经济技术贸易发展的需要，19 世纪末，各国颁布的专利法既是国内法。又是涉外法，一个国家的企业或个人为了其技术在另一个国家能得到保护，就必须向那个国家申请并取得专利权，这就造成了技术交流和技术贸易的成本上升。而且由于专利的实质内容审查需要一定的时间，在时机稍纵即逝的国际商场上，各国自成一体的专利审批程序已经无法满足需要，专利制度国际化、实质审查和申请审批程序简化和统一的要求日趋迫切。

1883 年，第一个有关工业产权(专利、商标等)保护的国际公约——《保护工业产权巴黎公约》缔结，规定了"国民待遇"原则和"国际优先权"原则，为一个国家的国民在其他国家取得专利权提供了方便。专利制度在一定程度上突破了地域性的限制，让外国与本国的发明创造享受同等的法律保护。这对尊重知识成果是一大进步，也是专利制度国际化的萌芽。此后，一系列的多边保护专利或工业产权的国际或地区性条约先后签订，如 1971 年的"国际专利分类斯特拉斯堡协定"、1979 年的"欧洲专利公约"和"专利合作条约"，以及 1991 年达成的"与贸易有关的知识产权(包括假冒商品贸易)协议"等，解决了很多在专利保护上的理论和操作方面的问题。专利制度的国际一体化进入了新的发展阶段，2011 年全世界专利申请总数第一次突破 200 万大关。

4. 著作权法

在专利制度确立的同时，著作权制度也产生了。随着人类造纸和印刷技术的发明和传播，书籍成为科技知识和文学艺术的载体。1709 年，英国颁布了《安娜女王法》，率先实行对作者权利的保护。《安娜女王法》为现代著作权制度奠定了基石，被誉为著作权法的鼻祖。1790 年，依照《安娜女王法》的模式，美国制定了《联邦著作权法》。在英、美强调版权的普通法系确立的同时，以法国和德国为代表的强调人格权的大陆法系也诞生了。1793 年法国颁布著作权法，不仅规定了著作财产权，而且注意强调著作权中的人格权内容，该法成为许多大陆法系国家著作权法的典范。

5. 商标法

对商标和商号的保护制度也在 19 世纪初建立起来，这一制度最早起源于法国。1803 年法国在《关于工厂、制造场和作坊的法律》中将假冒商标按私造文书处罚，确立了对商标权的法律保护。1857 年法国又颁布了《关于以使用原则和不审查原则为内容的制造标记和商标的法律》，这是最早的一部商标法。随后欧美等国家相继制定了商标法，商标保护制度逐步发展起来。

6.1.2　中国知识产权的起源和发展概述

我国是印刷术的发源地，并且在很早的时候就出现了对作者、编者和出版者进行保护的萌芽。“专利”一词可以追溯到 2000 多年前的《国语》。商标方面，据记载早在北宋年间山东济南“刘家功夫针铺”就使用了“白兔儿商标”，上面即有白兔图形，还标有“济南刘家功夫针铺”字样。

鸦片战争结束后，外国列强的蜂拥而至虽然给中国带来了深重灾难，但在客观上也促进了我国近代民族工业的形成和发展。在学习国外先进工业技术的同时，建立与之相匹配的法律制度，特别是有关知识产权保护制度也逐渐成为一种需要。在专利方面，“戊戌变法”中，光绪皇帝颁发的《振兴工艺给奖章程》可以算是我国第一部专利法的雏形。1911 年 12 月 12 日工商部颁布了《奖励工艺品暂行章程》提出了“先申请原则”“权利转让”“法律责任”等重要理念。1932 年颁布的《奖励工业技术暂行条例》及其实施细则、《奖励工业技术审查委员会规则》等构成了比较完整的体系，也成为“中华民国”时期专利法框架的基础。

新中国成立后，于 1950 年 8 月，中国政务院颁布了《保障发明权与专利权暂行条例》，这是新中国成立后颁布的第一部有关专利法的法规，最大的特点是采取了发明权与专利权的双轨制，发明人可以自由选择申请发明权或者专利权，并分别获得发明权证书或专利证书。1953 年 4 月，国家批准授予我国著名化学家侯德宝“侯氏制碱法”发明权，这是新中国授权的第一项发明，有效期为 5 年。1963 年，国务院新颁布了《发明奖励条例》以取代《保障发明权与专利权暂行条例》，规定对那些具备新颖性、实用性、技术水平处于国内或国际领先的发明创造发给发明证书。这样，从过去的发明权与专利权并存的双轨制，又转变为单一的发明证书制度。但是这种单轨的发明权，实际只是一项能够获得精神奖励和物质奖励的权利，并不是一种智力成果私人专有，不具备知识产权的专有财产性质。改革开放后，经济发展和对外交往都对发明创造的保护提出了更高要求，中华人民共和国专利局（现名为中华人民共和国国家知识产权局）于 1980 年 1 月宣告成立并负责起草专利法。同年，中国加入世界知识产权组织；1984 年 3 月 12 日，颁布《中华人民共和国专利法》，标志着中国专利制度真正意义上的建立。专利法于 1985 年 4 月 1 日正式实施，此后历经三次修订。1992 年的第一次修订扩展了专利保护范围，对保护对象、方法专利的效力、进口权、专利保护期限等做出了修订。为了适应我国社会主义市场经济体制的完善、经济和科技的快速发展，应对我国加入世界贸易组织的新任务、新要求与《与贸易有关的知识产权协议》（TRIPs 协议）相适应，2000 年 8 月我国对专利法进行了第二次修订，此次修订完善了发明创造归属制度，取消了全民所有制单位对专利权持有的规定，使全民所有制单位与其他经济主体一样作为专利人享有权利，进一步提升了专利的保护水平。这两次修订都是为适应中国与国际社会的接轨。以2000年专利法第二次修订为转折点，司法保护逐渐取代行政保护成为专利权纠纷解决的主要方式，司法机关在专利保护中开始发挥主导作用。2001年12月11日，中国加入世界贸易组织，成为它的第143个成员国。2002年国家经济贸易委员会颁布《"十五"全国技术创新纲要》，提出要深入实施技术创新工程并建立以企业为主的创新体系，大大提升了创新市场的竞争性以及市场中各类企业进行技术研发的积极性。我国于2006年颁布《国家中长期科学和技术发展规划纲要(2006—2020)》，于2008年颁布《国家知识产权战略纲要》，提出了国家知识产权战略的目标，完善知识产权制度，全面提升知识产权创造、运用、保护、管理能力，旨在到2020年将中国建设成为创新型国家。2008年12月27日，第十一届全国人民代表大会常务委员会第六次会议通过了我国专利法的第三次修订。2012年8月，国家知识产权局启动了专利法的第四次修订工作，2018年12月，国务院常务委员会审议通过了专利法修订草案。2019年5月，为形成与2008年国家知识产权战略纲要持续推进的战略布局，国务院知识产权战略实施工作部际联席会议办公室正式启动《知识产权强国战略纲要(2021－2035)》的制定工作。2019年7月，中央全面深化改革委员会审议通过了《关于强化知识产权保护的意见》，推进知识产权保护，从审查授权、行政执法、司法保护、仲裁调解、行业自律等环节，改革完善知识产权保护体系，综合运用法律、行政、经济、技术、社会治理手段，促进保护能力和水平的整体提升，该意见直接影响了专利法的第四次修订。2020年6月28日，专利法第四次修订草案提请十三届全国人大常委会第二十次会议二次审议。

近年来，我国有关知识产权方面的发展非常迅速，发明专利申请受理量屡创新高。自2011年起，我国发明专利申请量连续7年位居世界第一。2017年成为继美国、日本之后第三个国内有效发明专利拥有量突破100万件的国家，在世界知识产权组织发布的《2018年全球创新指数报告》中，中国位列第17位，成为首个跻身全球前20位的中等收入经济体，2019年中国排名升到第14位，在2020年9月新发布的创新指数报告中，中国仍然排名第14位。2019年中国通过PCT国际专利申请量排名世界第一，通过马德里商标体系提交的国际商标申请量为全球第三。今天，中国已是令国际社会瞩目的名副其实的专利大国。

目前，世界五大知识产权局包括：欧洲专利局(EPO)、日本特许厅(JPO)、韩国特许厅(KIPO)、中国国家知识产权局(CNIPA)和美国专利商标局(USPTO)。2012 年 4 月,中国国家知识产权局成为五局统计工作组成员。

6.1.3　知识产权概念

知识产权不仅可以解决技术问题,而且是重要的信息资源。据欧洲专利局统计,世界上所有技术知识的 80%都能够在专利文献中找到。世界知识产权组织有关部门统计,世界 90%～95%的发明成果以专利文献的形式问世,其中约有 70%的发明成果从未在其他非专利文献上发表过。网上有许多专利数据库,有收费的也有免费的,核心问题是如何利用这些数据库去查找相关的专利。

知识产权(Intellectual Property)泛指人类的智力创造成果,包括发明、文学和艺术作品,以及商业中使用的符号、名称、图像和外观设计。知识产权通过规定创造者对其创造享有财产权,而使他们的利益受到保护。知识产权是一种无形财产权,它与房屋、汽车等有形财产一样,都受到国家法律的保护,都具有价值和使用价值。有些重大专利、驰名商标或作品的价值甚至要远远高于房屋、汽车等有形财产。

知识产权包括工业产权和版权/著作权。

1. 工业产权(Industrial Property)

工业产权包括专利(发明专利、实用新型专利、工业品外观设计专利)、商标、厂商名称、地理标志(包括原产地名称)、集成电路布图设计专有权、植物新品种、反不正当竞争保护等智慧成果。

2. 版权(Copyright)/著作权(Author's Rights)

版权/著作权包括文学和艺术作品的版权。著作权是公民、法人依法享有的一种民事权利,属于无形财产权,著作权无须登记,作品一旦完成,无论出版与否,作者都享有著作权。作品登记采取自愿原则,著作权人可以自主决定是否办理著作权登记手续。

受法律保护作品包括:文字作品;口述作品;音乐、戏剧、曲艺、舞蹈、杂技艺术作品;美术、建筑作品;摄影作品;电影作品和以类似摄制电影的方法创作的作品;工程设计图、产品设计图、地图、示意图等图形作品和模型作品;计算机软件;法律、行政法规规定的其他作品。

不受法律保护作品包括:依法禁止出版、传播的作品;法律、法规,国家机关的决议、决定、命令和其他具有立法、行政、司法性质的文件,以及其官方正式译文;时事新闻;历法、通用数表、通用表格和公式。

计算机程序也受版权保护。中国版权保护中心(http://www.ccopyright.com.cn)是国家版权局认定的唯一的软件登记机构。

软件开发完成后著作权自动产生,不论是否登记。软件开发者开发的软件,由于可供选用的表达方式有限而与已经存在的软件相似的,不构成对已经存在软件的著作权的侵犯。

一个游戏作品可以分为游戏引擎和游戏资源两大部分。游戏资源包括图像、声音、动画等部分,游戏引擎是程序代码,可以申请软件著作权登记,而游戏中动漫、视频、图片等属于其他作品,不能进行软件著作权登记。

算法是数学方法,在软件开发中,使用计算机程序设计语言实现的算法,其表达形式受到版权保护,可以进行登记。

数字作品版权:为了维护版权及相关权利人的合法权益,中国版权保护中心在多年版权工作实践的基础上创造性地提出了“数字版权唯一标识符”(Digital Copyright Identifier,DCI)。DCI体系采用数字作品在线版权登记模式,为互联网上的数字作品分配永久DCI码和DCI标,颁发数字版权登记证书,使互联网上所有经过版权登记的数字作品都具有唯一的身份标识,并利用电子签名和数字证书建立起可信赖、可查验的安全认证体系,为版权相关方在数字网络环境下的版权确权、授权和维权等提供支撑。

6.2 专利的基本知识

6.2.1 专利的定义

专利(Patent)是专利权的简称,是国家按专利法授予申请人在一定时期内对其发明创造成果享有独占、使用和处理的权利。它是一种财产权,是运用法律保护手段“跑马圈地”,独占现有市场,抢占潜在市场的有力武器。专利的概念包含三层意思:一是指专利权(从法律角度理解)。二是指获得专利权的发明创造(从技术角度理解)。某人说他有专利,即指他拥有获得专利局认可,并受法律保护的发明。三是指专利文献(从文献角度理解),“查专利”,即为检索、查找专利文献。

6.2.2 专利的类型

专利的类型在不同的国家有不同规定,在我国专利法中规定有发明专利、实用新型专利和工业品外观设计专利3种类型。

1. 发明专利

发明专利也称大发明，是指对产品、方法或者其改进所提出的新的技术方案。其特点有两个方面。首先，发明是一项新的技术方案。是利用自然规律解决生产、科研、实验中各种问题的技术方案，一般由若干技术特征组成。其次，发明分为产品发明和方法发明两大类型。产品发明包括所有由人创造出来的物品，方法发明包括所有利用自然规律通过发明创造产生的方法。方法发明又可以分成制造方法和操作使用方法两种类型。另外，专利法保护的发明也可以是对现有产品或方法的改进。授予专利权的发明，应当具备创造性、实用性和新颖性。

2. 实用新型专利

实用新型专利也称小发明，主要体现在对产品的形状、构造、组合/结合提出设计，有一些改进就可以申请实用新型专利。

实用新型专利与发明专利的不同之处主要在于：

(1)获得实用新型专利的要求不如获得发明专利的要求严格，而且实用性较强。虽然新颖性要求在任何情况下都必须满足，但“创造性”或“非显而易见性”的要求则可以宽松很多，甚至根本不需要。实践中，申请实用新型保护的常常是那些可能达不到发明专利标准，却具有某种增量性质的发明。实用新型专利只限于具有一定形状的产品，不能是一种方法，也不能是没有固定形状的产品。

(2)实用新型专利的保护期(10 年)短于发明专利的保护期(20 年)。

(3)专利局对实用新型专利申请不进行实质审查，而对发明专利申请要进行实质审查。相对于获得发明专利的审查程序而言，实用新型专利的审查程序通常时间更短，更为简单。

(4)获取和维持实用新型权利所需的费用一般要低于获取和维持发明专利所需的费用。

3. 工业品外观设计专利

工业品外观设计专利在日本称“意匠”专利，是对产品的形状、颜色、图案或者其结合以及色彩与形状、图案的结合提出的设计，富有美感，并适用于工业上应用的新设计。外观设计必须能从视觉上引起人们的注意，并能有效地发挥其意想的功能。此外，还必须能通过工业方法再生产，这正是外观设计的根本用意，也是其为何被加上“工业”二字的原因。

6.2.3　专利的性质

专利权是无形财产权的一种，与有形财产相比，专利具有独占性、时间性、地域性等特点。

1. 独占性

独占性亦称垄断性或专有性，包括市场独占、技术垄断。没有专利权人的允许，任何人不得使用该项技术或侵占已获得专利权的技术的利益。

2. 时间性

时间性指专利权具有一定的时间限制，也就是法律规定的保护期限。各国专利法对于专利权的有效保护期均有各自的规定，而且计算保护期限的起始时间也各不相同。我国《专利法》第四十二条规定："发明专利权的期限为20年，实用新型专利权和外观设计专利权的期限为10年，均自申请日起计算。"发明成果只在专利保护期限内受到法律保护，期限届满或专利权中途丧失，任何人都可无偿使用。

3. 地域性

地域性就是对专利权的空间限制。它是指一个国家或一个地区所授予和保护的专利权仅在该国或该地区的范围内有效，对其他国家和地区不发生法律效力，其专利权是不被确认与保护的。如果专利权人希望在其他国家享有专利权，那么，必须依照其他国家的法律另行提出专利申请。除非加入国际条约(例如：提交PCT申请)及双边协定另有规定之外，任何国家都不承认其他国家或者国际性知识产权机构所授予的专利权。

6.2.4 专利申请

专利申请既可以保护自己的发明成果，防止科研成果流失，同时也有利于科技进步和经济发展。人们可以通过申请专利的方式占据新技术及其产品的市场空间，获得相应的经济利益。例如，通过生产销售专利产品、转让专利技术、专利入股等方式获得利益。

1. 获得专利的条件

并不是所有的发明都可以被授予专利，法律一般要求发明必须满足以下3个实质性条件才能被授予专利，即创造性、实用性和新颖性。

(1)创造性：亦称非显而易见性。是指发明时付出了创造性劳动，发明专利与现有技术相比，具有突出的实质性特点和显著的改进，优于同类传统技术，具有创造性。

(2)实用性：是指该发明比原有的技术效果好，且可以用工业方法制造、生产或使用，并且能够产生积极效果，具有实用性。

(3)新颖性：是指在申请日以前没有见过的，也没有同样的发明或者实用新型技术方案在国内外出版物上公开发表过，也未被他人申请过专利，未在国内公开使用或以其他方式公知公用该项技术，具有新颖性。

根据专利法第二十四条的规定，申请专利的发明创造在申请日(享有优先权的指优先权日)之前 6 个月内有下列情况之一的，不丧失新颖性：

①在中国政府主办或者承认的国际展览会上首次展出的；

②在规定的学术会议或者技术会议上首次发表的；

③他人未经申请人同意而泄露其内容的。

2. 申请专利的途径

申请专利的途径包括：直接申请和委托代理申请。

(1)直接申请

申请人(一般规定为自然人)直接到国家知识产权局申请专利或通过挂号邮寄申请文件方式申请专利(专利申请文件有：请示书、权利要求书、说明书、说明书附图、说明书摘要、摘要附图)。

(2)委托代理申请

委托专利代理人代办专利申请。采用这种方式，专利申请质量较高，可以避免因申请文件的撰写质量问题而延误审查和授权。

3. 申请专利的范围

各国可授予专利的范围不尽相同，但是，许多国家将诸如科学理论、数学方法、植物或动物品种、自然物质的发现、医疗方法(而不是医疗产品)，以及为保护公共秩序、良好道德或公共卫生而必须防止其被进行商业性利用的任何发明排除在可授予专利的范围之外。

可申请专利的范围必须属于国家法律规定可以授予专利的范围，大体归纳为：机器、设备、装置、制品。

不可以申请专利的范围诸如：

(1)违反国家法律、社会公德或妨害公共利益的发明创造。例如，带有人民币图案的床单的外观设计、赌具、刑具、作案工具、吸毒用具等。

(2)违背科学规律的发明。例如：永动机等。

(3)科学发现、发现新星，自然科学定理、定律等。例如，牛顿万有引力定律。

(4)智力活动的规则和方法。例如，新棋种的玩法(工具、设备可以)。

(5)疾病的诊断和治疗方法。例如，手术方案等(仪器可以)。

(6)动物和植物新品种。我国有专门的动植物品种保护条例(培育和生产方法可以授予专利权)。

(7)原子核变换方法和用该方法获得的物质。例如,用加速器、反应堆以及其他核反应装置生产、制造的各种放射性同位素。

4. 专利先申请原则

在我国,审批专利采用先申请原则,即两个以上的申请人向专利局提出同样的专利申请,专利权授予最先申请专利的个人或单位。因此,申请人应及时将其发明申请专利,以防他人抢先申请。另外,由于申请专利的技术须具有新颖性,发明人有了技术成果之后,应首先申请专利,再发表论文,以免因过早公开技术而丧失申请专利的机会。

5. 优先权与同族专利

由于专利申请的国际化,为了能够给一个国家的国民在其他国家取得专利权提供方便,让专利申请突破地域限制,使外国的与本国的发明创造享受同等法律保护,《保护工业产权巴黎公约》规定:成员国之间承认原申请国专利申请的优先权,规定了"国民待遇"原则和"国际优先权"原则,由此同族专利概念出现。

(1)优先权

优先权制度源于《保护工业产权巴黎公约》。按照该公约第四条的规定,就同一项发明已经在该联盟(缔约国)的一个国家正式提出申请发明专利、实用新型专利、工业品外观设计专利或商标注册的专利申请人,或其权利继承人,在规定的期限内又向其他国家就相关内容再次提出申请时享有优先权。申请人有权要求以第一次申请日期作为后来提出申请的日期,这一申请日就是优先权日。优先权分为外国优先权和本国优先权:

外国优先权:专利先在外国申请,然后在本国申请。发明/实用新型专利的优先期限为12个月,外观设计专利的优先期限为6个月。

本国优先权:专利在先和在后申请均是本国申请(不包括外观设计)。发明/实用新型专利的优先期限为6个月。

(2)同族专利

专利族(Patent Family):由至少有一个优先权相同的、在不同国家或国际专利组织多次申请、多次公布或批准的内容相同或基本相同的一组专利文献构成。同一专利族中的每件专利文献均为该专利族成员(Patent Family Members)。因此,同一专利族中每件专利文献互为同族专利。

尽管对同族专利有明确的定义,但在专利文献检索系统中,同族专利的概念外延很广,有以下几种类型:

简单同族专利(Simple Patent Family):指一组同族专利中所有专利都以共同的一个或几个专利申请为优先权。

复杂同族专利(Complex Patent Family):指一组同族专利中所有专利仅以一个共同的专利申请为优先权。

扩展同族专利(Extended Patent Family):指一组同族专利中每个专利至少与另一个专利以一个共同的专利申请为优先权。

国内同族专利(National Patent Family):指由于增补、继续、部分继续、分案申请等原因产生的由一个国家出版的一组专利文献。

仿同族专利(Artificial Patent Family):也叫智能同族专利、技术性同族专利或非传统型同族专利。即并非出自同一专利申请,但内容基本相同的一组由不同国家出版的专利文献。在同族专利检索服务中,仿同族专利常作为“其他类型的同族专利”而出现。

6.2.5　专利审查与审批

依据我国专利法,发明专利采用初步审查和实质审查(早期公开,延迟审查)制度,申请的审批程序包括受理、初步审查、公布、实质审查及授权 5 个阶段;对实用新型和工业品外观设计专利采用初步审查制度,不进行早期公布和实质审查,其申请的审批程序只有受理、初步审查和授权 3 个阶段。

1. 受理

专利申请:申请人应先向国家知识产权局专利局递交规范性申请文件。发明专利和实用新型专利申请文件包括请求书、权利要求书、说明书、说明书附图(有些发明可省略)、说明书摘要、摘要附图(有些发明可省略),共计 6 个文件;工业品外观设计专利申请文件包括请求书、外观设计图片或照片、外观设计简要说明,共计 3 个文件。

受理方:由国家知识产权局专利局受理。

申请费:申请人交纳申请费。

IPC 分类:专利局对提交的专利申请根据《国际专利分类表》(IPC)分类。

2. 初步审查

初步审查包括对发明专利、实用新型专利、工业品外观设计专利的申请文件和交纳费用情况进行审查。除发明专利外,无驳回理由的,授予专利权,办理登记手续和交费,获得专利证书。

3. 公布

专利申请过程中，在尚未取得专利授权之前，由国家专利局公布其申请，表示该专利已经在受理过程中。

4. 实质审查

实质审查只审查发明专利。初步审查合格之后，申请人可自申请日起 3 年内书面提出实质审查请求并交费，由国家专利局进行"三性——创造性、实用性、新颖性"的实质审查。自申请日起 3 年内未书面提出实质审查请求的申请视为撤回。

5. 授权

发明专利经实质性审查无驳回理由的，授予专利权，办理登记手续和交费，获得专利证书。

6. 进入国家阶段的国际申请的审查

按照专利合作条约(PCT)提出的国际申请，如果希望获得中国的发明专利或者实用新型专利保护的，在完成国际阶段的程序后，应当根据专利法实施细则的有关规定，向专利局办理进入中国国家阶段(以下简称国家阶段)的手续，从而启动国家阶段程序。国家阶段程序包括：在专利合作条约允许的限度内进行初步审查、国家公布，参考国际检索和国际初步审查结果进行的实质审查、授权或驳回，以及可能发生的其他程序。

PCT 于 1970 年签订，1978 年生效。其基本内容是：规定要求一个发明在几个国家取得保护的"国际"申请。在申请人自愿选择的基础上，通过一次国际申请即可获得部分缔约国的专利权，并且与分别向每个国家提出和保护申请具有同等效力。我国于 1994 年 1 月 1 日加入该组织。

7. 复审与无效请求的审查

复审程序是因申请人对专利申请被驳回决定不服而启动的救济程序，同时也是专利审批程序的延续。专利申请被驳回后，申请人对专利局的驳回决定不服的，可以在收到驳回通知之日起 3 个月内向专利复审委员会提出复审请求。申请人对专利复审委员会做出的维持专利局驳回决定的复审决定不服时可在收到通知之日起 3 个月之内，向人民法院起诉。无效宣告程序是专利公告授权后依当事人请求而启动的，通常为双方当事人参加的程序。任何单位和个人认为专利权的授予不符合专利法有关规定，都可以在专利授权决定公告后的任何时候向专利复审委员会提出无效宣告请求。被宣告无效的专利权即不存在。

6.2.6　专利的职务发明与非职务发明

在专利工作过程中，严格界定专利的职务发明与非职务发明是非常重要的一个环节，它直接关系到专利权的归属问题。

1. 职务发明

我国《专利法》规定，执行本单位的任务或者主要是利用本单位的物质技术条件所完成的发明创造为职务发明创造。职务发明的专利权归单位所有。“本单位”亦包括临时工作单位。“本单位的物质技术条件”是指单位的资金、设备、零部件、原材料或者不对外公开的技术资料等。执行本单位的任务所完成的职务发明创造包括：第一，在本职工作中做出的发明创造；第二，履行本单位交付的本职工作之外的任务所做出的发明创造；第三，退职、退休或者调动工作一年内做出的，与其在原单位承担的本职工作或者原单位分配任务有关的发明创造。

2. 非职务发明

该项发明是个人在没有利用单位物质条件（如设备、资金、未公开技术资料等）的情况下完成的。发明内容也与个人本职工作及单位指派的科研任务无关，是非职务发明，专利权归个人所有。

职务发明申请专利的权利归单位，单位作为专利权人有权占有、使用、处分其专利，发明人（或设计人）没有这些权利。非职务发明人申请专利的权利属于发明人本身，专利权也属于发明人本身，既可出售专利，又可以转让专利技术使用权或自己实施专利，由此获得经济利益。职务发明申请取得的专利权，是职务发明人只享有署名权和获得必要报酬的权利，无权占有、使用和处理专利，不能擅自转让专利。

6.3　国际专利分类法

专利制度实施后，各国相继制定了自己的专利分类体系。由于各国的分类法采用的分类原则、体系结构、标记规则等都有较大的差别，给专利文献的国际应用造成不便，为了促进欧洲各国在科学技术上的密切合作和协调，1951 年，欧洲理事会专利专家委员会决定成立专利分类法的专门工作组，并开始进行国际专利分类表的编制。经过 3 年的研究，1954 年 12 月，欧洲理事会 16 个成员国在巴黎签订了《关于发明专利的国际分类法欧洲协定》（*European Convention on the International Classification of Patents Invention*)。根据此协定,1968 年 2 月诞生了第一版国际专利分类表(International Patents Classification,IPC)。世界上有 70 多个国家和组织采用了这种分类法。中国在专利法实施后,也采用 IPC 分类管理专利信息。

2010 年之前,专利分类体系除国际专利分类(IPC)之外,主要国家专利局还有自己的专利分类体系,例如:欧洲专利分类(ECLA)、美国专利分类(USPC)和日本专利分类(FI/F-term)。这些分类体系在分类原则上的差异以及各自存在的局限性,给利用其他国家专利文献者造成困难。鉴于此,2010 年 10 月 25 日,主管知识产权事务的美国商务部副部长兼美国专利商标局主任 David Kappos 和欧洲专利局局长 Benoît Battistelli 签署联合声明:为了协同国际并行的分类体系和增强检索效率,美欧宣布合作开发联合专利分类(Cooperative Patent Classification,CPC)。CPC 按照 IPC 分类标准和结构进行开发,以 ECLA 为基础,并融入 USPC 的成功实践,由欧洲专利局和美国专利商标局共同管理和维护,并于 2012 年开通了 CPC 官网。CPC 是新实施的分类法,目前仍然在不断完善和修订中。

6.3.1 IPC 分类法

IPC 采用按行业和功能分类原则,分类体系使用 5 级结构。

1. IPC 分类体系

IPC 分类体系将全部技术领域按部、大类、小类、主组(大组)、分组(小组)进行分类,组成完整的分类系统。具体组成有:8 个部(Sections),21 个分部(Subsections),118 个大类(Classes),617 个小类(Subclasses),55 000 个主组/分组(Groups/Subgroups)。其中,A:生活需要;B:作业;运输;C:化学;冶金;D:纺织;造纸;E:固定建筑物;F:机械工程;照明;加热;爆破;G:物理;H:电学。

2. IPC 分类号结构

IPC 分类号由字母和数字组合而成。例如,F01b - 03/05,其中,F——部,01——大类号,b——小类号,03——主组号,05——分组号。分部无标记符号。

3.《IPC 关键词索引》

《IPC 关键词索引》按关键词的英文字母顺序排列,并用大写黑体字母表示,在关键词下又进一步分为若干下属关键词,关键词和副关键词后都有类号。一般给出小类或主组类号,有的给出分组类号。中译本为《国际专利分类号关键词索引》,书中的关键词按汉语拼音的字顺排列,其后列出 IPC 分类号。

《IPC 关键词索引》不包括 IPC 中的所有类目，所以它不是一个独立的分类工具和检索工具，必须与 IPC 详表结合使用。《IPC 关键词索引》只给出前三级类号，因此在《IPC 关键词索引》中查到类号后，必须与相应的分类表分册相核对，从与该类号上下前后的类目关系中，判断该类号所代表类目的真正含义是什么，并需要查看与该类目的有关注释、参照等，弄清是否有特殊的分类规则，然后才能对专利文献进行分类或检索。

从《IPC 关键词索引》中查到的分类号往往比较粗，还需要利用 IPC 详表进行细分，以找出符合分类或检索文献的细分类号。

6.3.2　CPC 分类法

CPC 分类表于 2013 年 1 月 1 日正式施行，欧洲专利局(EPO)的审查员自该日起只使用 CPC 对专利及部分非专利文献进行分类，同时停止 ECLA 更新和维护；美国专利商标局(USPTO)的审查员自 2013 年 1 月 1 日开始使用 CPC 分类与 USPC 并行分类，两年过渡期后，所有 USPTO 审查员于 2015 年放弃其近 200 年历史的 USPC，只使用 CPC 分类。韩国知识产权局(KIPO)与 USPTO 于 2013 年 6 月 5 日共同宣布，KIPO 将实施 CPC 分类试点项目，自此 KIPO 成为首个 EPO-USPTO 之外使用 CPC 对特定技术领域专利文献进行分类的国家局。中华人民共和国国家知识产权局(SIPO)也在 2013 年 6 月 4 日 EPO 签署了谅解备忘录：自 2014 年 1 月起，经 EPO 培训后，SIPO 将使用 CPC 对某些技术领域的专利文献进行分类；自 2016 年 1 月起 SIPO 将对所有技术领域的专利文献使用 CPC 分类，这意味着自 2016 年以后五大知识产权局(IP5)中的四个专利局(除日本特许厅)都将对本国/区域的专利文献使用统一分类体系分类，此举无疑将极大地促进各国审查员之间的检索、交流与借鉴，提高检索在国际上的同一性。

目前共有 3 个网站提供 CPC 信息、更新和介绍：

http://worldwide.espacenet.com/classification? locale=en_EP

http://www.uspto.gov/patents/resources/classification/index.jsp

http://www.cpcinfo.org

1. CPC 分类体系

CPC 分类体系设 9 个部。A～H 部对应 IPC 的 8 个部，Y 部是比较特殊的部分，由 ICO(Indexing Codes，引得码)的 Y 部直接移植过来，是 A～H 部中出现的交叉技术和新技术开发总分类。例如，Y02 为改善气候变化的技术或应用；Y04 为信息或通信技术对其他技术领域的影响。Y02 和 Y04 仅用于标引已经在其他地方分类或索引的文档，目的是监控新的技术发展；IPC 分类表中跨部/类技术领域的总分类，来自原 USPC 分类号中交叉文献参考类号（XRACs）、别类类号（Digests）的技术科目。

2. CPC 分类号结构

CPC 分类号由两大部分组成：主分类号（Main Trunk）、附加信息（Additional Information）。由于 ECLA 分类号是对 IPC 分类号的进一步细分，因此 CPC 主分类号由 ECLA 类号和镜像 ICO 转换而成，区别仅在于 ICO 首字母和 ECLA 首字母不同。对于附加部分，也可以分为两个部分：对主分类号的进一步细分的附加信息；“正交”的附加信息（Orthogonal），一般是跨领域的附加信息。CPC 主分类号部分比 ECLA 更加细分，提供更多下位、多维度、多视角的分类位置。主分类号既可标引发明信息，也可标引附加信息。ICO 只能用于标引附加信息。

3. CPC 分类表的版本

CPC 分类表以英文呈现，目前还没有提供其他语言的版本。CPC 分类表存在两个版本，一个是普通版本，另一个是“interleaved”（插入）版本，意味着将除了“正交”信息外的附加信息加入主分类号的点组结构中，主分类号实际上包含发明信息＋部分附加信息。CPC 和其他分类差异见表 6-1。

表 6-1　CPC 分类号与其他分类体系的区别与联系

	IPC	ECLA	USPC	FI	CPC
分类文档的使用局	IPC 成员国	欧洲专利局及其成员国	美国专利商标局	日本专利局	美国专利商标局和欧洲专利局
与 IPC 的关系	—	ECLA 是 IPC 的扩展	无	FI 是 IPC 的扩展	CPC 是 IPC 的扩展
分类号格式	数字	基于 IPC 的字母数字组合	非 IPC 格式的数字	基于 IPC 的字母数字组合	基于 IPC 的数字
文档覆盖	所有公开的专利文档	EPO 任意三种语言公开的“最少 PCT”文档子集	仅美国专利文档	仅日本专利文档	美国专利文档和 EPO 任意三种语言公开的“最少 PCT”文档子集
分类号数	69000	145000	150000	180000	260000

6.4 中国专利检索

近年来,随着网络技术的不断发展和完善,中国和许多其他国家一样建立了专门的网站,将知识产权信息资源放在网上供用户免费检索,使专利的发布、传播和检索非常方便,同时也有利于开发和利用专利信息资源。我国目前专利检索的网站主要有:中华人民共和国国家知识产权局专利检索网站－专利检索及分析系统、中国知识产权网－CNIPR 专利信息服务平台。

6.4.1 中华人民共和国国家知识产权局专利检索网站

中华人民共和国国家知识产权局(China National Intellectual Property Administration,PRC,CNIPA)专利检索系统是政府官方网站。该网站提供与专利相关的多种信息服务。例如,专利申请、专利审查相关信息,近期专利公报、年报的查询,专利证书发文信息、法律状态、收费信息查询等。此外,还可以直接链接到国外主要国家和地区的专利数据库、国外知识产权组织或管理机构的官方网站、国内地方知识产权局网站等。

1. CNIPA 概述

CNIPA 专利检索系统于 2001 年 11 月开通,数据库内容包括发明、实用新型、外观设计 3 种类型专利,收录了自 1985 年 9 月 10 日以来已公布的全部专利信息,包括著录项目、摘要、各种说明书全文及外观设计图形,全部为免费查询和下载,提供中、英文版本。数据每周三更新一次,具有较高的权威性。网站提供以下功能:

(1)检索功能:常规检索、表格检索、药物专题检索、检索历史、检索结果浏览、文献浏览、批量下载等。

(2)分析功能:快速分析、定制分析、高级分析、生成分析报告等。

(3)数据范围:专利检索及分析系统共收录了 103 个国家、地区和组织的专利数据,同时还收录引文、同族专利、法律状态等数据信息,其中涵盖了中国、美国、日本、韩国、英国、法国、德国、瑞士、俄罗斯、欧洲专利局和世界知识产权组织等。

(4)数据更新:专利检索及分析系统的数据更新周期分为中国专利数据、国外专利数据、引文、同族专利以及法律状态等几个方面。中国专利数据,每周三更新,滞后公开日 7 天;国外专利数据,每周三更新;同族专利数据、法律状态数据，每周二更新；引文数据，每月更新。

2. CNIPA 专利检索及分析系统

CNIPA 专利检索及分析提供 5 种检索方式，包括常规检索、高级检索、导航检索、药物检索和命令行检索。本书主要介绍“高级搜索”。

(1)常规检索

常规检索包括中国、主要国家和地区、其他国家和地区数据范围选项，提供自动识别、检索要素、申请号、公开(公告)号、申请(专利权)人、发明人、发明名称检索字段的选择项和一个“关键字”信息键入框。用户选择字段后，只需在相应的查询框中键入检索词，点击“检索”按钮即可得到检索结果。

(2)高级检索

高级检索在搜索的基础上增加了更多的检索条件选项，可以在单一字段、多个字段进行布尔逻辑运算检索，也可以限定检索的专利类型，使检索结果更加精确。

①登录网站

在地址栏键入 http://www.cnipa.gov.cn，进入“中华人民共和国国家知识产权局”检索网站主页。

②选择检索系统

点击“专利检索”链接，进入“专利检索及分析入口”提供的链接，在“免责声明”中点击“同意”按钮，进入检索平台页面。选择“高级检索”方式，即可进入高级检索页面。如图 6-1 所示。

该页面提供 16 个检索字段及 3 个专利种类的选择项。检索时，可根据需要选择相应的专利类型，然后在相应字段中键入信息。检索方法如下：

③检索范围筛选

专利范围筛选包括专利类型、地区、国家 3 个选项。可供检索的专利类型有 3 种：中国发明申请、中国实用新型、中国外观设计。可选择单一专利类型检索，也可以全选，默认的类型是全选。地区范围设置 3 个选项，中国、主要国家和地区、其他国家和地区。每个选项内提供若干个专利组织和专利国家可供选择。

④选择检索字段

本检索系统将所有检索字段以表格形式提供，包括申请号、发明名称、摘要、关键词、说明书、IPC 分类号等 14 个字段。在没有准确已知条件情况下，通常使用发明名称、摘要和关键词字段，其中说明书、摘要字段比发明名称和关键词字段的检索范围更大一些。

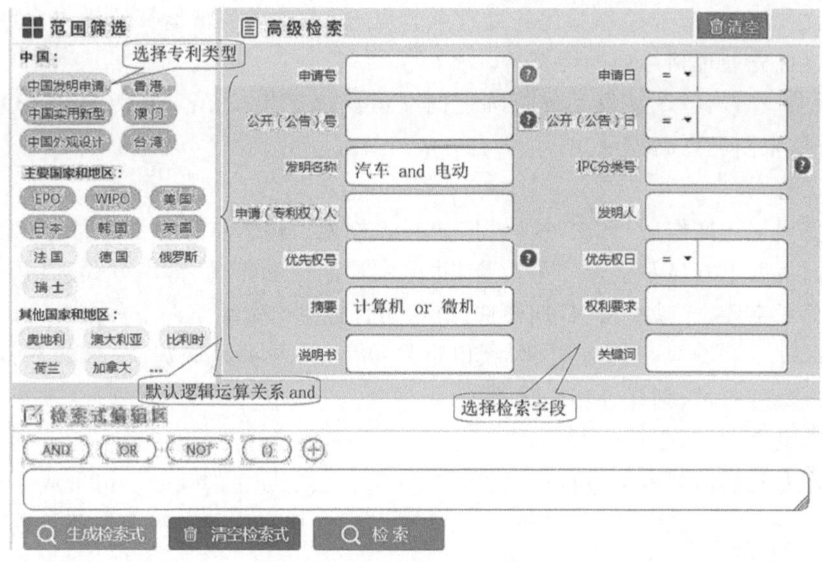

图 6-1　CNIPA 数据库高级检索页面

⑤键入检索词

在各个字段后面查询框内键入检索词。可将全部检索词/词组，甚至短语键入在同一字段内，也可以分别键入不同的字段。关键词字段默认在发明名称、摘要和权利要求内容中跨字段检索。各个字段不支持临近同在运算符 F、P、S、W、D、NOTF、NOTP、nW、nD 限制见页面提示。

例如，检索有关“电动汽车的电池制造”方面的文献，在各个字段后面的查询框内键入检索词。本例选用的检索词有汽车、轿车、电动、电池、制造，选用“名称”和“摘要”两个字段，可将全部检索词键入在某个字段内，例如“名称”字段，也可以分别键入不同的字段，例如“名称”和“摘要”字段。

⑥确定布尔逻辑运算或组配关系

系统支持同一查询框布尔逻辑运算和不同查询框之间逻辑运算组配检索。同一查询框检索词之间可使用布尔逻辑运算。检索时可选择其中一种运算方式，也可使用多种运算方式的组配。发明名称、申请（专利权）人、摘要、说明书、IPC 分类号、发明人、权利要求、关键词字段键入两个或两个以上检索条件时，两个检索条件之间用空格分隔。例如，“电动汽车”，加英文双引号，系统按照逻辑“AND”运算；若不加英文双引号，系统按照逻辑“OR”运算。如果输入运算符，需要在保留的运算符两边加英文双引号，例如，电动“and”汽车，系统按照逻辑“AND”运算。

优先算符:括号()称为优先处理运算符,用于改变逻辑运算的优先次序,计算机将优先处理括号内的运算符。

位置算符:各个字段不支持临近同在运算符 F、P、S、W、D、NOTF、NOTP、nW、nD 限制见页面提示。

⑦检索

完成上述操作后,点击"检索"按钮开始检索。检索结果按照题录方式列表显示。页面上方显示检索结果数量,并提供其他显示方式、排序方式选项,亦可按照显示字段、文献类型、日期筛选、显示语言过滤检索结果。

每件专利题录显示发明名称、申请号等内容,并提供详览、法律状态、申请人、分析库、收藏、翻译等功能链接。

⑧浏览文摘

在专利名称列表中进行浏览、比较、筛选。点击选中的某一申请号或专利名称,选中的某件专利"详览"按钮,均可查看包括文摘在内的专利详细著录数据。

⑨检索结果全文下载

可免费查看官方出版中国专利文献的全文文本及全文图像两种格式。说明书为"TIF"格式文件,如果计算机没有安装此程序,可用该网站提供的专用浏览器下载、安装,也可使用其他可以浏览"TIF"格式文件的软件。

(3)法律状态查询

由于专利申请(专利)的法律状态发生变化时,专利公报的公布及检索系统的信息必然存在滞后性的原因,该检索系统的法律状态信息仅供参考,即时准确的法律状态信息应以国家知识产权局出具的专利登记簿记载的内容为准。

在检索结果(专利名称列表)页面中均有专利的"法律状态查询"链接设置,可以从申请(专利)号、法律状态公告日进行检索。常用专利法律状态有:公开、发明专利申请公布后的视为驳回、实质审查的生效、授权、专利权的终止等。

(4)导航检索

导航检索即 IPC 分类检索。点击"导航检索",即可进入 IPC 分类检索页面。根据左侧的 IPC 分类表,可以按照 IPC 分类的部、大类、小类、主组、分组逐级选择相应的分类号,该分类号将自动在高级检索的"IPC 分类号"字段查询框中显示,可直接使用该分类号进行检索,也可以与其他信息进行逻辑组合检索。

注意:因 IPC 分类只针对中国的发明专利和实用新型专利有效,所以不能使用 IPC 分类检索方式检索中国的工业品外观设计专利。

6.4.2　中国知识产权网

中国知识产权网(China Intellectual Property Right Net，CNIPR)是由国家知识产权局知识产权出版社于 1999 年 6 月 10 日创建的知识产权类专业性网站，集资讯、专利信息产品与服务于一体，重点为国内外政府机构、企业、科研机构等提供专业、全面的服务平台。该平台集成了专利检索、专利分析、专利预警等信息系统，可提供全方位的专利信息服务。

1. CNIPR 概述

CNIPR 作为中国专利文献法定出版单位，拥有及时、权威的专利数据资源。收录了自 1985 年《中华人民共和国专利法》实施以来公开的全部中国发明、实用新型、外观设计专利和发明授权专利，以及 100 余个其他国家的数据资源，并提供专业、务实的资讯内容，使用户及时了解行业前沿和掌握实用的相关技能。CNIPR 利用先进的信息技术，在原中外专利数据库服务平台的基础上，吸收国内外先进专利检索系统的优点，采用国内先进的全文检索引擎，独立开发了“CNIPR 专利信息服务平台”，主要提供对中国专利和国外专利的检索。

“CNIPR 专利信息服务平台”包括专利信息采集、加工、检索、分析、应用等部分。平台收录了自 1985 年 4 月 1 日以来公开(授权)的全部中国发明专利、中国实用新型、中国外观设计、中国发明授权，美国、日本、欧洲专利局、世界知识产权组织、德国、法国、英国、瑞士在内的六国两组织专利数据，以及 100 余个其他国家的数据资源。包括专利说明书文摘和权利要求书。提供免费用户检索和会员检索两种服务层次。从 2017 年 6 月 6 日开始，中国发明公开、中国发明授权、中国外观设计和中国实用新型四种公报的更新时间从每周三公开一次，更改为每周二、周五更新两次。CNIPR 也同样每周二和周五无滞后更新中国专利公报数据。

平台主要提供以下几种功能服务：

(1)检索功能：包括中外专利检索、法律状态检索、失效专利检索、运营信息检索、热点专题。检索方式除了默认检索、智能检索外，还提供高级检索、二次检索、过滤检索、重新检索、同义词检索等辅助检索手段。

(2)机器翻译功能：针对英文专利，特别开发了机器翻译模块，方便用户检索。由于机器翻译是由无人工介入的英译中工具软件完成的，翻译结果仅供参考，无法与专业人员的翻译相提并论。

(3)分析和预警功能：对专利数据进行深度加工及挖掘，分析整理出其所蕴含的统计信息或潜在知识,以直观易懂的图或表等形式展现出来。这样,专利数据升值为专利情报,便于用户全面深入地挖掘专利资料的战略信息,制定和实施企业发展的专利战略,促进产业技术的进步和升级。

(4)个性化服务功能:包括用户自建专题库、用户专题库导航检索、用户的专利管理等功能。

2. CNIPR 的特点

CNIPR 与 CNIPA 是中国两大专利检索网站,CNIPR 的特点在于:

(1)用户注册后,平台提供的专利检索及其他功能更加完善。

(2)支持中文全文图像数据。提供同族专利、引文、对比文献、法律状态、申请(或专利权)人等基本信息。

(3)提供中国香港、中国台湾、美国、日本等国家和地区、欧洲、国际等组织专利检索数据及部分同族专利、部分字段的统计分析功能。

(4)提供 IPC 分类、关联词、双语词、同族、引文、机构代码等多个辅助功能库。

(5)支持双语检索,有中英互译功能。

3. CNIPR 专利信息服务平台

CNIPR 专利信息服务平台提供 7 种检索方式:检索(默认)、高级检索、智能检索、失效专利检索、法律状态检索、运营信息检索、热点专题。本书主要介绍"高级检索"。

(1)检索

检索位于平台的检索首页。新版 CNIPR 专利信息服务平台提供一个"关键字"信息键入框和 3 个数据范围选项:中国专利、国外及中国港澳台专利、全部专利。用户只需在相应的查询框中键入检索词和逻辑关系运算符,选择专利范围并点击"检索"按钮即可得到检索结果。

(2)高级检索

高级检索是在搜索的基础上增加了更多的检索条件选项,并可在单一字段、多个字段中进行布尔逻辑运算的一种检索,也可以限定检索的专利类型,使检索结果更加精确。该页面提供 22 个检索字段、3 种专利类型(发明专利细分为中国发明申请、中国发明授权)及 3 个专利范围的选择项。检索时,可根据需要选择相应的专利类型,然后在相应字段中键入信息。检索方法如下:

①登录网站

在地址栏键入 http://www.cnipr.com,进入"中国知识产权网"网站主页。依次进入"CNIPR 专利信息服务平台"页面和高级检索页面,如图 6-2 所示。

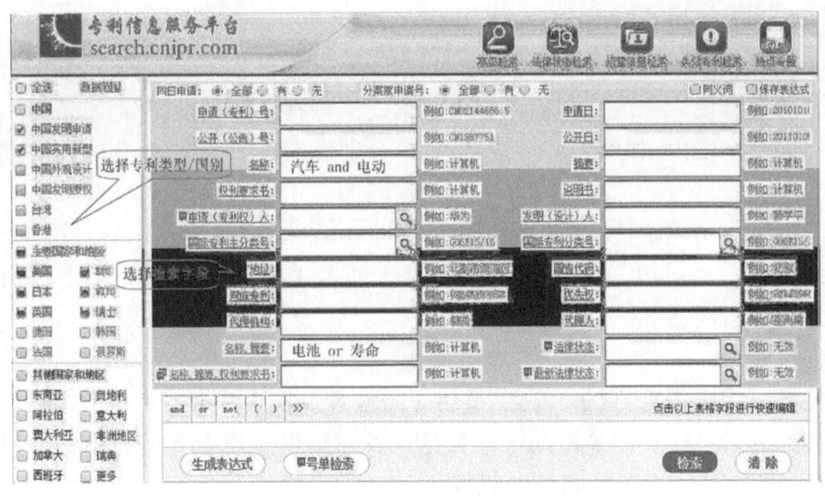

图 6-2　CNIPR 专利信息服务平台高级检索页面

②选择专利类型和范围

可供检索的中国专利类型有 4 种：中国发明申请、中国实用新型、中国外观设计、中国发明授权。专利范围提供：中国（台湾地区、香港地区）、主要国家和地区、其他国家和地区 3 个选择项。点击“更多”展开，可以检索包括美国、日本在内的 100 余个国家的外国专利。既可选择单一专利类型/国家检索，也可以全选。

在检索之前，还可以进行同义词检索设置。系统自带的同义词库中所有键入检索词的一个或多个同义词被同时检索。CNIPR 专利信息服务平台高级检索页面如图 6-2 所示。

③选择检索字段

默认检索模式将所有检索字段以表格形式提供，分为号码、日期、关键词、人物、分类、地址、法律状态 7 个一级字段。每个一级字段下包括若干个二级字段。

号码字段：申请（专利）号、公开/公告号、同族专利、优先权。

日期字段：申请日、公开日。

关键词字段：名称、权利要求书、名称/摘要、名称/摘要/权利要求书、摘要、说明书。

人物字段：申请（专利权）人、发明（设计）人、代理机构、代理人。

分类字段：国际专利主分类号、国际专利分类号。

地址字段：地址、国省代码。

法律状态字段:法律状态、最新法律状态。

④键入检索词

在各个字段后面的查询框内键入检索词。可将全部检索词/词组,甚至短语键入在同一字段内,如“名称”字段;也可以分别键入不同的字段,如“名称”和“摘要”字段。

⑤确定布尔逻辑运算或组配关系

“and”“or”“not”3 种逻辑关系含义参见“6.4.1 中华人民共和国国家知识产权局专利检索网站”。

⑥检索

完成上述操作后,点击“检索”按钮开始检索。检索结果列表显示,内容包括专利名称、申请号、文摘等详细著录数据。页面提供按照专利类型浏览,并提供每页显示 10 条、20 条、30 条记录设置。

⑦检索结果排序

检索结果排序方式有 5 种:默认排序、按公开日升序或降序排序、按申请日升序或降序排序。用户可根据自己的需要选择排序方式,也可以将普通浏览模式切换至图文浏览模式。

⑧浏览更多著录项目

在检索结果列表显示页面进行浏览、比较、筛选。点击选中的某一专利名称,均可查看该专利更多著录项目数据。包括摘要、主权项、摘要附图、说明书附图、法律状态、引证文献、同族专利、收费信息、高亮词设置、权利要求书、说明书内容。

⑨检索结果全文下载

专利说明书全文有 TIFF 图、XM 文档和 PDF 下载 3 种格式。如果计算机没有安装此程序,可用该网站提供的专用浏览器下载、安装,也可使用其他可以浏览“TIFF”格式文件的软件。点击“下载”链接,付费用户即可查看专利说明书全文。

⑩逻辑检索

与上面的“高级检索”相并列的“逻辑检索”是一种使用检索语言通过逻辑组配的高级检索方式。允许用户直接在查询框中一次性键入完整的、复杂的检索表达式(策略),指定在哪些字段中检索哪些关键字,并支持模糊检索和逻辑运算(注意当使用逻辑检索框时,上面的表格检索框失效,此时所有检索结果以逻辑检索框里的输入为准),对于熟悉检索系统使用和掌握一定检索技巧的用户来说是非常方便的一种检索方式。

逻辑检索表达式是指根据检索目的，运用逻辑运算符将检索字段进行逻辑组配得到的运算式。逻辑检索表达式中的字段名称可以直接用中文表示，或者用“字段名称”中字段的英文代码表示。有两种方法能够得到逻辑检索表达式：一种是直接在文本框中键入检索式；另一种是利用保存的历史检索表达式，再进行或不进行逻辑组配得到的检索式。检索字段代码见表 6-2。

表 6-2　检索字段代码

名称/TI	申请号/AN	申请日/AD
公开(公告)号/PNM	公开(公告)日/PD	申请(专利权)人/PA
发明(设计)人/IN	主分类号/PIC	分类号/SIC
地址/AR	摘要/AB	优先权/PR
专利代理机构/AGC	代理人/AGT	同族专利/FA
国际申请/IAN	国际公布/IPN	颁证日/IPD
分案原申请号/DAN	国省代码/CO	权利要求书/CLM
说明书/FT		

例如：名称＝火花塞 and 申请(专利权)人＝(本田 or 丰田)

(电动汽车 or 汽车)/TI and 充电/TI and 智能/TI

(3)智能检索

智能检索即语义检索，是利用自然语言理解技术对用户关注的主题进行语义检索。在智能检索输入框内可输入关键词、句子或段落，系统通过计算，得出相关专利的列表并给出相关主题的同义词。智能检索仅用于检索中国专利数据。

(4)失效专利检索

失效专利检索为专利检索的一个分支，即在原有的专利检索基础上加上专利状态为失效的条件。失效专利数据库主要针对最新法律状态为视撤、驳回、终止、无效等主要类型的中国专利发明、中国实用新型和中国外观设计专利进行检索。可以从申请(专利)号、公开(公告)号、名称、权利要求书等 18 个字段进行检索。

(5)法律状态检索

CNIPR 专利信息服务平台的专利申请(专利)的法律状态信息主要来源于国家知识产权局出版的发明、实用新型和外观设计专利公报。由于专利申请(专利)的法律状态发生变化时，专利公报的公布及检索系统登录信息滞后，该检索系统的信息仅供参考，即时准确的信息应以国家知识产权局出具的专利登记簿副本记载的内容为准。

在CNIPR专利信息服务平台首页和高级检索页面中均有专利的“法律状态检索”链接,可以从专利申请号、法律状态公告日、法律状态进行检索。常用专利法律状态信息项目主要有:公开、实质审查请求生效、审定、授权、专利权的主动放弃、专利权的自动放弃、专利权的视为放弃、专利权的终止、专利权的无效、专利权的撤销、专利权的恢复、权利的恢复、保护期延长、专利申请的驳回、专利申请的撤回、专利权的继承或转让、变更、更正等。仅用于检索中国专利的法律状态。

(6)运营信息检索

运营信息检索包括专利权转移检索、专利质押保全检索及专利实施许可检索。

①专利权转移检索

专利权转移检索首先选择转移类型,分为申请权转移和专利权转移。可以检索的字段包括专利申请号、名称、变更前权利人、变更后权利人等12个字段。

②专利质押保全检索

专利质押保全检索首先选择质押保全类型,分为质押和保全。可以检索的字段包括,专利申请号、名称、合同状态(分为生效、变更和注销)、生效日、变更日、解除日、合同登记号等12个字段。

③专利实施许可检索

专利实施许可检索字段包括专利申请号、名称、许可种类(分为独占许可、排他许可、普通许可、分许可、交叉许可)、合同备案阶段(分为生效、变更和注销)、备案日、变更日、解除日等11个字段。

(7)热点专题

提供国内外热点技术的专利检索。点击页面提供的某个热点专题链接,即可浏览该热点专题全部专利条目。

(8)我的专利管理

我的专利管理给用户提供便捷的个性化服务。用户注册个人账户并且登录后,可以对我的表达式、我的导航、我的定期预警、我的法律状态预警和我的专题库进行管理。

①我的表达式

可以收藏自己检索时所使用的表达式,在历史表达式的基础上进行组配,大大提高表达式编写效率。

②我的导航

可以对某一技术领域在一定分类标准上建立一个具有层级结构的导航目

录。通过建立导航浏览该技术领域内不同分支下的专利信息，并对其进行分析操作。我的导航可以通过编写表达式建立，也可直接利用历史表达式来建立。

③我的定期预警

需要了解行业内技术变化和最新动态，可以使用定期预警功能来实时跟踪某一技术领域的最新专利。可以在某次检索结果基础上创建定期预警，也可以直接利用历史表达式来建立。

④我的法律状态预警

可以使用法律状态预警功能来实时跟踪某一技术领域的最新专利。可以在某次检索结果基础上创建法律状态预警。

⑤我的专题库

在"我的导航"中，只能浏览某一导航位置的表达式所对应的专利信息。在"我的专题库"中，能够自由增删该专利库的专利记录，从而删除噪声数据，保证专题库的质量。但是，专题库中的内容是不分层级的，用户可以通过编写表达式来建立一个基础专题库，也可以在检索的概览或详览页面上通过"收藏"功能来增加数据。

6.4.3　CNIPA 与 CNIPR 的比较

CNIPA、CNIPR 专利数据库各有特色，检索途径、检索方法、专利文献主题标引质量均有不同，所以用户可视其收录范围、提供的信息量、检索途径及自己的实际情况等加以选择。在检索过程中注意配合交叉使用，发挥专利数据库的各自优势，使检索达到最好的效果。

目前，国家知识产权局专利检索系统收录专利范围最广、种类最全，中国知识产权网中外专利信息服务平台位列第二。两者各项数据比较见表 6-3。

表 6-3　　CNIPA、CNIPR 专利检索网站各项数据比较

	CNIPA	CNIPR
专利类型	中国发明申请中国实用新型中国外观设计	中国发明申请中国实用新型中国外观设计中国发明授权
专利范围	中国港澳台地区及 214 个国家和组织	中国港台地区及 100 余个国家和组织
专利法律状态	已公布	已公开
数据库类型	全文	文摘/全文
检索费用	全文/文摘均免费	Guest 文摘/全文首页免费；全文收费

（续表）

	CNIPA	CNIPR
检索方式	常规检索　高级检索（含逻辑检索）　导般检索　命令行检索　检索功能：过滤检索（辅助）	检索（主要） 高级检索（主要）（含逻辑检索和号单检索）　智能检索（主要）　失效专利检索　法律状态检索　运营信息检索　热点专题检索功能 二次检索（辅助）　过滤检索（辅助）　重新检索　同义词检索（辅助）
检索字段	14 个	22 个
数据时间范围	1985/9/10 公布	1985/9/10 公开
更新周期	周（星期三）	二次/周（星期二、星期五）

6.5　国外专利检索网站

许多国家知识产权局网站上都设有专利数据库，提供免费专利信息查询服务，比较典型的有美国专利商标局专利数据库、世界知识产权组织专利数据库。

6.5.1　美国专利商标局

美国专利商标局（United States Patent and Trademark Office，USPTO）是美国负责专利和商标事务的非商业性行政机构，主要服务内容是办理专利和商标，传递专利和商标信息。它在 Internet 上设立的网站属官方网站，向公众提供全方位的专利信息服务。

1. USPTO 数据库概述

USPTO 数据库将美国 1790 年以来的各种专利全文数据在其网站上免费提供给用户查询。数据内容每周（星期二）更新一次。

2. 主要专利数据库简介

USPTO 网站针对不同信息用户设置了专利授权数据库、专利申请公布数据库、法律状态检索、专利权转移检索、专利基因序列表检索、撤回专利检索、延长专利保护期检索、专利公报检索及专利分类等。

（1）专利授权数据库

专利授权数据库（PatFT：Patents）收录了自 1790 年 7 月 31 日至最近一周美国专利商标局公布的全部授权专利文献。该检索系统中包含的专利文献种类有:发明专利、设计专利、植物专利、再公告专利、防卫性公告和依法注册的发明(见表 6-4)。

表 6-4　　每种专利文献的收集范围

专利文献种类	1790—1975 年	1976 年至今
发明专利	X1～X11 280 1～3 930 270	3 930 271～当前
设计专利	D1～D242 880	D242 583～
植物专利	PP1～PP4 000	PP3 987～当前
再公告专利	RX1～RX125 RE1～RE29 094	RE28 671～当前
防卫性公告	T885 019～T941 025	T942 001～T999 003 T100 001～T109201
依法注册的发明		H1～当前

其中,1790 至 1975 年提供美国专利说明书全文扫描图像(Full-Image),可检索的字段只有 3 个:专利号、美国专利分类号和授权日期;1976 年 1 月 1 日以后的数据除了图像型全文外,还包括授权专利文本型专利全文(Full-Text),可通过 56 个字段进行检索。

(2)专利申请公布数据库

专利申请公布数据库(AppFT:Applications)将 2000 年 11 月 9 日起递交的专利申请进行公开,可供用户检索 2001 年 3 月 15 日以来公布的美国专利申请公布文献,同时提供文本型和扫描图像型全文美国专利申请公布(未授权)说明书,提供 23 个字段进行检索。专利申请公布说明书的起始号码为 20010000001。

本书主要通过专利授权数据库(PatFT:Patents)介绍美国专利的检索方法。

3. USPTO 数据库检索

USPTO 专利授权数据库提供 3 种检索方式。包括快速检索(Quick Search)、高级检索(Advanced Search)、专利号检索(Number Search)。本书主要介绍“快速检索”。

(1)快速检索

快速检索(Quick Search)是系统提供的默认检索方式,可供用户检索最新版本的美国专利分类表中的相关主题的分类号,并直接浏览该类号下所属专利的文献全文。检索方法如下:

①登录网站。在地址栏键入 http://patft. uspto. gov,进入 USPTO 专利数据库主页面,依次点击页面上方“PatFT:Patents”和“Quick Search”链接,进入

快速检索页面，如图 6-3 所示。

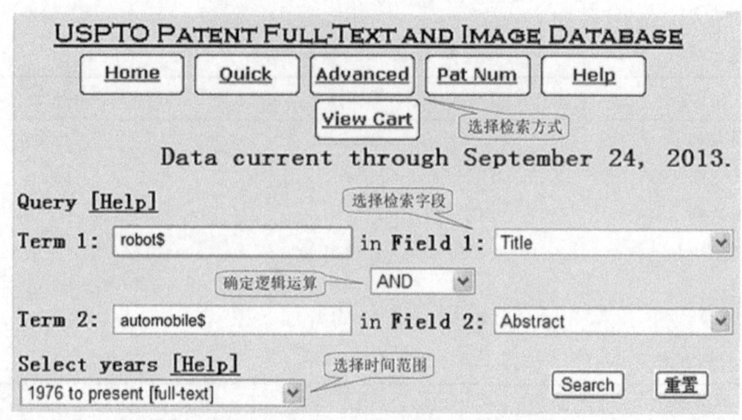

图 6-3　USPTO 专利数据库快速检索页面

快速检索提供两个检索查询框："Term 1:"和"Term 2:"。与两个检索入口对应的是两个相应检索字段选项："in Field 1:"和"in Field 2:"。在快速检索的两个检索字段之间有一个布尔逻辑运算符选项。在检索查询框"Term 2:"下方有一个年代选择项"Select Years"。所有选项均以下拉式菜单供用户根据检索需求选择所需的检索字段和检索年代，并在两个检索字段之间用布尔逻辑运算符构造一个完整的检索式。

②键入检索词。在两个检索查询框内分别键入检索词，可将全部检索词/词组甚至短语键入在同一字段内，也可以分别键入不同的字段。

③选择检索字段。在"in Field 1:"和"in Field 2:"下拉菜单中选择检索字段。系统提供：Title(专利名称)、Abstract(文摘)、Issue Date(公布日期)、Patent Number(专利号)、Application Date(申请日期)等 56 个可检索字段，系统默认字段是 All Fields(所有字段)。专利中各字段的缩写、意义、格式、举例可以从 USPTO 网站帮助信息中的"Tips on Fielded Searching"获得。

④确定布尔逻辑运算或组配关系。系统支持同一查询框内检索词之间布尔逻辑运算。在相应的查询框键入多个检索词时，每个检索词之间插入一个空格，系统即执行默认的逻辑"AND"运算关系。对于不同查询框，系统支持使用 3 种布尔逻辑运算"AND""OR""ANDNOT"进行组配检索。

⑤截词运算。快速检索支持截词运算(Truncation)。截词符"$"表示可以代替无限个字符，检索所有同词根的词，所有被包含的不同词缀的检索词自动匹

配为逻辑关系“OR”。例如，键入 robot＄，可以检索 robot、robots、robotic、robotics 等所有词根为 robot 的词汇。

注意：截词运算仅支持后截词（右截词），而不支持前截词或中间截词的字母。如果对一个特定字段检索，截词后字符串长度不能少于 3 个字母；如果是全部字段（All Fields），截词后字符串长度不能少于 4 个字母。使用短语检索时不能使用通配符。

截词符号要正确使用。例如，tele＄，检索结果将所有包含 television（电视）、telephone（电话）和 telecommunications（电信）的词均视为有效提问，这样会带来很大的误检率。所以如果只想检索有关电话方面的内容，则有效的截词长度应该是 telephon＄。

⑥短语检索。若使用短语进行检索时，短语须用双引号“”标注。例如，检索“computer aided design”，加注双引号，三个词将被视为一个词处理，否则短语中的各词被视为逻辑 AND 的关系，在引号内使用截词符号“＄”无效。

⑦选择检索时间范围。在“Select Years”下拉菜单中选择检索年代或年代范围，包括 3 个选项：1976 to present[full-text]、1790 to present[entire-database]、TEST DATA[full-text]。默认的年代范围是从 1976 年至现在。

⑧检索。完成上述操作后，点击“Search”按钮开始检索。检索结果显示专利号（PAT. NO.）、T（Full-Text 图标）、专利名称（Title）列表。

⑨浏览文摘和专利说明书全文。在专利号（PAT. NO.）、专利名称（Title）列表中进行浏览、比较、筛选。点击选中专利号（PAT. NO.）或专利名称（Title）链接，进一步浏览包括题录数据、文摘（Abstract）、权利要求（Claims）及专利说明书（Description）内容等详细信息。

⑩法律状态查询。专利法律状态查询的目的是了解专利申请是否授权，授权专利是否有效，专利权人是否变更，以及与专利法律状态相关的信息。这些信息还包括专利权有效期是否届满、专利申请是否撤回、专利申请是否被驳回和专利权是否发生过转移等。

登录的主页，在“Patents”导航标识下，点击“Electronic Business Center”（专利电子商务中心）链接进入该服务页面。在“Tools”下方选择点击“Patent Application Information Retrieval（PAIR）”。在系统的提示下，键入两个“识别词”，点击“continue”按钮。页面显示 5 个查询入口选项：Application Number（申请号）、Control Number（控制号）、Patent Number（专利号）、PCT Number（PCT 号）、Publication Number（公布号）。选择一个入口键入相应的数据，点击“Search”即可查询该件专利的状态。

专利著录数据记录页面上有 10 个功能按钮，可供用户做的法律状态检索包括：通过查找专利缴费情况，确定专利是否提前失效；通过查找撤回的专利，确定专利是否在授权的同时被撤回；通过查找专利保护期延长的具体时间确定专利的最终失效日期；通过查找数据确定专利是否有继续申请、部分继续申请、分案申请等相关联的情报；通过查看专利权人的变化情况，确定专利权是否经过转移等。

(2)高级检索

高级检索(Advanced Search)也称命令检索，允许使用嵌套的逻辑表达式。用户可以利用两个以上的逻辑运算符(OR、AND、ANDNOT)进行复杂且多主题的专利检索，从而得到较为精确和完整的检索结果。

在高级检索界面上，有一个供输入检索表达式的查询框“Query”，一个供选取检索年代范围的选项“Select Years”。页面下方提供了 44 个可供检索的字段的“Field Code(字段代码)”和“Field Name(字段名称)”对照表。点击“Field Name(字段名)”可以查看该字段的解释及具体信息的输入方式。检索过程可分为 5 个步骤：

第 1 步：点击“Advanced Search”进入高级检索页面。

第 2 步：在“Query”内键入检索表达式。检索表达式可实现多个检索词组配检索，但每个检索词前面必须填写字段代码。检索式的表示方法为：检索字段代码/检索项字符串。例如，题名的字段代码是 TTL，文摘的字段代码是 ABST，各字段代码参见代码表。支持嵌套逻辑检索，使用括号清晰表达检索要求。短语及截词检索注意事项参见快速检索。

第 3 步：从“Select Years”下拉菜单中选择检索年代或年代范围，包括的 3 个选项与快速检索相同。

第 4 步：点击“Search”按钮开始检索。检索结果显示专利号(PAT. NO.)、T(Full-Text)、专利名称(Title)列表。

第 5 步：浏览文摘、专利说明书全文和法律状态查询与快速检索相同。

高级检索应注意：

①检索表达式长度不超过 256 个字符(包括逻辑算符及其他符号在内)。

②时间范围表达式格式：isd/1/1/1990->3/10/2006(其中右箭头是由短横线和大于号组成)。

(3)专利号检索

目前，许多论文的参考文献提供的都是专利号。对于已知专利号的专利，用专利号检索非常方便简单。检索过程可分为以下 4 个步骤：

第 1 步：点击“Number Search”进入专利号检索页面。

第 2 步：将已知的专利号在“Query”下方的查询框内键入专利号。

第 3 步：点击“Search”按钮开始检索，检索结果排序是按照专利文献公布日期降序排列，最新公布的专利文献排在前面。显示页面一次只能显示 50 条，点击“Next 50 Hits”按钮可以继续浏览。显示内容包括专利号(PAT. NO.)、T(Full-Text，有全文专利文本)、专利名称(Title)列表。

第 4 步：浏览文摘、专利说明书全文和法律状态查询与快速检索相同。

6.5.2　欧洲专利组织

1. EPO 概述

1973 年 10 月 5 日，16 个欧洲国家在慕尼黑签订旨在加强欧洲国家间发明保护合作的《欧洲专利公约》(*European Patent Convention*，EPC)，并根据该公约成立欧洲专利公约组织。EPC 允许根据申请人的要求将欧洲专利的保护扩展到所有缔约方。1977 年 10 月 7 日，EPC 正式生效，并据此建立了欧洲专利局(European Patent Office，EPO)。这是一个政府间组织，主要职能是负责欧洲地区的专利受理和审批工作。EPO 是世界上实力最强、最现代化的专利局之一。从 1998 年开始，EPO 在 Internet 网上建立了免费 Espacenet 和 Epoline 两种专利数据检索系统，用户可以便捷、有效地获取免费专利信息。使用 Espacenet 可以免费检索世界上数十个国家、地区和国际专利机构 9 500 多万件专利文献的著录项目、文摘、说明书、法律状态和同族专利等，能进行专利全文说明书的浏览、下载和打印，使用户便捷、有效地获取免费专利信息资源。使用 Epoline 可以查找特定国家专利申请的法律状态及其中间文件。

欧洲专利组织现有成员 38 个，延伸的非成员国 10 个，签署验证协议的非成员国 4 个。2015 年 3 月起，摩洛哥成为第一个承认欧洲专利的非欧洲国家。目前，欧洲专利局可为一件申请在 40 多个国家提供专利保护。免费的机器翻译工具——“专利翻译”，提供包括中文在内的 32 种语言之间的互译。

欧洲专利局检索系统还提供一些与专利有关的信息，如专利公报、INPADOC 数据信息及专利文献的修正等。

Espacenet 提供免费使用的专利文献大部分是递交的专利申请而非已授予专利，还有同族专利、法律状态信息、非专利文献、引证文献或被引文献、欧洲专利登记簿、联合欧洲专利登记簿、全球案卷。专利申请通常是某项创意的首次公开发表，包含有关发明创造和技术发展信息，早于期刊或在新产品上市之前。

2. 主要专利数据库

Espacenet 提供 3 个主要专利数据库检索，申请可以是 3 种官方语言（英语、法语和德语）中的任意一种。

(1)Worldwide 全球专利数据库

从 1998 年开始，Espacenet 用户能够检索欧洲专利组织任何成员国、欧洲专利局和世界知识产权组织公开的专利题录数据。

Worldwide 数据库是 100 多个国家已公开申请的完整集合：检索世界范围内的专利，该数据库收录了自 1836 年以来全球范围内 100 多个国家专利文献著录项目，1970 年以后收集的专利有英文标题和摘要。该数据库中的数据类型包括题录数据、文摘、文本式的说明书及权利要求，扫描图像存储的专利说明书的首页、附图、权利要求及全文。由于收录的范围广、年代久，使得该数据库成为世界上免费专利资源中最重要的数据库之一。

(2)使用不同语种申请专利公开数据库

①Worldwide EN-collection of published application in English 专利数据库：已公开的用英语字符或单词申请的完整集合。

②Worldwide FR-collection des demandes publiées en français 专利数据库：已公开的用法语字符或单词申请的完整集合。

③Worldwide DE-Sammlung veröffentlichter Anmeldungen auf Deutsch 专利数据库：已公开的用德语字符或单词申请的完整集合。

3. Espacenet 数据库检索

Espacene 专利检索系统提供 Smart search（智能检索）、Advanced search（高级检索）、Classification search（分类检索）3 种方式，并且在每种检索方式的页面上都配有快速帮助信息，能有效地指导用户完成检索。

(1)智能检索

智能检索适合初学者使用。使用者可以在智能检索页面的输入框中最多输入 20 个检索词（每个著录项目数据最多 10 个检索词），并以空格或适当运算符分隔，多个检索词可以使用布尔逻辑算符，在没有优先算符的情况下，系统默认从左到右运算。无须区分检索词所属的字段，系统可以根据检索词的格式自行判断其所属的字段。例如，输入“Siemens”“EP”“2015”3 个检索词，用空格分隔，系统就会自动在发明人/申请人字段搜索“Siemens”，在申请号/公布号/优先权号字段搜索“EP”，在公布日期字段搜索“2015”，并将同时满足这 3 个条件的专利检索出来。

(2)高级检索

高级检索可任意使用所提供字段进行检索,如图 6-4 所示。

①选择检索页面语言。EPO 成员国 38 个,包括德国、英国、法国等国家和欧洲专利局。点击"Change Country"按钮,可以展开为各个成员国提供的 34 种检索语言页面列表,用户可以选择熟悉的检索语言环境。其中 China(中国)、Germany(德国)、Japan(日本)、Korea(韩国)、Lativa(拉脱维亚)、Serbia(塞尔维亚共和国)为非成员国。

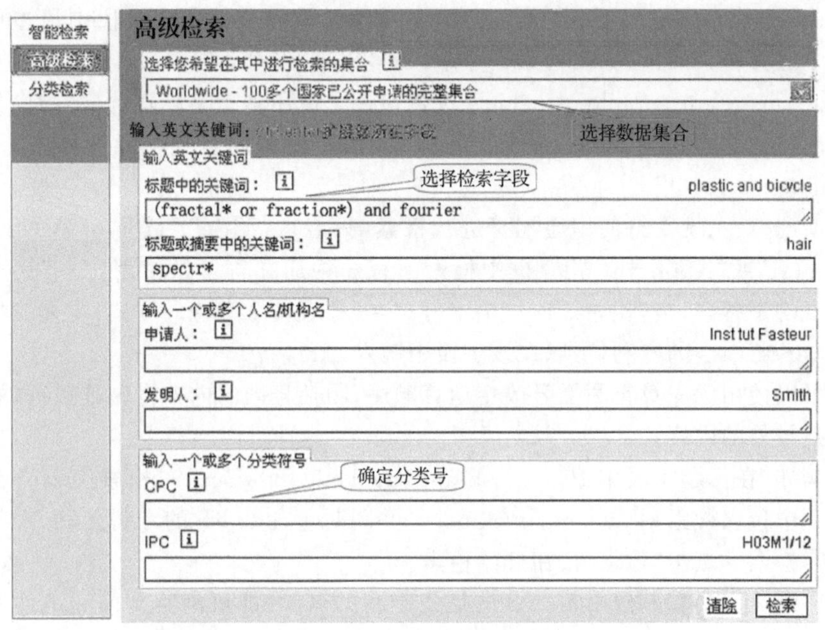

图 6-4　Espancenet 专利数据库高级检索页面

②选择数据集合。自 1998 年开始,欧洲专利局在 Internet 网上建立了 Espacenet 数据检索系统,它包含 1 个数据库和 3 个数据集合选项库,每一个数据库都有自己的数据收录范围。从"Select the collection you want to search in"下拉列表中选择您希望检索的专利数据库,可以使用英语、法语和德语检索EPO's 数据库(Search the EPO's databases in Englis,French and German)。默认数据库为 Worldwide。

③选择检索字段。提供 10 个检索字段:标题中的关键词、标题或摘要中的关键词、公开号、申请号、优先权号、公开日、申请人、发明人、CPC(联合专利分

类)、IPC(国际专利分类)。这10个检索字段的输入方式可以参考后面的示例或者左侧的“快速帮助(Quick Help)”提供的内容。

④键入检索词。检索字段中最多可输入10个检索词,并以空格或适当运算符分隔。

检索世界数据库时将忽略特殊字符(变音符号、重音符等)。在EP和WO数据库中检索说明书和权利要求书全文时,可以用英语、德语和法语输入检索词。

⑤确定布尔逻辑运算或组配关系。检索时,可以使用布尔运算符and、or或not对多个检索词进行逻辑组配,以扩大/缩小检索范围。每个字段中最多可输入3个运算符,并且在一次检索任务中,最多输入20个运算符。例如,在标题字段输入car or automobile or vehicle进行检索。使用多个字段联合检索时,各字段之间默认运算符为and。对于词组检索,则需要将词组置于双引号中,例如“computer control”。

通配符:系统支持使用通配符进行检索,只能在“Title”“Title or Abstract”“Inventor”或“Applicant”检索框中检索。有3种通配符可供使用:“*”代表任何长度的字符串;“?”代表0或1个字符;“#”代表1个字符。例如,要查找标题中含car或cars的专利,可以在该字段中键入car?。

可以使用优先算符圆括号改变运算顺序,圆括号内的内容将先被执行,然后是圆括号外的内容。

例如,在标题字段中输入crush and(dynamic or kinetic),检索引擎将会检出标题中包含检索词dynamic或kinetic,并同时包含crush的专利文献。

⑥检索。点击“检索”按钮开始检索。

⑦浏览文摘和其他内容。点击某条专利的名称,即可浏览文摘和该件专利的其他内容。

其他功能:在文摘浏览页面上,系统还给用户提供了许多其他功能按钮选项。点击不同的功能按钮,可以分别查找Bibliographic data(著录数据)、Description(说明书)、Claim(权利要求)、Mosaics(说明书附图)、Original document(原始文献)、Cited documents(被引文献)、Citing documents(引用文献)、INPADOC legal status(法律状态)、INPADOC patent family(同族专利)等检索。查看专利引文对了解产品或技术的起源及发展情况非常有帮助。

欧洲专利申请说明书(European Patent Applications),文献种类标识代码A;欧洲专利说明书(European Patent Specification),文献种类标识代码B。

欧洲专利文献的主要种类:A代表的是还没授权的出版文本,B代表的是已经授权的版本，具体为：

A1——附有检索报告的欧洲专利申请说明书；

A2——未附检索报告的欧洲专利申请说明书；

A3——后来单独出版检索报告的欧洲专利申请说明书；

A4——对国际申请检索报告所做的补充检索报告；

A8——欧洲专利申请说明书的更正扉页；

A9——欧洲专利申请说明书的全文再版。

B1——已授权的欧洲专利说明书；

B2——异议程序中经过修改后再次公告出版的欧洲专利说明书；

B3——指经过实质性审查授予专利权的，后经限制性修改程序修改后再次公告出版的欧洲专利说明书(EPC2000)；

B8——欧洲专利说明书的更正扉页；

B9——欧洲专利说明书的全文再版。

S1——DesignPatent 表示专利的状态为已授权。

Espacenet 检索系统还具备一些实用的功能。例如，免费下载/打印专利的著录项目和专利全文；对文本格式的摘要和全文提供了多语言机器翻译；自动保存检索式，标记重点专利，方便以后调用。在名称列表页面，可勾选需要保存的专利到 My patents list，如果超过一年未访问，系统将清空文件夹，但是文件夹最多只能存储 20 篇专利文献。

国际专利文献中心(International Patent Documentation Center，INPADOC)：是 1972 年由世界知识产权组织和奥地利政府共同建立的一个世界性专利文献服务中心，1991 年以后归属欧洲专利局，从此改名为欧洲专利信息和专利文献服务中心(European Patent Information and Documentation System，EPIDOS)。

INPADOC 的出版物主要有号码数据库、专利族服务、专利分类服务、专利申请服务、专利优先权申请人服务、专利发明人服务、专利注册服务等。其中我们经常使用的有专利族服务和专利注册服务。

(3)分类检索

EPO 使用 CP 分类号查询系统，页面提供逐级显示全部 CPC 分类，可以直接选择相关分类，抑或通过输入关键词查询相关分类进行检索。更常用的方法是将相关分类拷贝到高级检索页面的分类输入框中，并在标题或摘要字段输入关键词进行检索，这种结合分类和关键词进行检索的方式，会获得更加优化的检索结果。

①分类表。在 Espacenet 检索系统页面，展开“Classification Search”链接，

进入 CPC 分类表。点击某个部的分类代码，依次展开其下级类，查看具体细分种类的详细内容。

分类表上方提供总“索引”和各分部索引切换按钮“查看选项|索引|A|B|C|D|E|F|G|H|Y|”，方便查看某一部的详细分类表内容。

②功能选择。分类表上方还提供了若干按钮，调整展示页面的格式，其功能如下：

注释和警告：点击“”(toggle notes and warnings always visible，注释和警告切换)按钮，可获知某 CPC 分类是否与 IPC 有映射关系。

页面重新分布：选择箭头标志“”，将分类号展示在左侧，标题展示在右侧；选择箭头标志“”，将分类号展示在右侧，标题展示在左侧。

分类表结构：在缩进式点状结构“”和树状结构“”之间进行切换。

IPC 与 CPC 对比信息：点击“CPC”[toggle scheme colors (IPC versus CPC)]按钮，可绿色高亮显示 CPC 分类相关文本信息。

检索日期：点击“”(toggle dates)按钮，弹出日期选择框，可以查找在某日期或日期范围内的架构更新。

显示参考信息：点击“”(toggle references)按钮，展开其参考信息。

2000 系列模式：点击“”(toggle 2000-series)按钮，不显示 2000 系列模式；点击“2000”(toggle 2000-series)按钮，在末尾处显示 2000 系列模式。

③选择分类号。在分类表左侧勾选若干分类号，该分类号将被复制到左边的框中。例如，勾选 B 部、F 部，这些分类号将默认由 AND 逻辑运算符连接。只要点击分类号旁边的选择框，可以很方便地检索/重新检索特定分类号。低位操作“/low”已默认选中，因此默认检索将包括组下的所有细分类。精确操作“/exact”已默认选中，但是只检索当前分类。

选择若干分类号，这些分类号将默认由 AND 逻辑运算符连接。

④检索。点击“Find patents”(查找专利)按钮，使用选中的分类号开始检索，浏览该分类专利信息的具体描述。

⑤组配检索。点击“复制到检索表单”(Copy to search form)按钮，将分类号自动粘贴至高级检索页面的分类号输入框，与其他字段组配检索，提高检索的精确性。

⑥分类号或类目关键词检索。已知某主题内容所属类目，可直接使用该分类号查询分类表描述进行检索。未知分类亦可通过类目关键字查询相关分类描述后进行检索。例如，可在“Search for a keyword or a classification symbol”输

入框内键入类目关键词，如 stainless steel，然后点击“检索”按钮，查看与不锈钢有关的所有类目描述之后进行检索。

(4)检索结果显示

本系统智能检索、高级检索、分类检索结果显示相同，有扩展和简要两种方式。

扩展方式显示的主要内容有数据库与检索式匹配的件数和检索结果列表。页面单页最多显示 20 件专利文献，通过跳转键可以显示下一页面的文献；而用户一次检索提取的最大文献量只能为 500 件。每件专利内容显示专利名称、发明人、申请人、CPC、IPC、公开信息和优先权日 7 项内容。

简要方式显示的主要内容有数据库与检索式匹配的件数和检索结果列表。每件专利内容显示公开信息。

4. Epoline 数据库检索系统

Epoline 数据检索系统（View document in the European Register，欧洲专利登记簿）收录了欧洲专利局自 1978 年成立后公开的所有欧洲专利申请或指定欧洲的 PCT 专利申请，包括从递交申请到最后授权或权利终止这一全过程的所有审查、异议、上诉等数据信息。提供著录项目数据、同族专利信息、法律状态信息、引证文献/引证数据、审批历史及审查过程中的文档查阅（来自申请人的文件和自欧洲专利局发出的文件的扫描文本）等数据，只有号码是以 EP 或 WO 开头的文献才可能有链接，并找到相关信息。由于 Epoline 数据检索系统提供申请、审查、授权全过程的事务数据，故在此不做详细介绍。

5. Espacenet 和 Epoline 法律状态查询

“INPADOC legal status”可直接获得由 INPADOC 提供的专利的法律状态信息，这些信息只是按照时间顺序列出的专利法律状态变化的登记情况，没有系统的归纳，检索时需逐个查看各个登记信息。

Eponline 数据检索系统提供的法律状态数据不仅给用户提供了由 INPADOC 提供的数据，还对这些数据进行了归纳总结，并且提供了很多相关审查过程中产生的数据。

6. Espacenet 和 Epoline 检索系统小结

Worldwide 数据库虽然收藏的专利文献量大，但由于各种原因并未完全涵盖世界上所有国家或地区的专利文献，且收录每个国家的著录项目、文摘、权利要求或原始图像说明书等数据不同，因此，如果仅从英文名称或英文文摘字段输入关键词进行检索就会造成文献量的漏检。另外，由于这些数据需要从不同的国家获得，因此不可避免地会存在一定的滞后期。

Eponline 数据检索系统只提供欧洲专利申请或指定欧洲 PCT 专利申请的法律状态，不提供其他国家的信息。可以在 Espacent 数据检索系统中查看 INPADOC是否有提供。由于 INPADOC 提供的法律状态信息依赖于各国信息，因此滞后期等原因不能确保其时效性和准确性，仅供参考，可以到检索专利所属国的网站上查找详细信息。

两个网站各项数据见表 6-5。

表 6-5　Espacenet 和 Epoline 检索系统小结

项目	Espacenet	Epoline
国家范围	109 个国家和地区	欧洲及指定欧洲的 PCT 申请
专利类型	发明、实用新型等专利	发明专利
数据范围	著录项目、说明书全文、同族专利、法律状态等信息	同族专利、法律状态和审查过程文件等信息
检索优势	检索范围更大	检索欧洲专利的同族专利和法律状态信息更方便

6.5.3　世界知识产权组织

1967 年 7 月 14 日，在斯德哥尔摩召开由 51 个国家参加的国际会议，本次会议为加强世界各国之间有关知识产权问题的协调与合作共同签署了“世界知识产权组织公约”，成立了“世界知识产权组织”（World Intellectual Property Organization，WIPO）。1974 年 12 月，WIPO 成为联合组织系统的一个专门机构，总部设在日内瓦，现有 193 个成员。我国于 1980 年 6 月 3 日加入该组织。

1. WIPO 概述

WIPO 旨在建立一个平衡和有效的国际知识产权制度，奖励创意，激励创新，促进所有国家的经济、社会和文化发展，同时保障公众的利益。WIPO 是一个联合国（UN）的专门机构和政府间国际组织，致力于世界范围内知识产权的推广和使用。WIPO 建立了专利、商标和工业品外观设计国际注册体系，这些体系大大简化了在诸多国家同时申请知识产权保护的程序。有了这些体系之后，申请人不再需要以多种语言提交多份国际申请，而只需使用一种语言提交一份单独的申请，并且只交纳一项申请费即可同时在各签约国获得对一项发明的保护。无论是 PCT 成员国的申请人还是专利局都可以从 PCT 体系提供的统一手续要求、国际检索和初审报告以及集中进行国际公布中受益。WIPO 管理的国际保护体系针对具体的工业产权建立了 4 个不同的保护机制：

(1)用以在多个国家提交专利申请的《专利合作条约》(PCT)；

(2)商品商标和服务商标国际注册马德里体系；

(3)工业品外观设计国际保存海牙体系；

(4)原产地名称国际注册里斯本体系。

2. WIPO 在线专利信息检索服务

WIPO 官方网站提供了免费的“Databases WIPO GOLD”一站式检索门户，集合了全球范围内可检索的知识产权数据。网上免费数据库——在线专利信息检索服务(Patentscope)，允许用户访问近两万的专利文件，是重要的技术资源库。“Patentscope”常常用来查询以 PCT 申请形式首次公开的新技术信息，集合了 25 个参与国家的地区和国家专利。通过该数据库可以检索 PCT 申请公开、工业品外观设计、商标和版权的相关数据。

“Patentscope”系统提供专利的“Search/检索”和“Browse/浏览”2 种方式。其中“Search/检索”可细分为：Simple(简单检索)、Advanced Search(高级检索)、Field Combination(字段组合)、Cross Lingual Expansion(跨语种扩展)4 种检索方式；“Browse/浏览”亦可细分为：Browsed by Week(PCT)(按星期 PCT 浏览)、Sequence Listings(序列表)、IPC Green Inventory(IPC 环保清单)3 种检索方式。本书主要介绍“字段组合”检索。

(1)简单检索

简单检索方式仅提供一个检索查询框。在查询框键入多个检索词时，系统支持同一查询框检索项布尔逻辑“and”“or”“not”“andnot”运算，每个检索词之间插入一个空格，系统即执行默认的逻辑“and”运算关系。页面选择 Front Page(首页)，可检索字段包括 Any Field(任意字段)、Full Text(全文)、English Text(英文文本)、ID/Number(识别符/号码)、Int. Classification(IPC)(国际专利分类)、Names(名称)、Dates(日期)，共计 7 个字段。用户选择某个字段后，点击“Search”按钮即可得到检索结果。

(2)高级检索

高级检索实际为 Patentscope 专家检索界面。可以键入检索词/词组，甚至短语，并将其与字段代码、布尔逻辑算符、括号进行组合查询，构造复杂的检索策略/表达式。在表达式中如果包含多种逻辑运算符号，有括号时，括号中内容优先；没有括号时，依据从左到右的顺序进行检索。支持同一词语中的单字符和多字符通配符检索。要执行单字符通配符检索，使用“?”符号；要执行多字符通配符检索，使用“*”符号。

检索过程可分为5步：

第1步：构造检索策略/表达式。在“Search For：”查询框内键入由检索词、字段代码、布尔逻辑算符组成的检索表达式。例如，(EN_TI：electric^10 EN_AB：“electric car”)OR DE：solar^3。

第2步：在“Language”折叠选项中，选择检索语言，有12种语言可供选择。

第3步：选择/取消词根检索“Stem□”。

第4步：专利机构可选择所有机构“Office：All”或指定专利机构“Specify”，可选择专利合作条约、非洲地区(包括4个国家)、美洲(包括美国、加拿大)、LATIPAT、西班牙专利商标局(OEPM)、欧洲专利局(EPO)和拉丁美洲的一些工业产权局。

第5步：点击“Search”按钮实施检索。

(3)字段组合检索

字段组合检索是一种更具有针对性的检索方式，在这个检索页面，可以使用诸多检索字段组合，对特定检索条件(如标题、摘要、说明书等)进行检索。检索内容的输入不区分大小写，短语检索以半角格式的“”进行限制。支持右截词检索、邻近词检索和布尔逻辑表达式检索。检索方法如下：

①登录网站。在地址栏键入http：//www. wipo. int，进入WIPO网站主页；点击页面的“WIPO/GOLD”链接[也可在“Resources”导航标识下，点击“Database(WIPO GOLD)”链接]；或在地址栏内直接键入：http：//www. wipo. int/wipogold/en/，进入数据库选择页面。选择“Technology”下的“Patentscope”数据库，进入专利检索服务页面(以上页面均可点击“中文”链接，设置成中文页面，网站提供9种语言检索页面)。在“Search/检索”下拉选项中，点击“Field Combination/域组合”链接，即可进入域/字段组合检索页面，如图6-5所示。

②选择检索字段。可检索字段包括：全部名称(All Names)、全部号码和标识符(All Numbers and IDs)、申请人全部数据(Applicant All Data)、英文摘要(English Abstract)、英文权利要求书(English Claims)、英文说明书(English Description)、英文标题(English Title)、国家(Country)、国际分类(International Class)、发明人全部数据(Inventor All Data)、法律代表名称全部数据(Legal Representative All Data)、国家阶段的所有数据(National Phase All Data)、局代码(Office Code)、在先PCT申请号(Prior PCT Application Number)、优先权全部数据(Priority All Data)、公布日(Publication Date)等共48个字段。页面默认查询框12个，点击“(＋)Add Another Search Field (－)Reset Search Field”，可增加/减少查询框数量，最多可增至14个。

图 6-5　WIPO 专利数据库字段组合检索页面

③键入检索词。在检索查询框内分别键入检索词，可将全部检索词/词组，甚至短语键入在同一字段内，也可以分别键入不同的字段。

④确定布尔逻辑运算或组配关系。布尔逻辑运算关系参见“5.5.3”相关内容，支持同一词语中的单字符和多字符通配符检索。要执行单字符通配符检索，使用“?”符号；要执行多字符通配符检索，使用“*”符号。

⑤词根检索。如果想限制检索的确切，取消复选框中的勾选“Stem:□”，只检索与查询框中检索词完全一致的结果；勾选复选框“Stem:□”，将执行查询框中检索词词根检索的运算。

⑥查询语言。在“Language”折叠选项中，提供 12 种查询语言的选择，包括：Arabic（阿拉伯语）、Chinese（中文）、English（英文）、French（法文）、German（德文）、Hebrew（希伯来语）、Japanese（日文）、Korean（韩文）、Portuguese（葡萄牙文）、Russian（俄文）、Spanish（西班牙文）、Vietnamese（越南文）。

⑦专利机构。专利机构可选择所有机构“Office: All”或指定专利机构“Specify”。指定专利机构包括 PCT、Africa（非洲）、Americas（美洲）、LATI-

PAT、Asia-Europe(亚欧)等地区的专利管理机构。

⑧检索。点击"Search"按钮开始检索,检索结果列表显示。内容包括:专利国、专利名称、申请号、公布日期、国际专利分类、申请号、申请人、发明人、部分文摘等详细著录数据。

⑨检索结果排序、显示、翻译。检索结果排序"Sort by:"方式有5种:相关度(Relevance)、公开日降序(Pub Date Desc)、公开日升序(Pub Date Asc)、申请日降序(App Date Desc)、申请日升序(App Date Asc)。

检索结果显示"View"方式有5种:Simple(简要格式)、Simple+Image(简要格式+图像)、All(所有内容)、All+Image(所有内容+图像)、Image(图像)。

页面显示检索结果数量"List Length"设置:提供每页显示10条、50条、100条、200条记录设置。

翻译:如果检索结果页面设置成非英文状态,可选择"T机器翻译",由Google翻译,自动将专利名称和文摘翻译成页面设置的语言。

⑩浏览文摘和专利说明书全文。在检索结果列表中进行浏览、比较、筛选。点击选中的某件专利"WO公布号",页面上部还有一组按钮,可进一步浏览包括:PCT著录事项(PCT Biblio. Data)、说明书(Description)、权利要求书(Claims)、国家阶段(National Phase)、通知(Notices)、文件(Documents)的信息。

(4)按星期PCT浏览

WIPO星期四公布新的PCT申请,用户可选择按星期浏览PCT申请出版列表。

(5)按序列表浏览

序列表(Sequence Listings)浏览提供访问核苷酸或氨基酸序列表中包含的已公布的PCT申请。可选择按年份和出版周浏览。

(6)IPC环保清单浏览

IPC环保清单浏览由IPC专家委员会开发,目的是便于检索有关所谓的无害环境技术(Environmentally Sound Technologies,ESTs)的专利信息。可以浏览"联合国气候变化框架公约"所列出的"IPC环保清单"。这些信息跨越IPC广泛分散在众多技术领域,清单借此将其收集在一个地方。但应该指出的是,清单不能覆盖全面详尽的ESTs。

WIPO为全球知识产权专业人士和普通用户提供了便捷、全面的专利检索服务,为国际专利信息的查询提供了一条更为便利、灵活和高效的途径。至2019年10月PCT现有缔约国153个。

第7章 网络搜索引擎

因特网的迅速发展不断地改变着人类世界，人们通过网络分享自己的知识、体验、情感或见闻，使互联网上的内容越来越丰富多彩，而搜索则更加速了人们信息的交流和传递。搜索是人们通向未知的一扇窗。无论是在传统互联网还是在新兴的移动互联网上，人们都越来越依赖搜索。

然而，每时每刻不断增加的大量数据让搜索变得越来越不容易，让有价值的信息越来越难以寻找，这就对搜索提出了新的要求，即从浩如烟海的网络世界中去伪存真，查找实用的学术信息，被称为网络之门的搜索引擎(Search Engine)应运而生。搜索引擎作为因特网导航工具，通过采集、标引众多的因特网资源来提供全局性网络资源控制与检索机制，目标是将因特网所有信息资源进行整合，以方便用户查找所需的信息。搜索引擎使我们的网络生活如虎添翼，有人说："给我一个搜索引擎，我可以搜索整个世界。"

7.1 搜索引擎概述

众所周知，大多数人在网上寻找信息都是从搜索引擎开始。搜索引擎为用户查找信息提供了极大的方便，你只需输入几个关键词，任何想要的资料都会从世界各个角落汇集到你的电脑里。然而如果操作不当，搜索引擎返回的结果中常常会伴有大量无关的信息，搜索效率大大降低。这种情况责任通常不在搜索引擎，而是因为用户没有选择合适的搜索引擎，没有掌握提高搜索精度的技巧。因此需要对搜索引擎有充分的认识，根据需求选择使用不同类型的搜索引擎，才会提高检索的效率，得到相对满意的检索结果。

7.1.1 搜索引擎发展历史

因特网上的信息浩瀚万千，而且毫无秩序，所有的信息像汪洋上的一个个小岛，网页链接是这些小岛之间纵横交错的桥梁，而搜索引擎，则为用户绘制了一幅一目了然的信息地图，供用户随时查阅。为了便于用户使用，除了网页标题和URL外，搜索引擎还会提供一段来自网页的摘要以及其他信息，为用户提供检索服务。

搜索引擎本身也是一个网站。与众多包含网页信息的普通网站不同的是，搜索引擎网站的主要资源是描述互联网资源的索引数据库和分类目录，为人们提供了一种搜索因特网信息资源的途径。搜索引擎的索引数据库，以网页资源为主，有的还包括电子邮件地址、新闻论坛文章、FTP、Gopher等因特网资源。一个完整的搜索引擎组成包括：人工或自动巡视软件（如网络蜘蛛-Web Spider，爬行者-Crawler，网络机器人-Robots等）；索引库（Index或Catalog）或分类目录、用于检索索引库的检索软件（Search Engine Software）及可供浏览的界面等。因此，搜索引擎是指根据一定的策略，运用特定的计算机程序从互联网上搜集信息，在对信息进行组织和处理后，提供给用户进行查询的系统。

搜索引擎通过运行一个不断在网络上进行域名扫描和各种链接的软件，自动获得大量站点页面的信息，并按照一定规则归类整理，从而形成数据库，用作提供查询的站点。用户键入关键词进行检索，搜索引擎从索引数据库中找到匹配该关键词的网页。人工或自动巡视软件定期访问网站站点并跟踪链接，建立索引或分类目录，索引库中保存搜索过的站点和网页的索引。检索软件根据用户的查询要求在索引库中筛选满足条件的网页记录，并依照排序得分依次给出查询结果，或根据分类目录层层展开浏览。

1. 搜索引擎第一代——分类目录时代

所有搜索引擎的祖先是1990年由Montreal的McGill University（麦吉尔大学）三名学生（Alan Emtage、Peter Deutsch、Bill Wheelan）发明的Archie，这是一个以文件名查找文件的系统，但还不是真正的搜索引擎。现代意义上的搜索引擎出现于1994年，当时Michael Mauldin将John Leavitt的蜘蛛程序接入其索引程序中，创建了大家现在熟知的Lycos。同年4月，Stanford大学的两名博士生，David Filo和美籍华人杨致远共同创办了超级目录索引Yahoo，并成功地使搜索引擎的概念深入人心。从此，搜索引擎进入了高速发展时期。这一代的搜索引擎主要依靠人工分拣的分类目录搜索，以雅虎、搜狐为代表，其搜索结果的好坏往往用反馈结果的数量来衡量。因此，第一代搜索引擎可以用“求全”来描述。

2. 搜索引擎第二代——文本检索时代

这一代的搜索引擎查询信息的方法是通过用户所输入的查询信息提交给服务器，服务器通过查阅，返回给用户一些相关程度高的信息。这一代搜索引擎的信息检索模型主要包括布尔模型、概率模型或向量空间模型。采取这种模式的搜索引擎主要是一些早期的搜索引擎，如像 Alta Vista、Excite 等。

3. 搜索引擎第三代——链接分析时代

这一代搜索引擎所使用的方法和我们今天网站的外部链接形式基本相同。在当时，外部链接代表的是一种推荐的含义，通过每个网站推荐链接的数量来判断一个网站的流行性和重要性。然后搜索引擎再结合网页内容的重要性和相似度来改善用户搜索的信息质量。第三代搜索引擎是以超链接分析机器抓取技术为基础，以 Google、百度为代表，主要特点是提高了查准率，因此可以用“求准”来描述。

第三代搜索引擎还在发展中，这一代搜索引擎把搜索框变成了搜索平台，将互联网搜索、硬盘搜索、商务应用等功能以网站平台的形式呈现给用户；或以电脑与用户的互动提示下进行搜索为特征，为用户提供更加精准的搜索服务，降低死链接、空链接的发生率。

综上所述，搜索引擎技术发展速度很快，搜索目标种类繁多，主要搜索引擎比较见表 7-1。

表 7-1　　主要搜索引擎比较

名称	应用情况
Google Scholar	用于搜索学术文献，包括同行评议的论文、学位论文、图书、预印本、技术报告等，涉及各学科领域
Scirus	是目前网上最全面、综合性最强的科技文献搜索引擎之一。需花费国际流量费
Google	最受欢迎的搜索引擎。索引量大、速度快、相关度高、支持多语种
百度	优秀的中文搜索引擎。无须花费国际流量费
Oaister	Oaister 是密歇根大学图书馆开发维护的一个优秀的开放存取搜索引擎，提供了各种学术数字资源的一站式检索
Citeseer	是 NEC 研究院在自动引文索引机制基础上建设的一个学术论文数字图书馆，主要涉及计算机科学领域

7.1.2 搜索引擎类型

搜索引擎不仅数量增长较快，而且种类较多。按资源的搜集、索引方法及检索特点与用途来分，搜索引擎可分为：全文检索型、分类目录型、元搜索引擎等。

1. 全文检索型

全文检索型搜索引擎处理的对象是因特网上所有网站中的每个网页，通过从互联网上提取的各个网站的信息（以网页文字为主）而建立的数据库，检索与用户查询条件匹配的相关记录。因此，搜索引擎需要通过使用大型的信息数据库来收集和组织因特网资源，且大多具有收集记录、索引记录、搜索索引和提交搜索结果等功能。用户使用所选的单词或词组（称为"关键词"）来进行搜索，搜索引擎检索文本数据库以匹配或关联到用户给定的请求，然后按一定的排列顺序将结果返回给用户，是名副其实的搜索引擎。使用全文检索型搜索引擎得到的检索结果，通常是一个个网页的地址和相关文字，这里面也许没有用户在查询框中输入的词组，但在检索结果所指明的网页中，一定有用户输入的词组或与之相关的内容。每一条检索结果都应包括页面标题及其网址，检索结果还可能出现其他内容，如简短总结、大纲或文摘、页面首段的一部分或全部、表明页面与待查询项目相关联的数字或百分率、日期、文本大小、与检索词具有类似性的主题链接等。全文检索型搜索引擎的特点是信息量很大，索引数据库规模大，更新较快。因特网上新的或更新的页面会在短时间内被检索到，而过期链接则会及时移去。一般来说，人们总希望利用较大的搜索引擎来查找需要的信息。

根据搜索结果来源的不同，全文检索型搜索引擎可分为两类：一类拥有自己的网页抓取、索引、检索系统，有独立的"蜘蛛"（Spider）程序、爬虫程序（Crawler）或"机器人（Robot）"程序，能自建网页数据库，搜索结果直接从自身的数据库中调用；另一类则是租用其他搜索引擎的数据库，并按自定的格式排列搜索结果。

全文检索型搜索引擎的不足之处是检索结果反馈的信息往往太多、太滥，以致用户很难直接从中筛选出自己真正感兴趣的内容，要想达到理想的检索效果，通常要借助于必要的语法规则和限制符号，而这一点又是多数用户不熟悉的。此外，对同一个关键词的检索，不同的全文检索型搜索引擎反馈的结果相差很大。由于全文检索型搜索引擎反馈的信息数量多，用户经常遇到检索结果缺乏准确性、包含的可用信息少、评述与文摘实用价值不高等问题。

2. 分类目录型

分类目录型搜索引擎又称为目录服务(Director Service),检索系统将搜索到的因特网资源按主题分成若干大类,每个大类下面又分设二级类目、三级类目等,一些搜索引擎可细分到十几级类目。这类搜索引擎往往还伴有网站查询功能,也称为网站检索,通过在查询框内输入用户感兴趣的词组或关键词(Keyword),即可获得与之相关的网站信息。当分类目录型搜索引擎遇到一个网站时,它并不像全文搜索引擎那样,将网站上的所有内容都收录进去,而是首先将该网站划分到某个分类下,再记录一些摘要信息(Abstract),对该网站进行概述性的简要介绍。当用户提出搜索要求时,搜索引擎只在网站的简介中搜索。分类目录型搜索引擎的特点是由系统先将网络资源信息系统地归类,用户只要遵循该搜索引擎的分类体系,层层深入即可清晰方便地查找到某一类信息。这与传统的信息分类查找方式十分相似,尤其适合那些希望了解某一主题范围信息的用户。由于分类主题检索得到的信息是经过精心组织的,因而分类主题较准确地描述了所检索的内容。

由于分类目录是依靠人工进行整理的,而且只在保存的对站点的描述中进行,因此分类目录型搜索引擎的搜索范围比全文检索型搜索引擎搜索的范围要小得多,查全率较低,加之这类搜索引擎没有统一的分类体系,用户对类目的判断和选择将直接影响到检索效果,而类目之间的交叉,又导致了许多内容的重复。同时,有些类目分得太细,也使得用户无所适从。此外,目录库相对较小,更新较慢,严重影响了查询结果的时效性。分类目录索引虽然有搜索功能,但在严格意义上算不上是真正的搜索引擎,仅仅是按目录分类的网站链接列表而已。但也正因如此,用户进行信息查询时,可以不用进行关键词查询,只要遵循系统的分类体系按图索骥、层层深入即可,操作比较简单,大大方便了用户。

3. 元搜索

元搜索引擎(META Search Engine)指在统一的用户查询界面与信息反馈的形式下,共享多个搜索引擎的资源库,为用户提供信息服务,又称作搜索引擎之上的搜索引擎。它将现有的多个搜索引擎看成一个整体,用户只需提交一次搜索请求,元搜索引擎根据知识库中的信息,将用户请求转换为多个搜索引擎所能识别的格式,由元搜索引擎负责转换处理后提交给多个预先选定的独立搜索引擎,由这些搜索引擎完成实际的信息检索,最后元搜索引擎再把从各个搜索引擎返回的结果收集起来,进行分析比较,合并冗余信息,去除重复信息,以一定模式返回给用户。著名的元搜索引擎有 InfoSpace、Dogpile、Vivisimo 等,中文元搜索引擎中具有代表性的是搜星搜索引擎。在搜索结果排列方面,有的直接按来源排列搜索结果,有的则按自定的规则将结果重新排列组合。

元搜索引擎主要由检索请求预处理、检索接口代理及检索结果处理 3 部分构成。其中检索请求预处理部分负责实现用户"个性化"检索设置要求,包括调用哪些搜索引擎、检索时间限制、结果数量限制等。检索接口代理负责将用户的检索请求"翻译"成满足不同搜索引擎本地化要求的格式。检索结果处理负责所有元搜索引擎检索结果的去重、合并、输出等处理。

除上述 3 大类引擎外,还有以下几种非主流形式:

4. 垂直搜索

垂直搜索引擎为 2006 年后逐步兴起的一类搜索引擎。不同于通用的网页搜索引擎,垂直搜索专注于特定的搜索领域和搜索需求(例如:机票搜索、旅游搜索、生活搜索、小说搜索、视频搜索等),针对某一特定领域、某一特定人群或某一特定需求提供的有一定价值的信息和相关服务,在其特定的搜索领域有更好的用户体验,其特点就是"专、精、深",且具有行业色彩。相比通用搜索动辄数千台检索服务器,垂直搜索具有硬件成本低、用户需求特定、查询的方式多样等特点。

5. 集合式搜索

集合式搜索引擎类似元搜索引擎,区别在于它并非同时调用多个搜索引擎进行搜索,而是由用户从提供的若干搜索引擎中选择,如 HotBot 在 2002 年底推出的搜索引擎。

6. 门户搜索引擎

门户搜索引擎,如 AOLSearch、MSNSearch 等虽然提供搜索服务,但自身既没有分类目录,也没有网页数据库,其搜索结果完全来自其他搜索引擎。

以上这些分类方法都是从一个角度来看待搜索引擎的,随着科学技术的发展,新类型的搜索引擎也会不断出现。由于不同类型的搜索引擎对网络资源的描述方法和检索功能不同,对同一个主题进行搜索时,不同的搜索引擎通常会得到不同的结果。因此,需要了解各种搜索引擎的特点,选择合适的搜索引擎,并使用与之相配合的检索策略和技巧,才会花较少的时间获得较为满意的结果。

7.1.3 搜索引擎未来发展趋势

搜索引擎从诞生之日起已有几十年历史,从最初的目录式搜索,到关键词搜索,以及正在发展的语音搜索、图片搜索等,搜索引擎度过发展的瓶颈期后逐渐转向智能搜索，进而提供越来越多的个性化搜索服务，实现了从信息搜索到知识服务的目标。

搜索引擎的发展趋势大体归纳如下：

1. 实时搜索

随着微博等个人媒体平台兴起，对搜索引擎的实时性要求日益增高，实时搜索最突出的特点是时效性强，核心是“快”，用户发布的信息在第一时间能被搜索引擎搜索到。

不过在国内，实时搜索由于各方面的原因无法普及使用，如 Google 的实时搜索是被重置的，百度还没有明显的实时搜索入口。

2. 移动搜索

随着智能手机的快速发展，基于手机的移动搜索日益流行，尽管移动设备有一定的局限性，如屏幕小、可显示区域不多、计算资源能力有限、打开网页速度慢和手机输入烦琐等问题，但是，随着智能手机信息技术的进步和普及，移动搜索需求越来越强，移动搜索市场占有率将会逐步上升，为此，百度新提供了“百度移动开放平台”以弥补这个缺失。

3. 个性化搜索

个性化搜索主要面临两个问题：如何建立用户的个人兴趣模型？在搜索引擎里如何使用这种个人兴趣模型？

个性化搜索的核心是根据用户的网络行为，建立一套准确的个人兴趣模型。而建立这样一套模型，就要全面收集与用户相关的信息，包括用户搜索历史，点击记录，浏览过的网页，用户 E-mail 信息，收藏夹信息，用户发布过的信息、博客、微博等内容，从这些信息中提取出关键词及其权重。

为不同用户提供个性化的搜索结果，是搜索引擎的发展趋势之一，但还有一些难题没有彻底解决，例如：一是个人隐私的泄露，二是用户的兴趣会不断变化，仅依靠历史信息，无法反映用户的兴趣变化。

4. 多媒体搜索

目前搜索引擎的查询还是基于文字的，即使是图片和视频搜索也是基于文本方式的，那么未来的多媒体搜索技术则会弥补这一缺失。多媒体搜索形式除了文字外，主要包括图片、音频、视频。

多媒体搜索比纯文本搜索要复杂许多，一般多媒体搜索包含 4 个主要步骤：多媒体特征提取、多媒体数据流分割、多媒体数据分类和多媒体数据搜索引擎。

5. 情境搜索

情境搜索能够感知人与人所处的环境，针对“此时此地此人”来建立模型，试图理解用户实时查询目的和信息需求。比如某个用户在苹果专卖店附近发出“苹果”这个搜索请求，基于地点感知及用户的个性化模型，搜索引擎就有可能认为这个查询是针对苹果公司的产品，而非对水果的需求。

6. 跨语言搜索

语言已经成为限制不同语种的人们在互联网上进行文化交流和科技交流的最大障碍，因此跨语言搜索必将成为未来搜索引擎必备的一个功能。目前跨语言搜索有机器翻译、双语词典查询和双语语料挖掘 3 种方法，通过跨语言搜索能让更多的人共享异域文化与先进的科学技术。

7. 知识图谱搜索

知识图谱是显示知识发展进程与结构关系的一系列各种不同的图形，用可视化技术描述知识资源及其载体，挖掘、分析、构建、绘制和显示知识及它们之间的相互联系。当用户发起一个搜索请求后，除了显示用户搜索的结果，其他与之相关的重要信息也将以发散图表的形式呈现出来。这一功能将在满足用户信息检索的同时，更好地理解用户所需要的内容。

总之，搜索引擎将日益智能化、人性化，为用户提供快捷便利的服务，满足日益增长的个性化需求。

7.2 网络常用学术搜索引擎

目前，互联网已经成为人们发布、传播、交流、获取信息的重要渠道，其中包括大量具有科研价值的学术信息。因特网上搜索引擎很多，用户使用时需要根据自己的需求考虑以下几个因素，选择合适的搜索引擎。

(1)收录范围。综合性搜索引擎通常以全球的因特网资源为目标，而一些中、小型搜索引擎则致力于某区域或某一领域的专业资料信息。综合性搜索引擎的范围虽然广泛，但就某一区域或某一领域而言，不一定有中、小型搜索引擎信息收集得深入和完备。搜索引擎包含资源最多的是网络资源，有的搜索引擎只收集网络资源，而有的搜索引擎除了收集网络资源外，还收集 BBS、FTP、Gopher、Newgroup 等资源。

(2)搜索引擎使用数据库的容量。不同的搜索引擎,其数据库的容量相差很大,有的已达2.5亿个网页,而有的还不到百万个网页。

(3)用户界面。在保证功能齐全的基础上,应当保持用户界面友好,避免过多广告。

(4)响应速度。响应速度通常情况下不是由搜索引擎运行速度决定的,而是由网络传输速度决定的。

(5)更新周期。因特网始终处于不断变化发展之中,一个好的搜索引擎,除了内容丰富、查找迅速外,还应该对数据库中已有内容进行审核、更新,及时删除死链接、坏链接。

(6)准确性与全面性。通常用户总是希望搜索引擎反馈的内容是准确和全面的,但实际上,准确性与全面性是搜索引擎的一对矛盾,不能过于苛求。

为了更加快捷、准确地检索出这些学术信息,国内外的搜索引擎公司纷纷推出专门针对互联网上学术信息的专业搜索工具,如 Google Scholar、Scirus 和 Oaister 等,这些都是互联网上众多学术搜索引擎的优秀范例。

在使用搜索引擎时,可以先使用搜索引擎的分类目录,浏览一下自己关心的主题,再使用关键词检索中的简单检索。如果反馈的结果太多,则需使用高级检索功能。

7.2.1 Google Scholar

Google Scholar(谷歌学术搜索)是 Google 公司于2004年推出的免费学术搜索工具。2006年1月面向中文信息的 Google 学术搜索正式上线,其口号为“站在巨人的肩膀上(Stand on the shoulders of giants)”。

1. Google Scholar 概述

Google Scholar 提供可广泛搜索学术文献的简便方法,滤掉了普通搜索结果中的一些垃圾信息,可搜索学术领域中确定相关性较强的研究。Google Scholar 可以搜索医药、物理、经济以及计算机科学等多个学科领域,资料来源包括学术著作出版商、专业性社团、各大学及其他学术组织的同行评论文章。信息类型包括:期刊文献、研究机构论文、技术报告、图书、预印本以及摘要等。

中文版 Google 学术搜索向用户提供了中文的搜索页面,将各种各样的中文学术研究成果及资料发布在学术搜索库中,全世界的用户可以使用学术搜索查找来自中国相关领域学者的文献及成果。但是,中文的有关学术资料相关信息还比较缺乏,很多只能搜到题目并无法查看详细论文资料。

2. Google Scholar 搜索功能

Google Scholar 提供基本搜索(Basic Search)和高级学术搜索(Advanced Scholar Search)两种检索模式。

基本搜索模式为默认页面,使用起来简单、快捷。高级学术搜索提供更多的用户选项,包括支持逻辑"and""or""not"组配、"精确短语"及其他限制选项检索,高级学术搜索页面如图 7-1 所示:

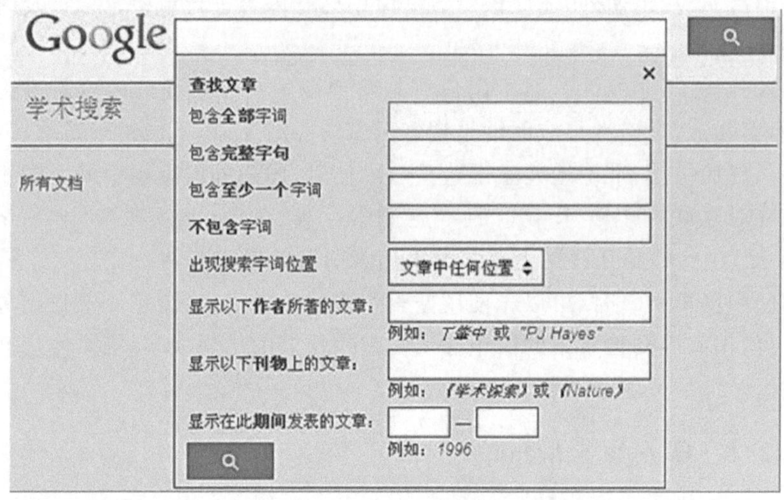

图 7-1　Google Scholar 高级学术搜索页面

包含全部字词:只需在关键词中间键入一个空格,所有检索词默认为逻辑"and"检索。

包含完整字句:所有检索词默认为"一个词"检索。

包含至少一个字词:只须在关键词中间键入一个空格,所有检索词默认为逻辑"or"检索。

不包含字词:只须在关键词中间键入一个空格,所有检索词默认为逻辑"not"检索。

3. Google Scholar 其他搜索功能

(1)字段检索:限定"出现搜索字词位置"有两个选项,"文章中任何位置""位于文章标题"。

(2)作者检索:"显示以下作者所著的文章",可获得特定学者的学术文献。

(3)文献来源检索:"显示以下刊物的文章",可获得特定出版物出版的相关文献。

(4)时间范围:"显示在此期间发表的文章",适用于检索某一时间段或最新的学术文献。

(5)检索结果排序:按相关性排序,按日期排序。

综上所述,Google Scholar 可以帮助我们了解某一领域的相关研究成果,利用引文分析可以拓展我们的研究思路。Google Scholar 作为一个面向多学科的学术资源检索工具,继承了 Google 简单实用的风格和搜索技术,将互联网搜索工具专门用于学术研究领域,而且完全免费,在检索专业文献方面有独特的优势。

7.2.2　Scirus 科学信息搜索引擎

Scirus 是由享誉世界的荷兰 Elsevier Science 经多年研究,于 2001 年 5 月在互联网上推出的免费学术搜索引擎。其口号为"专为科学信息(for scientific information only)"。它的出现为科研人员在网络上快速查找所需信息打开了一道便捷之门。

1. Scirus 概述

Scirus 搜索引擎的主要信息源是网页和期刊,同时覆盖的内容还包括:摘要、论文、学术出版商、图书、专利、预印本、评论、与科学有关的网页、学位论文、会议文献,能够查找其他搜索引擎检索不到的最新技术报告以及经专家评审的期刊文献。Scirus 可以对网络中所搜索到的结果进行过滤,只列出包含有科学信息的成分。Scirus 覆盖的学科范围包括:农业与生物学,天文学,生物科学,化学与化工,计算机科学,地球与行星科学,经济、金融与管理科学,工程、能源与技术,环境科学,语言学,法学,生命科学,材料科学,数学,医学,神经系统科学,药理学,物理学,心理学,社会与行为科学,社会学等。数据每月更新。

2. Scirus 的特色

该搜索引擎是专为科研人员所设计的,它与一般搜索引擎的不同之处是它主要涵盖专门科学方面的信息,收录同行评审(Peer-Reviewed)的文章,这在一般搜索引擎中大部分是被忽略掉的。Scirus 可以搜索特定作者、期刊的文献,也可通过出版年等缩小查询范围,可同时查询与学科相关的会议、摘要及专利资料。

3. Scirus 检索功能

(1)检索方式

Scirus 的检索页面友好,提供了两种检索页面:基本检索(Basic Search)和高级检索(Advanced Search)。

①基本检索(Basic Search):直接在对话框中键入检索词即可检索出相应结果。如图7-2所示:

图 7-2　Scirus 基本检索页面

②高级检索(Advanced Search):提供了详尽的、细化的检索条件,所设置的选项甚至超出一些专业数据库的高级检索。将检索条件细化为字段、相同字段/不同字段布尔逻辑运算、日期(Dates)、信息类型(Information Types)、文件格式(File Formats)、内容来源(Content Sources)、期刊来源(Journal Sources)/优先选择网络来源(Preferred Web Sources)、主题学科(Subject Areas)7个方面,还可进行交叉选择限定,显示出了检索的灵活性,提高了检索结果的准确性。

(2)检索字段

Scirus 能进行字段限制检索。在高级检索页面,选择下拉字段选择框,可以选择所需限制的字段。例如,文献题名(Article Title)、期刊刊名(Journal Title)、著者[Author(s)Name]、著者单位[Author Affiliation(s)]、关键词(Keywords)、ISSN(国际标准刊号)、网址检索(URL)(Part of a)、全文(The Complete Document)。

(3)布尔逻辑运算

Scirus 支持相同字段和不同字段的布尔逻辑运算。相同字段逻辑运算包括:All of the Words——检索结果中必须包括键入的每一个检索词,相当于逻辑"AND";Any of the Words——检索结果中可包括一个或多个检索词,相当于逻辑"OR";Exact Phrase——检索结果与键入短语严格匹配,相当于引号""的应用。支持不同字段的逻辑运算,包含逻辑"AND"、逻辑"OR"、逻辑"ANDNOT"运算检索。

(4)Scirus 的通配符为"?""*"。"?"对应一个字符,"*"对应多个字符(含一个字符),如"te? t"可检索出 test、text;"? phenyl"可检索出"ophenyl""pphenyl";"parasit *"则可检出"parasite""parasitic""parasitology""parasitemia"等。

4. 用户个性化检索设置

Scirus 精选信息来源并进行过滤，通过使用书目识别器、个性化设置等一系列措施提高检索结果的准确性，为用户提供针对性较强的信息。具体设置选项包括：

(1) 限制检索结果的信息类型(Information Types)：Any Information Type、Abstracts、Articles、Articles in Press、Books、Conferences、Patents、Preprints、Reviews、Scientist Homepages、Theses and Dissertations。

(2)限制检索结果的信息来源(Content Sources)：包括期刊资源和许多著名的网络专业数据库。具体信息来源见表 7-2。

表 7-2　　Scirus 信息来源

Journal sources	Preferred Web sources
American Physical Society	E-Print ArXiv
BioMed Central	Caltech
BMJ Group	CogPrints
Crystallography Journals Online	Curator
Hindawi Publishing Corporation	Department of Energy
IOP Publishing	Digital Archives
Lippincott Williams & Wilkins	DiVA
Maney Publishing	HKUST
MEDLINE / PubMed	The University of Hong Kong
Nature Publishing Group	Humboldt
Project Euclid	IISc
Pubmed Central	MD Consult
Royal Society Publishing	MIT OpenCourseWare
RSC Publishing	NASA
SAGE Publications	NDLTD
ScienceDirect	OncologySTAT
Scitation	Organic Eprints
Springer	Patent Offices
Society for Ind. & App. Mathematics	PsyDok
Wiley-Blackwell	RePEc
	Univ. Toronto T-Space
	Wageningen Yield

(3)限制检索结果的文件格式(File Formats):包括 Any Format、HTML、PDF、Word、PPT、PS、TeX 7 种格式。

此外,还可限制检索结果的学科与主题范围、检索年限、每屏显示的检索结果数量等。用户可以保存检索设置,以便在今后的检索中继续沿用此设置。

(4)检索结果的排序:检索结果列表显示命中记录总数量(包括期刊数量、网络文献数量)和所使用的检索式。在默认情况下,检索结果按照相关度进行排序,也可以根据自己的需要,选择按照日期排序。点击选中的某一篇文献的篇名,可显示包括文摘在内的详细信息,还可链接全文,查看被引情况及结果保存。

7.2.3 OAIster 开放存取搜索引擎/全球联合机构知识库

近年来,为顺应学术交流和信息共享的需要,开放存取这一新型出版模式在世界范围内广泛兴起和发展,网上免费的学术性数字资源日益增加。

这些开放存取的数字资源包括:学术组织或机构创办的开放期刊、学术组织或出版机构搜集整理的免费访问的期刊、学术组织或机构建立的“仓储库”(Repositories)或者“文档库”(Archives)。这些数字资源大部分不在图书馆目录、联合数据库或订购的在线期刊之列,但对科研人员而言却越来越不容忽视。它们具有多元化、分散性、动态性的特点,分布在不同地理位置的服务器上,隐藏在网页之后,一般网络搜索引擎(例如:Google、百度)难以将它们添加到索引里面。同时,这些数字资源采用不同的元数据描述,存储在不同的资源库中,使用不同的数据库结构、索引法、检索策略和界面。因此,对用户来说,不易于发现及检索,且需要花费大量时间重复构建检索式,判断并筛选检索结果。面对复杂的信息与网络环境,需要开发新的检索工具,以解决元数据多样、分散存储、检索平台异构性等问题。其中以进行资源整合、提供一站式获取服务的需求最为迫切。

OAIster 是 2002 年密歇根大学在美国梅隆基金会的资助下开展的项目,目前已发展成为全球最大的开放档案资料数据库,为研究者提供多学科的数字资源。OAIster 的主要目标是提供开放存取数字资源的一站式检索,并链接到数字对象本身,这个过程不受任何权限限制。

1. OAIster 概述

OAIster 开放存取搜索引擎信息源自全世界成千上万家图书馆及研究机构,标引对象包括美国国会图书馆美国记忆计划、各类预印本及电子版文献服务器、电子学位论文、机构收藏库等。资源类型包括:数字化图书与期刊文章、原生数字文献、音频文件、图像、电影资料、数据集、论文、技术报告、研究报告、摄影图片、口述历史资源等"一站式"检索的门户网站。OAIster 收录的数字资源覆盖自然科学、社会科学、人文艺术的各个学科门类。数据库每季度更新一次。

2. OAIster 检索功能

(1)检索途径

OAIster 提供多种检索途径,包括:数据提供者(Data Contributor)、浏览或检索、全部字段(Entire Record)检索、题名字段(Title)检索、作者或创建者字段(Author/Creator)检索、学科字段(Subject)检索。

(2)检索方法

组配方法:在检索框输入一个以上的词,这些词将作为词组被精确检索。

截词检索:使用符号"*",检索词根相同单词的不同拼写形式。

布尔逻辑检索:支持布尔逻辑运算符"and""or""not"。

作者姓名顺序倒置:如果输入作者姓名检索不到检索结果,可将作者姓名顺序倒置,重新检索,忽略姓名大小写,忽略标点符号。

检索结果排序有三种方式:A-Z 字母顺序排列,按照题名或作者(创建者)名称的英文字母顺序排列;日期先后排列,顺排或倒排;相关度排列等。检索结果含资源描述和该资源链接。

在使用搜索引擎时,可以先使用搜索引擎的分类目录,浏览一下自己关心的主题,再使用关键词检索中的简单检索。如果反馈的结果太多,则需使用高级检索功能。

7.2.4　百度

百度成立于 2000 年 1 月,其目标定位于打造中国人自己的中文搜索引擎。百度搜索引擎是目前世界上最大的中文搜索引擎,是中国最受欢迎、影响力最大的中文网站之一。

1. 百度概述

"百度"二字源于中国宋朝词人辛弃疾的《青玉案·元夕》词句"众里寻他千百度",象征着百度对中文信息检索技术的执着追求。百度具有搜索结果准确性好、查全率较高、数据更新快等特点,能够帮助用户快速在互联网信息中找到自己需要的信息,深受用户喜爱。2005 年 8 月,百度搜索引擎在美国纳斯达克(NASDAQ)上市,成为首家进入纳斯达克股的中国公司,是中国最具价值的品牌之一。

2. 百度产品

从创立之初,百度便将"让人们最便捷地获取信息,找到所求"作为自己的使命，坚持技术创新，致力于为用户提供“简单、可依赖”的互联网搜索产品及服务。百度搜索引擎提供新闻、网页、音乐、图片、视频、地图、词典、常用搜索等搜索服务，还提供百科、文库、贴吧、知道等社区服务及百度翻译、专利搜索等其他服务，覆盖了中文网络大部分搜索需求。

(1)页面搜索：用户通过百度主页，可以找到相关的搜索结果，这些结果来自百度超过数百亿中文网页的数据库。

(2)垂直搜索：秉承“用户体验至上”的理念，除网页搜索外，百度还提供MP3、图片、视频、地图等多样化的搜索服务，给用户提供更加完善的搜索体验，满足多样化的搜索需求。

(3)百度快照：全新的浏览方式，解决了因网络、网页服务器及病毒所导致的无法浏览的问题。它的原理是只加载网上的文字、图片和超链接。

(4)社区产品：信息获取的最快捷方式是人与人的直接交流，为了让那些对同一个话题感兴趣的人聚集在一起，方便地展开交流和互相帮助，百度贴吧、知道、百科、空间等围绕关键词服务的社区化产品也应运而生。而百度 Hi 的推出，更是将百度所有社区产品进行了串联，为人们提供了一个表达和交流思想的自由网络空间。

(5)百度云：百度云是百度公司在开放自身的核心云能力(包括云存储、云计算和大数据智能)的基础上，为广大开发者和最终用户提供的一系列云服务和产品，其服务的对象包括开发者和个人用户两大群体。

(6)百度移动：为了满足移动互联网时代广大网民的搜索需求，百度移动搜索提供了多入口化的搜索方式，包括网页的移动搜索、百度移动搜索 App 以及内嵌于手机浏览器、WAP 站等各处的移动搜索框，因此能够快速、全面、精准地提供搜索服务。百度产品具体内容见表 7-3。

表 7-3　百度产品大全

新上线	百记	百度百聘	百度技术学院	百度信誉
	百度营销中心	好看视频		
搜索服务	百度人工翻译	网页	百度软件中心	视频
	百度翻译	音乐	地图	新闻
	图片	百度识图	百度票务	百度音乐人
	百度财富	百度外卖	百度传课	百度学术
	百度房产	桌面百度		

（续表）

导航服务	hao123	网站导航	百度口碑	
	百度股市通	百度钱包	百度阅读	百度旅游
	百度金融商城	百度众测	百度社团赞助平台	百度糯米
	百度乐彩	宝宝知道	百度优课	
游戏娱乐	91 手游网	百度游戏	百度开发者平台	
移动服务	百度手机助手	百度糯米	百度理财	百度传课
	百度手机输入法	百度 H5	百度手机浏览器	百度魔图
	百度翻译 App	百度魔拍	百度音乐 App	百度微任务
	百度手机卫士			
站长与开发者服务	百度教育商业服务平台	百度灵犀	百度律师	百度大脑
	百度商桥	百度推荐	百度开放平台	站长平台
	百度统计	百度联盟	百度推广	风云榜
	百度移动统计	百度指数	百度司南	百度开发者中心
	百度图＋	百度云观测	百度商业服务市场	百度舆情
	百度精算	百度云加速	APIStore	91 百通广告
	百度云	百度语音	百度 SSP 媒体服务	百度云推送
	百度移动云测试中心	百度分享	百度开发者中心	百度移动统计
软件工具	百度脑图工具	百度传课	百度影音	百度音乐
	百度浏览器	百度 hi	百度输入法	百度杀毒
	百度五笔输入法	百度卫士		
其他服务	安卓网	91 门户	百度公益	百度营销大学
	百度营销研究院	百度认证		
社区服务	百度取证	百家号	百度广播开放平台	百度 VR 社区
	百度安全论坛	度秘	文库	百度网盘
	百科	贴吧	知道	经验

7.2.5　门户网站搜索引擎

所谓门户网站是指通向某类综合性互联网信息资源并提供有关信息服务的应用系统。门户网站最初提供搜索引擎、目录服务，后来由于市场竞争日益激烈，门户网站不得不快速拓展各种新业务类型，希望通过门类众多的业务来吸引和留住互联网的用户，以至于目前门户网站的业务包罗万象，成为网络世界的“百货商场”或“网络超市”。从现在的情况来看，门户网站主要提供新闻、搜索引擎、博客、论坛、邮箱、网络社区、网络游戏、免费交易平台等内容。在我国，典型的门户网站有新浪、网易、腾讯(QQ)和搜狐。在这些门户网站下，各大门户均在自身网站显著位置上挂自主品牌的搜索引擎，如新浪爱问、搜狐搜狗、腾讯搜搜、网易有道搜索，且这些搜索引擎均在自身门户的保护下独立发展。其中搜狐立足于自身研发为主，新浪则主要采用谷歌的技术。

1. 搜狗

搜狗是搜狐推出的第三代互动式搜索引擎，在用户输入一个查询词后，尝试理解用户可能的查询意图，给出多个主题概念的搜索提示，通过人机交互过程，智能展开多组相关的主题概念，引导用户更快速准确地定位自己所关注的内容。

搜狗搜索引擎的使用：

(1)基本搜索：在查询框中输入搜索内容即可得到最相关的资料。如果查找的是一个词组或多个汉字，最好的办法就是将它们用双引号标注；如果要避免搜索某个词语，可以在这个词前面加上一个减号(“－”，英文字符)，但减号之前必须留一个空格。

(2)缩小搜索范围：通过输入更多的关键词，各关键词间用空格间隔，默认为逻辑“and”关系。

(3)英文字母大小写：搜索不区分英文字母大小写，无论大写小写字母均当作小写处理。例如，搜索“sogou”“SoGou”“SogoU”或“SOGOU”，得到的结果都一样。

2. 爱问

新浪搜索引擎“爱问”作为首个中文智能型互动搜索引擎，突破了由Google、百度为代表的算法制胜的搜索模式，在保留了传统算法技术在常规网页搜索的强大功能外，以一个独有的互动问答平台弥补了传统算法技术在搜索界面上智能性和互动性的先天不足。通过调动网民参与提问与回答，“爱问”汇集了千万网民的智慧，让用户彼此分享知识与经验。

3. 有道

“有道”搜索引擎是网易旗下搜索引擎，主要提供网页、图片、新闻、视频、音乐、博客等传统搜索服务，同时推出词典、阅读、购物搜索等产品。提供“网页预览”“即时提示”等新功能的网页搜索可以帮助用户更快更准地找到想要的结果；

图片搜索结果界面简洁直观，用户还能根据拍摄的相机品牌、型号，甚至季节等高级搜索功能找到自己中意的照片；海量词典是词典和搜索技术的结合，特有“网络释义”功能，从海量网页中挖掘出传统词典没有的词汇，将新词、术语一网打尽。

4. 搜搜

搜搜是腾讯旗下的搜索网站，是腾讯主要的业务单元之一。搜搜目前主要包括网页搜索、综合搜索、图片搜索、音乐搜索、论坛搜索、搜吧等 16 项产品，通过互联网信息的及时获取和主动呈现，为广大用户提供实用和便利的搜索服务。搜搜表示“将致力于打造一个精准化、个性化、社区化的创新搜索平台”。

使用搜搜只需在搜索框内输入需要的关键词，点击“搜搜”按钮即可。无线搜索是 SOSO 未来情境搜索最重要的发力点之一，将在数据、场景、用户群以及商业模式四方面与情境搜索结合。搜搜的特色包括：搜搜直达区，整合了互联网上高质量的信息，输入一下关键词，就能直接看到精华的内容；SOSO 问问，是为广大网友提供的一个问答互动平台，这里汇集了亿万网友的智慧力量；QQ 聊天助手，将搜索与 QQ 聊天紧密结合，聊天中快速获取资讯，紧跟好友话题；SOSO 实验室，是搜索技术和产品的演练场，展示了用户喜欢但还不完全成熟的构思；SOSO 表情搜索，可以找到丰富的个性聊天表情；SOSO 创意图片搜索，提供高质量创意摄影图片。

7.2.6　常用中文搜索引擎比较

随着互联网的不断发展扩大，网络上中文信息资源和上网的中文用户也大量增加，各类中文搜索引擎更是层出不穷。以下仅对一些有规模、常用的中文搜索引擎做如下比较。

1. 服务界面

首先这些搜索引擎的界面都有着共同的特点，就是简洁。除了 LOGO、搜索框和搜索按钮以及个别功能服务链接，页面上没有其他多余东西，使用起来一目了然，并且首页界面上没有任何第三方广告。搜索结果页面简洁，在左侧排列搜索结果。此外搜索引擎对 Logo 文化比较重视，在传统节日或者一些特殊纪念日会将首页的 Logo 徽标换成与此相关的设计，谷歌和百度做得比较好。

2. 搜索数量和质量

从搜索数量和质量上来看，谷歌有较明显的优势，毕竟技术实力、开发经验和运作时间上都强于其他对手，所以在结果的相关性上稍胜一筹，质量优于其他；百度则颇有些自毁优势的味道，其搜索结果的质量还是不错的，就是加入了过多“人为因素”，影响了结果的质量和客观。

3. 搜索功能

谷歌和百度提供了相当完善的高级搜索功能，可供定制的参数非常丰富，除了搜索结果包含关键词外，还支持格式、时间、关键词位置、网域等参数以及相似搜索、反向搜索。与谷歌和百度相类似的是，搜狗对这些高级搜索功能也基本支持。除了常用的文字搜索，如今的搜索引擎还推出了各种专门搜索，可用于图片、视频、音乐等内容的搜索，以及手机搜索这样的功能。在一些实用、常见的特色、专门搜索功能上，百度支持的数量最多，从中我们可以看出百度对于细分市场的重视，这也从一个侧面体现出搜索引擎的实力。而有道搜索提供了海量词典的功能，独创“网络释义”功能，还能提供搜索结果的页面内容预览。

而在搜索的细节体验上，如关键词输入提示、输入纠错、相关搜索提示以及有道新近推出的预览，各大搜索引擎均花费了不少心思。

4. 搜索结果显示

在搜索结果页面的展示形式上，谷歌和百度的结果显示形式最为“标准”，它采集了网站首页最新的网页标题和网页描述的内容作为搜索结果的摘要，直观明了地展现了目标网页的主题，并且同时提供了网页快照、类似网页和站内搜索的链接，可以说是所有搜索引擎中结果显示形式最为完善的。搜狗和有道搜索引擎的返回结果显示形式类似，它们都采集网页的标题作为搜索结果的标题，但是简介并不是采集网页的描述，而是抽取网页中的内容，这样导致了简介的内容混乱，很难让用户直接了解到网站的主题内容，特别是有道搜索引擎居然采集的是网页底部关于内容和版权声明。

至于搜索结果的广告成分，谷歌会显示少量广告，但是都通过更改背景颜色等方式与正常搜索结果区分开来，不易混淆；而百度和搜狗搜索结果的列表中广告较多，且与正常搜索结果混合显示。

从以上的比较可以看到，谷歌和百度搜索无论是技术还是市场份额都要领先其他引擎不少，在搜索的功能、搜索结果质量等方面表现都很好，其他搜索引擎目前还是难以望其项背，但其他搜索引擎的发展也是值得肯定的，表现各有亮点之处。常用中文搜索引擎特点的比较见表 7-4。

表 7-4　　常用中文搜索引擎特点的比较

中文搜索引擎名称	主要搜索特点
百度	免费收录网站/MP3/竞价广告
Google	免费收录网站/地图/翻译/专业搜索
中搜(慧聪搜索)	首页热点搜索、最新搜索、行业搜索和电商业务
搜狗	独立搜索引擎、高级搜索、娱乐/购物搜索
必应	资讯、辞典、导航、产品评价/双语页面
3721	实名搜索/地址栏搜索
一搜视频	网页、电影/电视剧/综艺/动漫/体育直播

第8章 信息的综合分析与利用

科技信息综合分析与利用是科研工作中的一个重要环节。根据研究课题的要求，对文献信息中的观点、数据、素材进行深入细致的分析和综合研究。通过对比、分析、综合、推理和数学统计等方法，从中找出共同性的或具有发展趋向性的特征和规律，才能提出有关科研课题的意见、观点、建议和方案。

8.1 信息的搜集与分析整理

任何科学技术研究活动，都要以资料作为基础。信息资料的系统搜集和保存，是利用的前提和基础，是研究过程观点形成的基础，是动笔写论文的重要依据，也是科学研究活动的保障和重要组成部分。没有资料，就无从研究，更谈不上观点和创见。只有掌握信息检索的知识，运用现代化检索手段，利用丰富的数字化信息资源，采取有效的检索方法，才能用最短的时间和最少的精力获得最有用的资料，从相关资料中发现一些可能对当前研究有用的研究思路及方法，为解释研究结果提供背景材料，顺利地完成论文开题或写作。总之，查阅、收集资料是一项基础工作，它会帮助你掌握研究的现状，并为研究过程提供有益的信息。

8.1.1 信息搜集的方法与途径

信息传播渠道一般分为非正式渠道和正式渠道。非正式渠道传播的信息称为非正式信息源；正式渠道传播的信息称为正式信息源。

1. 非正式信息源的搜集方法与途径

(1)外出调研，到同类课题或相关课题的研究单位进行调查研究，了解其研究情况、实验设备、手段及进展情况；

(2)参加国内外的学术研讨会及专题研究会,听取论文宣读、专题讲座、同行互访、个别交谈等直接获取信息;

(3)参加成果展览会搜集信息;

(4)通过同行之间的私人通信(如信件、邮件、短信等)搜集信息;

(5)通过 Internet 的 BBS、通信讨论组、网络会议等各种交流方式搜集信息。

2. 正式信息源的搜集方法与途径

(1)浏览本学科的核心期刊,注意搜集涉及自己主攻方向的新情报,把握总的发展方向;

(2)利用各种文献检索工具(如目录、题录、文摘)和各种网络数据库(如书目数据库、全文数据库)进行检索,搜集有价值的文献信息;

(3)通过各种参考工具书(如百科全书、年鉴等)和各种事实、数值型数据库搜集特殊需要的情报;

(4)通过广播电视搜集信息;

(5)充分利用 Internet 提供的信息环境,通过现代化的信息搜索手段,快速、便捷地获取所需要的信息资源。

8.1.2　信息查询的步骤

信息查询是课题研究及论文写作的第一步。为了获得满足课题研究需要的结果,查询一般要分 5 个步骤进行。即分析研究课题,确定信息需要;选择参考资源或检索数据库;确定检索途径和选择检索方法;评估检索结果,优化检索策略;检索结果的组织与整理。课题有大有小、有深有浅,不同的课题需要获得的信息类型和信息量都不一样,运用的检索策略也不同,要根据需要在实践中灵活运用。

8.1.3　获取原始文献信息的途径

1. 利用馆藏目录或联合目录获取原始文献信息

首先,查阅本单位图书馆情报部门的馆藏目录(机读目录),在本单位得到原始文献信息;其次,应查阅国内外其他图书情报部门的联合目录,目的是要查到原始文献信息的馆藏地点,采用网上订购、馆际互借、文献传递等方式来获得原始文献信息。

2. 利用著者地址向著者索取原始文献信息

若利用上述途径找不到原始文献信息而又急需时,可利用著者和地址向著者去函要求提供原始文献信息。

3. 利用网上搜索引擎

通过搜索引擎查找国内外同行的最新研究动态或与课题相关的简讯、评论等方面的原始文献信息。搜索引擎是用来对网络信息资源管理和检索的一系列软件，实际上也是一些网页。查找信息资源时，在其中的搜索框中输入查找的关键词、短语或其他相关的信息，再通过超级链接，逐一访问相关网站，就可以查找到所需的信息，如谷歌、百度、雅虎搜索引擎。

4. 利用权威机构网站

如果用户熟悉网络资源的特点和分布状况，了解常用信息资源的发布方式，可通过国内外重要科研机构、信息发布机构、学会等的网址，及时准确地获得权威机构发布的信息。如要了解关于医药研究方面的信息和最新科研动态，可到美国国立研究院或世界卫生组织，以及其他一些重要的医药学会、协会的网站上查找。

5. 利用各高校网络资源

高校图书馆是网络信息资源的主要发布阵地，尤其是针对学术信息资源。图书馆根据读者需求，编制网络资源导航系统，建立中外文网络数据库链接，筛选网上信息，剔除重复和无用的网络资源，引导读者最大限度地利用有效的信息资源，将读者从繁杂、无序的信息海洋中解脱出来，有效地遏制信息泛滥给读者造成的影响。如建立网络信息资源链接列表、数据库的镜像服务网站，将信息资源按水平、质量、来源、相关度等加以排列，指明文献可利用程度，同时编制各种网上“指南”和“索引”，帮助读者有效利用网络信息资源。

6. 利用开放获取

网络上有很多站点提供免费的学术资源，这些资源包括工具书、电子期刊、标准、专利等免费数据库。开放获取(Open Access)是网络上提供免费资源最常见的方式之一，它是指某文献可以在 Internet 公共领域中被免费获取，允许任何用户阅读、下载、复制、传递、打印、检索、超级链接，并为之建立索引，用作学习、研究或其他任何合法用途。用户在使用该文献时不受财力、法律或技术的限制，而只需在存取时保持文献的完整性，对其复制和传递的唯一限制，或者说版权的唯一作用应是作者有权控制其作品的完整性及作品被准确接受和引用。

开放获取的出版形式有 OA 期刊(Open Access Journal，OAJ)、开放存档(Open Repositories and Archives)、电子预印本(E-print)、开放获取搜索引擎(OA Search Engine)等。

国内开放获取数据库有 Socolar 平台(http://www.socolar.com)、中国预印本服务系统(http://preprint.nstl.gov.cn)、中国科技论文在线(http://www.paper.edu.cn)、国家哲学社会科学文献中心(https://www.ncpssd.org)等。

国外开放获取数据库及系统有 OA 图书馆(Open Access Library)、英国诺丁汉大学和瑞典的隆德大学图书馆建立的 OpenDORA、DOAJ、美国斯坦福大学创立的 High Wire Press、美国国家自然科学基金支持的学位论文共享 NTLDT 等。

8.1.4 信息整理方法

对搜集到的资料应先整理,然后加以利用。整理文献信息的方法一般包括文献信息的阅读和消化、文献信息可靠性的鉴别、文献信息的摘录和组织编排。

1. 文献信息的阅读和消化

阅读和消化文献的一般顺序为:先阅读中文资料,后阅读外文资料;先阅读文摘,后阅读全文;先阅读综述性文献,后阅读专题性文献;先阅读近期文献,后阅读早期文献;先粗读或通读文献,后精读文献。

2. 文献信息的鉴别与剔除

(1)来源鉴别:对所搜集的文献信息,应做学术研究机构的对比鉴定。看是否出自著名学术研究机构,是否刊登在同领域核心(同行评审)期刊上,文献被引用频次多少,来源是否准确,是否公开发表。对故弄玄虚、东拼西凑、伪造数据和无实际价值的资料,一律予以剔除。

(2)作者鉴别:对所搜集的文献信息作者应做必要考证,看是否为本领域具有真才实学的学者。

(3)事实和数据性信息的鉴别:是指对论文中提出的假设、论据和结论的鉴别,应首先审定假定的依据、论据的可信程度,结论是否合理,实验数据、调查数据是否真实、可靠。对于那些立论荒谬、依据虚构、逻辑混乱、错误频出的资料应予剔除。

3. 文献信息的分类与排序

对通过不同渠道搜集来的信息资料进行信息分类、数据汇总、观点归纳和总结等形式和内容方面的整理。对于从事多项课题研究人员,应按课题建档、排序,对归类资料进行筛选,剔除重复、淘汰价值不大的信息,根据需要索取原文。

8.2 科技查新

科技查新是为了避免科研课题重复立项和客观正确地判断科研成果的新颖性而设立的一项工作。一般在科研项目申请立项或进行鉴定时，要求有科技查新业务资质的查新机构，根据查新委托人提供的需要查证其新颖性的科学技术内容，按照《科技查新规范》(国科发计字 2000544 号)进行操作，并做出结论，出具查新报告。为科研项目的评审专家提供全面、准确、客观、公正的“鉴证性客观依据”。查新报告与专家评议相辅相成，维护了科研管理部门提高科研立项、成果鉴定与奖励的严肃性、公正性、准确性和权威性。

我国科技查新(以下简称“查新”)工作是在科技体制改革的进程中萌生并逐渐发展起来的。1985 年《专利法》实施时，开始专利查新工作，目前专利查新检索已成为国家发明奖评审的必要条件。随着查新工作的开展，原国家科委于 1990 年 10 月 8 日印发了《关于推荐第一批查新咨询科技立项及成果管理的情报检索单位的通知》([1990]国科发情字 800 号)，标志着我国查新工作正式开始。伴随科技查新机构从无到有的不断发展扩大，查新的定义也在不断地进行修改，科学技术部(原国家科委)发布了《科技查新机构管理办法》和《科技查新规范》(国科发计字[2000]544 号)，其中将科技查新规范定义为：“是指查新机构根据查新委托人提供的需要查证其新颖性的科学技术内容，按本规范操作，并做出结论。”

8.2.1 科技查新的发展趋势

我国的科技查新工作发展已日趋成熟，科技查新的内容和方式也将伴随科研工作实际需求和国内外科学技术发展而发展。

1.由咨询服务发展为鉴证服务

在不同的历史时期，人们从不同角度和基于不同的认识，给予了查新不同的定义。20 世纪 90 年代初，原国家科委将查新定义为一种“信息咨询服务”工作。在 21 世纪，科技部将科技查新规范定义为一种鉴证性活动，标志着我国科技查新工作逐步步入法制化轨道，充分实现查新工作的监督管理职能，体现查新工作承担的法律义务和责任，保证查新工作的公正性、准确性和独立性。

2.由公益型向市场型过渡

一直以来，查新机构是享受行政拨款的事业单位，但随着市场经济的发展和科技体制改革的深入，各级情报单位逐步向企业化管理过渡，查新工作也要作为信息产业，按市场机制运行，其业务由供求关系决定。

3. 以馆藏文献为基础转向以“虚拟图书馆”为基础

20 世纪 90 年代初的查新服务主要以馆藏文献为基础，利用目录、索引、文摘、参考工具书、光盘数据库等进行查新。21 世纪的查新将会以全球“虚拟图书馆”为基础，这对于查新人员来说，意味着他们的检索空间更为广阔，信息资源更为丰富。

4. 查新应用更为广泛

以前的查新主要服务于大专院校、科研单位的科研立项及科技成果鉴定、评估、转化等活动。随着人们对查新了解的加深，其功能逐渐为社会各方面所重视和接受。现在除了政府部门、科研系统外，民间科研开发、技术交易、入股等活动，也自觉应用查新来保障自己的利益。由此可见，新时期的查新应用更为广泛，服务对象扩大到社会各层面。

5. 查新机构趋向专业化

过去，有关部门在授权查新机构时并没有对其查新的专业范围进行限制。随着查新业务的深入开展，人们发现信息资源馆藏特点和查新人员的知识结构对查新工作的影响很大。信息资源是查新的物质基础，是影响查新质量的重要因素；而每一个查新人员的知识面都是有限的，不可能面面俱到，如果查新课题的专业比较陌生，则很难把握其内容实质和技术要点。因此，根据查新单位的馆藏专业特点和查新人员的专业知识背景进行查新专业的授权和限制成为一种必然选择。

8.2.2　科技查新程序

科技查新工作有规范和固定的查新程序。在查新工作开始之前，要详细了解其具体的工作流程和要求，避免给查新工作带来不利因素。

1. 办理查新委托手续

(1)查新委托人：到指定的查新单位下载并按提示填写“查新课题委托单”，应由课题负责人或掌握课题全面情况的研究人员填写。据实、完整地表述课题的主要技术特征、发明点、创新点、参数、主要技术指标等；尽可能提供描述课题内容的中英文对照检索词，包括规范的主题词、关键词、概念词、同义词、缩略词、分子式和化学物质登记号等。提供检索式供查新人员参考。查新委托人填写好委托单并签字后，要加盖单位公章。另外需要提供的一些相关资料包括：参考文献、国内外同类科学技术和相关学科的背景资料等。

(2)查新受理机构:查新人员要确认委托人提交的材料是否齐全,根据委托人提供的相关资料确定是否可以受理,确认是否能满足委托人的查新要求,确定完成查新的时间,如果可以接受委托,要有受理人签字和受理机构盖章。

(3)科技查新对象

①申报国家级或省(部)级科学技术奖励的人或机构;

②申报各级各类科技计划、各种基金项目、新产品开发计划的人或机构;

③各级成果的鉴定、验收、评估、转化;

④各级科研项目的申请立项、技术引进等;

⑤国家、地方或企事业单位有关规定要求查新的。

2. 检索

(1)检索准备:在实施查新之前,查新人员要进行课题分析,并与委托人进行细致交谈,全方位了解委托人查新目的和对查新任务的具体要求,尽可能多地了解课题的研究情况,正确把握查新、查全、查准的辩证关系,在查全的基础上力求查准、查新。

(2)文献检索范围:这是查新过程中最重要的技术环节。文献检索范围的确定应考虑以尽可能短的时间,尽可能全面、准确地检出与查新项目内容相关的文献资源为原则。中文查新一般使用综合数据库(也叫通用基本数据库),再加上与此查新项目相关的专业数据库;外文查新是通用基本数据库再加上与此查新项目相关的专业数据库;还可以使用国际联机采用“411 号文档(Dialog 总索引库)包库”扫描,命中高的数据库基本上都是与所查课题相关的。

(3)实施检索:根据查新课题的主题选择检索平台,确定相应的检索文档或数据库,制定检索策略,根据课题学科特点确定检索年限,进入数据库实施检索,并输出相应的检索结果。

3. 科技查新新颖性判断与确定

科技查新“新颖性”的判断与确定是查新工作的核心。新颖性指的是在查新委托日期以前,查新项目的科学技术内容部分或者全部没有在国内外出版物上由他人公开发表过。公正地判断和确定课题的“新颖性”,需要查新人员对课题专业内容有深入领悟与准确判读,全面准确地检索相关文献信息,针对每一个查新课题的整体、局部、查新点与现有技术进行分析和对比,采用相同排斥、单独对比、具体下位概念否定一般上位概念、突破传统、新用途的判断原则,得出查新课题的科学技术内容全部、部分或某查新点是否具有相关文献报道的“新颖性”结论。

4. 完成查新报告

查新报告是查新机构用书面形式就查新事务及其结论向查新委托人所做的正式陈述，也是体现整个查新工作质量和水平的重要标志，查新人员要对查新课题内容及查新点与检索到的结果（相关文献反映出的现有研究或技术水平）进行比较，实事求是地做出文献评述论证结论。

8.2.3　科技查新与一般文献检索的异同

科技查新不只是一项课题的文献检索和查询，更是一项专题信息咨询。

一般文献检索（课题查询）只针对课题的需要，提供有关该课题内容的相关信息，包括原文或二次文献，而不需要提供对课题进行更加深入的分析、评价与鉴证工作。

科技查新则是文献检索（课题查询）和情报研究相结合的一项工作，它以文献为基础，以文献检索（课题查询）和情报研究为手段，以检出结果为依据，通过综合分析，对查新项目的新颖性进行情报学审查，写出有依据、有分析、有对比、有结论的查新报告。也就是说，查新是以通过课题查询过程中检出文献的客观事实来对项目的新颖性做出结论。因此，查新有较严格的年限、范围和程序规定，要求检索范围全面性、系统性和连续性，有查全、查准的严格要求。由于查新要求给出明确的结论，因此选择的对比文献要具有代表性、针对性与可比性，给出的查新结论要具有科学性、客观性和鉴证性，但不做水平评价。

8.3　个人文献管理软件及其应用

管理检索和科研文献数据，正确编辑论文的参考文献格式，往往会耗费科研工作者大量时间。越来越多的人开始使用功能强大的专业文献管理和论文写作工具软件，以此提高科研工作效率。目前主要的参考文献管理软件主要有 NoteExpress（NE）、EndNote 和 Mendeley。

8.3.1　NoteExpress 软件

NoteExpress（NE）是由北京爱琴海软件中心自主研发，拥有完全知识产权的文献检索、管理与应用系统，全面支持简体中文、繁体中文和英文。NoteExpress 清爽的界面、更易用的功能、更快的速度、更高的灵活性，汇聚了各种全新特性，针对研究人员在文献管理方面的实际需求提供了完整的解决方案，是不同研究领域的用户管理检索、管理科研文献数据、写作和参考文献管理工具软件，帮助用户高效利用电子资源，检索并管理得到的文献摘要、全文。

1. NoteExpress 软件的作用

(1)检索：快速检索高品质的文献资料。通过 NoteExpress 可以直接检索全球数以百计的图书馆和电子数据库。

(2)管理：有效管理海量文献资料。方便对百万计的电子文献进行管理，并可按不同研究方向分门别类，按照年份、作者、标题等排序。

(3)分析：量化分析检索结果。对题录信息进行多字段统计分析，使用户快速了解某领域内的重要专家、研究机构和研究热点等。

(4)发现：有利于知识发现。笔记模块能随时记录阅读文献时的思想火花，高效有序地管理笔记，方便以后查看；检索条件可以长期保存，自动推送符合条件的文献，方便追踪研究动态。

(5)写作：规范写作和提高效率。利用 NoteExpress 撰写论文时可自动生成符合要求的参考文献列表。

2. NoteExpress 的使用

(1)软件的下载及安装

登录软件下载地址，下载 NoteExpress 软件并安装到本机。

(2)检索

NoteExpress 本身集成 CNKI、万方、维普、超星、读秀、EBSCO、Elsevier、WOK 等 200 多家全球图书馆书库、电子数据库和互联网信息，可以帮助读者在软件中通过统一的界面进行高效、自动检索，检索的题录结果可以直接导入已建立的个人数据库中进行保存，并对题录进行排序、查重。一次检索，永久保存。NoteExpress 提供了 3 种方式保存读者检索的结果：手工录入、在线检索题录导入、数据库检索题录导入。各大数据库导入 NE 的大体步骤是一致的，只是不同的数据库在具体操作上有些细节不一致。

(3)管理

NoteExpress 提供以下各种管理功能模块，可以帮助用户有效管理文献信息。通过建立树形结构目录，分门别类地管理电子文献题录和全文，多层次虚拟文件夹功能更适合多学科交叉的科学研究。具体管理功能模块包括：文献查重、虚拟文件夹、附件和批量链接附件、标记标签云、排序查看、本地检索和检索记录、全文下载、题录组织、数据备份、回收站、批量编辑、多数据库。其中主要模块检索步骤如下：

①文献查重:如果需要找出数据库中的重复文献,操作步骤为:选择“检索”,点“查找重复题录”,指定查找范围,选择重复题录比较的字段,设置查找敏感度和匹配度,点击“查找”,重复题录高亮显示,可进行删除。

②虚拟文件夹:通过虚拟文件夹,可以让 NoteExpress 中保存的一条文献同时属于多个文件夹,为多学科交叉科学研究提供一个有效的解决方法。

③排序查看:自定义列表表头以及混合排序功能,可随意定制题录的显示顺序。操作步骤为:鼠标右键点击表头列表区,选择“自定义”,定制表头中显示的字段及顺序,鼠标右键点击表头列表区,选择“列表排序”,选择字段组合,选择顺序。

④全文下载:NoteExpress 提供全文下载功能,可在浏览题录信息的同时下载文献全文。操作步骤为:选中需下载全文题录,选择“检索>下载全文>选择全文数据库”;或选择后点击右键进行类似操作,选择检索数据库,NoteExpress 自动链接网络下载。

⑤附件和批量链接附件:查看题录时,通常需要查看相对应的文献全文。在 NoteExpress 中,用户可以添加任何格式的附件与题录关联,方便查看。为单个文件添加附件的操作步骤为:选中要添加附件的题录,并切换到“附件”预览窗口,找到要添加的附件,拖动文件到“附件”窗口即可。为多个文件批量添加附件的操作步骤为:点击“工具”菜单,选择“批量链接附件”,选择链接文件的保存路径,点开“更多”,选择链接文件类型和设置链接“匹配度”,点击“开始”后,点击“应用”。

⑥标记和标签云:NoteExpress 支持星标、优先级(彩色小旗)和标签云 3 种标记方式,方便用户根据需要和使用习惯管理题录。操作步骤为:点击题录星标列即可标记,再点击移除星标选中题录,点击工具栏小旗,标记优先级(可根据需要进行定制)。选中题录,点击标签图标,输入或选择标签(标签云中选择一个或多个标签即可查看标记题录)。

⑦本地检索和检索记录:NoteExpress 支持本地快速和高级检索。每次检索后,NE 会自动保存最近检索记录,点击某条记录,自动推送符合检索条件的题录。操作步骤为:选择检索方式[快速检索在工具栏中检索;高级检索在数据库中检索(或按 F3)],设置检索条件和检索范围。若需查看之前检索记录,展开“检索>最近检索”文件夹,点击某条记录,NoteExpress 自动推送检索结果。

(4)分析

通过 NoteExpress 对文件夹中题录信息的多种统计分析,可使研究者更快了解某领域里的专家、研究机构、研究热点等。分析结果可以导出为 txt、xls 等格式。操作步骤为:右键点击需要分析的文件夹,选择"文件夹信息统计",选择需要统计的字段,点击"统计",结果导出。

按照"期刊"进行分析,可以帮助用户找到某个研究论文合适的发表途径;按照"作者"进行分析,可以帮助用户了解某个领域的主要研究人员;按照"年份"进行分析,可以帮助用户了解某个领域的研究进展;按照"关键词"进行分析,可以帮助用户了解某个领域的研究热点。

(5)发现

笔记:与文献相互关联的笔记功能,能随时记录阅读文献时的思考,方便以后查看和引用。检索结果可以长期保存,并自动推送符合特定条件的相关文献,对于长期跟踪某一专业的研究动态提供了极大方便。操作步骤为:选择题录,切换到笔记窗口,直接添加笔记。如有需要,点击"打开"图标,进行高级笔记编辑,插入图片、表格、公式,NoteExpress 自动生成 TeX 公式代码。

综述:通过综述预览窗口,可以浏览某条文献所有细节信息。

(6)写作

借助于 NoteExpress 的文字处理写作插件,可以非常方便和高效地在论文写作时插入引用保存的文献题录。软件内置数千种国内外期刊和学位论文的格式定义。首创的多国语言模版功能,可以自动根据所引用参考文献语言不同差异化输出,并按照需要自动生成符合要求的、标准格式的参考文献索引。如有需要,也可以一键切换到其他格式。操作步骤为:将光标移至在文中需要插入引文的位置;切换到 NoteExpress,选择需要插入题录,点击"插入引文",NoteExpress 会生成参考文献列表。若需更换文献格式,点击"样式"图标,浏览并选择需要的参考文献格式,然后应用。

8.3.2 EndNote 软件

EndNote 由 Thomson Research Soft 公司开发,可用于检索联机书目数据库,并立即创建书目和图表目录,是课题研究、论文写作、海量文献管理、批量参考文献管理的工具软件和专业助手。利用这一综合的写作解决方案,用户无须在输入和编排格式方面花费大量的时间,从而得到研究人员、学生以及图书管理员的广泛使用。很多科研工作者在管理参考文献、写论文时选用了 EndNote 作为首选参考文献管理软件。

1. EndNote 软件的作用

EndNote 工具应用广泛,主要作用包括:

(1)简化工作流:将检索、分析、管理、写作、投稿整合在一起,创建简单工作流。

(2)资源整合:EndNote 工具可以直接在线联机检索全球书目数据库,创建即时的个人图书馆,直接将检索获得的相关文献导入至 EndNote 的文献库内,从而收集不同数据库的资料,在本地建立数据库。通过从联机数据库导入文件避免重复输入工作。EndNote 的文献库也可以在其他软件工具中使用。

(3)文献管理:建立文献库和图片库,收藏、管理和搜索个人文献和图片、表格。EndNote 工具提供了很多文献导入的过滤器、导出的文献书目、参考格式和写文章的模板,包括全文管理、笔记管理、简单分析及其他相关资料等,这些都可以根据自己的需要进行改动和重建。

(4)定制文稿:与 Word 无缝链接,可直接在 Word 中格式化引文和图形,创建带有引文和图表的即时书目,自动、高效地进行参考文献、相关文件的格式编排和组织,利用文稿模板直接撰写合乎杂志社要求的论文。

2. EndNote 的使用

(1)运行 EndNote 软件,建立个人文献库"Library"

下载 EndNote,正常安装之后,启动程序,进入 EndNote 主界面。在线建立高效的个人文献记录数据库"Library"。

(2)检索

通过 EndNote 直接检索网上数据库。检索流程为:连接 Tools→Connect,在弹出窗口内按照自己的要求进行检索,就像在某个数据库网站上检索一样。

(3)收集资料

通过"filter"与"connection file"批量将检索结果导入个人文献数据库"Library"。Filter(Import)是把检索数据库得到的参考文献导入 EndNote 时所用的过滤方式。对于很多数据库来说,都有直接的 EndNote 导出格式,即使没有导出格式,我们也可以根据简单的变换把文献记录导出。但是部分数据库,主要指中文数据库,我们需要自行编辑过滤器将文献导入文献库。由于每个数据库输出的数据格式不同,所以导入数据时应选择对应的 Filter。

导入数据库有 3 种方式:

①手工输入数据:针对现有全文文档等,录入数据或添加附件,建立文献记录。

②批量导入数据:直接进入数据库检索。检索流程为:菜单 Toolsonline search→选择 connection→打开 search 对话框并进行检索。

③通过"文件"导入:在数据库中选定记录→找到导出链接(export 或 save

等)→保存或直接打开文件。对保存下来的文件,利用 endnote 菜单:File→Import→choose file→Import Option(选对应 filter)→点击 Import 按钮。

(4)对文献库的资料进行管理、统计、分析和学习

EndNote 具备很好的数据管理功能,使文献库易于维护和统计。

Library 数据的管理维护包括分组、编辑、去重、检索概要信息,可以对数据进行简单的统计分析,生成主题书目,也可以根据作者、项目等统计和排序。支持课题组内的文献共享,可关联外部文献分析软件对 Library 数据进行分析,可关联软件包括 Refviz 等。

(5)利用文献库撰写文章

在正确安装了 EndNote 软件之后,word 的工具菜单下应该出现 EndNote 的菜单项。通过"style(参考文献在文章末尾的格式)",可以在 word 中按指定格式生成并调整参考文献,每家杂志社的要求不尽相同。期刊论文模板提供来自各领域的顶级刊物论文模版"Template",协助论文成稿。

8.3.3 Mendeley 软件

Mendeley 是由 Elsevier(爱思唯尔)开发的一款免费的跨平台文献管理软件,同时也是一个在线的学术文献交流平台,所有人都可以在 Mendeley 上搜索到世界各地的学术文献,可一键抓取网页上的文献信息添加到"My Library"中。还可安装 MS Word 和 Open Office 插件,方便在文字编辑器中插入和管理参考文献。参考文献可用各种期刊格式的 CLS 文件,另外,Medeley 还免费提供 500M 的文献存储和共享空间。

1. Mendeley 软件的作用

(1)参考文献管理(Reference Manager):在 Mendeley 平台上,可用的期刊引文样式多达 6 650 种,使用 CSL 编辑器可创建新的引文样式,并立即创建书目。根据自己选择的样式设置引文和书目格式,无须离开 Word 页面,即可无缝链接引文。

(2)PDF 文件阅读与注释(Read and Annotate):节省导航 PDF 时间。可在多个打开的 PDF 单独选项卡中,阅读、做笔记和立即切换回个人图书馆。不需要更多的手写操作,即可以添加注释、重点,并能直接粘贴到 PDF。创建一个私人小组和添加同事,在一份文件添加新的标注或重点时,即可与其他人共享。所有标注都可以保存在 PDF 内打印出来。

(3)添加与组织(Add and Organize):确定需要添加的 PDF 文件,单击添加

到收藏夹，并将它们存储在多个文件夹。Mendeley 立即扫描全球的图书馆，标识作者、标题、期刊和其他与内容相匹配的 PDF 信息并进行排序。

(4)与全球同行协作(Collaborate)：允许多达 50 人的共享与协作，创建私人小组实现文档共享，查看新添加的文件和文件夹。保持与你的合作者数据同步，随时了解项目进展情况。

(5)备份、同步与移动(Backup，Sync and Mobile)：用户可随时随地访问自己的文件。平台提供 2GB 的免费联机存储自动备份和同步跨库桌面、Web 和移动设备，避免失去 PDF 文件和标注。支持任何操作系统，例如，Mendeley Windows、Mac 和 Linux 等。

(6)网络与发现(Network and Discover)：支持 50 多个网站平台或数据库的数字资源检索。其中比较著名的资源有：EBSCO、Google Schoolar、Google BookSearch、ISI Web of Knowledge、ScienceDirect、Spinger、Wiley Online Library、WorldCat 等。

2. Mendeley 的使用

(1)运行 Mendeley 软件，建立个人图书馆"My Library"

下载 Mendeley，正常安装之后，登录 Mendeley 网站，在线注册个人账号，建立个人图书馆"My Library"。启动 Mendeley 程序，进入文献管理软件界面。

(2)检索

登录 Mendeley 网站，点击"Papers"直接检索网上数据库。

(3)收集资料

通过"Save PDF to Library"，批量将检索结果导入个人图书馆"My Library"。

其他应用参见 NoteExpress 和 EndNote 的使用。

第9章 学术道德与学位论文撰写

9.1 学术道德

在撰写学术论文的过程中，如何做到依法、合理地参考文献信息资源，是每个学生及科研人员必须掌握的一项内容，且每人都应清楚什么是“红线”，避免违反学术道德规范的现象发生。学术道德的主要表现之一是学术诚信。

9.1.1 学术诚信

学术诚信(Academic Integrity)是指提倡和追求以公开、诚实和负责任的方式进行任何学术活动，目的是创建一个公平、健康的学术环境。学术诚信的反面是学术欺诈或学术不端，包括考试作弊论文剽窃等行为。学术诚信是大学生的核心理念，违规所受到的惩罚会很严厉。对学生可能导致一门功课不及格甚至被开除；对教师，可能是降级，甚至被开除公职。

我国从1981年开始实施《中华人民共和国学位条例》(以下简称《条例》)，《条例》明确规定：“学位授予单位对于已经授予的学位，如发现有舞弊作伪等严重违反本《条例》规定的情况，经学位评定委员会复议，可以撤销。”2012年11月，教育部颁布《学位论文作假行为处理办法》，对作假行为给予认定，并提出具体的处罚办法。

研究生毕业后因论文抄袭撤销学位，这在我国已有先例。2006年底，南开大学发现2004年的一篇博士学位论文存在剽窃行为，该校学位委员会根据调查撤销了已授予的博士学位，并通知抄袭学生归还学位证书。

1. 国外高校学术诚信教育简介

国外大学将“原创性”摆在重要位置，视学术不诚实或学术欺诈行为为非常严重的错误。以美国为例，独立思想是美国学术界的最高价值，美国高等教育体系以最严肃的态度反对把他人的著作或者观点化为己有。基于此，美国各高校利用各种途径和手段对学生进行学术诚信教育，并从各个方面保证学术诚信教育取得成效。

(1)制度保证

许多高校制定了一系列切实可行的学术诚信条例，并将这些条例融入学生的学习生活中，变成日常规范，剽窃行为被大家所不齿。例如，在美国常青藤名校宾夕法尼亚州州立大学，学术诚信原则被列为学校的四项原则之一，“在宾夕法尼亚大学的所有校区，学术诚信是一切学术活动的基本指导原则，必须予以执行”。

此外，许多大学还建立了荣誉守则制度。新生入学时，即被要求在荣誉守则上签字，学生在每次考试时也被要求签署学术诚信保证。例如，美国哥伦比亚大学巴纳德学院的荣誉守则如下：“我们作为巴纳德学院的学生，为维护学院的荣誉，在此宣誓：我们将在学术生活中避免任何形式的不诚实。我们认为下列情况都是不诚实的表现：在考试或测验中给予或得到帮助；使用任何没有老师授权的文章或书籍，发表没有经过指导教师认可的不完全属于自己的任何口头或书面论文；未经授权即删除、更改或污损图书馆资源或其他学术资料等。我们保证会尽一切力量为自己创建一个诚实和充满荣誉感的学术环境。”

不仅学生必须遵守学术诚信，教师也同样受到学术诚信的约束。如哥伦比亚大学的教师声明中，明确提到：“作为学术社会的一分子，我们每个人参加学术讨论和研究时，有责任保持诚实和维护学术诚信”。

(2)大力宣传

在制定政策的同时，还需要大力宣传。在美国，各大学一般都会将学生学术诚信条例、荣誉守则等规范放到本校主页上公布，以便教师和学生随时查阅。针对很多学生不了解，甚至从未认真读过学术诚信条例的情况，一些大学每年定期举行“学术诚信周”活动，通过散发传单等形式，告诉学生作弊的危害和后果，对学生进行宣传和教育。

(3)技术支持

国外高校在制定政策、大力宣传学术诚信的同时，也制定了严格的惩戒措施。为了筛查论文剽窃，许多高校都使用剽窃检测系统，从技术上提供学术诚信支持。

(4)专题研究

国外高校和科研机构一直重视对大学生剽窃行为的研究，重点集中于大学生剽窃心理、影响大学生剽窃的相关因素以及预防大学生剽窃的措施。国外的一些专家学者也积极进行学术诚信的相关研究，出版论文、专著进行学术诚信推广。例如，芝加哥大学查尔斯·李普森教授 2004 年 10 月出版的专著《诚实做学问——从大一到教授》。

2. 我国高校学术诚信现状

与国外相比，我国高校的学术诚信教育相对滞后，由于认识上的差异，人们将学术诚信归结于个人道德和个人修养范畴，导致当前学术诚信意识偏弱。

(1)学术诚信意识普遍增强

从前一段时期出现的一些学术剽窃案件来看，国内已有较强的学术诚信意识，尤其是网络普及之后，一旦发现有学术剽窃行为，舆论力量会使剽窃者身败名裂，教育主管部门也会相应地根据事实与情节程度，对剽窃者进行惩戒。各高校相继出台针对本校研究生及本科生学位论文等方面的学术诚信政策，并利用学术不端检测系统进行检测。

(2)反剽窃手段不断加强

近年来，我国已有了相应的学术不端检测软件，如由中国学术期刊电子杂志社和清华同方共同研制的“学术不端文献检测系统”等，先进的技术手段使学校对学术不端进行事前提醒，事后核查成为可能。

9.1.2 文献信息资源合理使用的法律依据和必要性

文献信息资源的合理使用，是指公众为了学习和研究，引用、评论、注释、新闻报道、教学等可以不经版权人许可，不向其支付报酬而使用其作品的权利，是赋予公众对利用版权作品的一种豁免权。世界大多数国家为了确保图书馆所担负的公益性社会教育职能的充分实现，都在其相应的法律中做出了合理使用的规定，我国在《著作权法》中对图书馆的合理使用也做出了相应的规定。

1. 文献信息资源合理使用的法律依据

2012 年 8 月 22 日，中华人民共和国人力资源和社会保障部、中华人民共和国监察部令第 18 号公布《事业单位工作人员处分暂行规定》，规定中第二十条“有下列行为之一的，给予警告或者记过处分；情节较重的，给予降低岗位等级或者撤职处分；情节严重的，给予开除处分”，第二款“有抄袭、剽窃、侵吞他人学术成果，伪造、篡改数据文献，或者捏造事实等学术不端行为的”。其中警告时限为 6 个月，记过时限为 12 个月，降低岗位等级或者撤职时限为 24 个月。在受处分期间，不得被聘用到高于现聘岗位等级的岗位。其中，对于隐匿、伪造、销毁证据的；串供或者阻止他人揭发检举、提供证据材料的，包庇同案人员等行为，将从重处分。

2012 年 11 月 13 日，中华人民共和国教育部令第 34 号公布《学位论文作假行为处理办法》，办法中第七条："学位申请人员的学位论文出现购买、由他人代写、剽窃或者伪造数据等作假情形的，学位授予单位可以取消其学位申请资格；已经获得学位的，学位授予单位可以依法撤销其学位，并注销学位证书。取消学位申请资格或者撤销学位的处理决定应当向社会公布。从做出处理决定之日起至少 3 年内，各学位授予单位不得再接受其学位申请。前款规定的学位申请人员为在读学生的，其所在学校或者学位授予单位可以给予开除学籍处分；为在职人员的，学位授予单位除给予纪律处分外，还应当通报其所在单位。"

教育部在 2016 年 6 月发布《高等学校预防与处理学术不端行为办法》（中华人民共和国教育部令第 40 号）对学术不端的调查、认定、处理提出了具体的步骤和方法；2018 年 5 月，中共中央办公厅、国务院又印发了《关于进一步加强科研诚信建设的若干意见》，进一步对完善科研诚信管理工作机制和责任体系，加强科研活动全流程诚信管理，推进科研诚信制度化建设，切实加强科研诚信的教育和宣传，严肃查处违背科研诚信要求的行为等方面提出指导意见。

2. 文献信息资源合理使用的必要性

文献信息资源和现行版权法的冲突必然带来合理使用制度的修正。从总的趋势来看，版权法的每一次修订都在缩小合理使用的范围，平等、公平、合理，始终是版权法追求的价值目标，版权是出版者与使用者之间的支点，二者之间是双赢与双输的相互依存、相互作用、相互影响的关系。从科研的角度来说，对版权保护不足和保护过度都会阻碍科研工作的正常进行。保护不足，科研积极性将会因应得收入不足而降低；保护过度，则会使权利过度集中在版权人手中，影响文献信息资源交流和使用者的正当权益。既不能仅考虑版权人的经济利益而限制和拒绝使用者对文献信息资源的合理使用，也不能无视版权者的经济利益而无限制地使用文献信息资源。目前反映能否合理使用文献信息资源的热点问题是学术不端。

9.1.3　学术不端文献检测系统

以抄袭、剽窃、伪造、篡改、不正当署名、一稿多投、一个成果多篇发表等为典型表现的学术不端行为，历来是世界范围内科研诚信建设中重点防治的对象。

依据电子文献合理使用的有关办法和规定，清华大学中国学术期刊(光盘版)电子杂志社和同方知网公司共同研发了基于全文“学术不端文献检测系统”，并同步在CNKI中国知网平台上使用，用技术手段控制不端学术行为的发生。经1 000多家全国各地科技期刊使用表明，该系统的研制成功，标志着学术不端事件取证难的问题得到解决，打击、防范学术不端行为进入一个新的历史阶段。

“学术不端文献检测系统”采用资源对比总库，在组织结构上不仅突出知识的内在关联，更形成了以文献库、概念知识元库、学术趋势库、学者成果库和专家评价库为主题的特色资源库，不仅针对不同的文档类型和内容特征，支持从词、句子到段落的数字指纹定义，并可对图、表等特殊检测对象进行基于标题、上下文、图表内容结合的相似性检测处理，还可根据特定的概念、观点、结论等内容进行智能信息分类处理，实现语义级别内容的检测。合作单位可以分别使用“学位论文学术不端行为检测系统”“科技期刊学术不端文献检测系统”“社科期刊学术不端文献检测系统”3个子系统。

1. 学位论文学术不端行为检测系统

学位论文学术不端行为检测系统(TMLC2)以《中国学术文献网络出版总库》为全文比对数据库，可检测抄袭与剽窃、伪造、篡改等学术不端文献，辅助高校教学管理部门检查大学生和研究生毕业论文是否存在抄袭剽窃等学术不端行为，帮助提高大学生和研究生论文质量。该系统在高校学位论文审查方面的功能主要包括：已发表文献检测、论文实时在线检测、问题库查询以及自建比对数据库功能。不仅可以为教学管理部门对学位论文审查和质量评估技术提供支持，还可以对已经发生学术不端行为的学位论文进行后期跟踪处理，发挥了高校学位论文学术不端行为的预防和治理双重作用。

2. 科技期刊学术不端文献检测系统和社科期刊学术不端文献检测系统

科技期刊学术不端文献检测系统(AMLC)和社科期刊学术不端文献检测系统(SMLC)以《中国学术文献网络出版总库》为全文比对数据库，可检测抄袭与剽窃、伪造、篡改、不当署名、一稿多投等学术不端文献，可供期刊编辑部检测来稿和已发表的文献。系统仅限科技和社科学术期刊编辑出版单位内部使用，用于检测本刊的来稿和已发表文献。

此外，万方数据知识服务平台的论文相似性检测使用了滑动窗口的低频特征部分匹配算法，批量检测简化技术，检测报告快速生成技术，检测结果自动统计技术、传输、存储安全技术。提供单篇新论文检测、批量新论文检测、已发表论文检测服务。维普通达论文引用检测系统 VTTMS3.0(研究生版)采用领先的检测算法，真正实现语义对比，利用相似度阈值自主设定，智能引用识别和准确区分合理引用，避免过度检测。根据不同专业进行调节，实现抄袭审查的可控性。

9.2　学位论文撰写

国家标准 GB 7713—87《科学技术报告、学位论文和学术论文的编写格式》中对学位论文的表述是："学位论文是表明作者从事科学研究取得创造性的结果或有了新的见解，并以此为内容撰写而成，作为提出申请相应的学位时评审用的学术论文。"学位论文也称毕业论文，是学术论文主要形式之一，包括学士学位论文、硕士学位论文和博士学位论文。

学士学位论文是高等院校本科毕业生的毕业论文。在国家标准 GB/T 7713.1—2006《学位论文编写规则》表述，学士论文表明作者较好地掌握了本门学科的基础理论、专门知识和基础技能，并具有从事科学研究工作或承担专门技术工作的初步能力。

硕士论文是攻读硕士研究生的学位论文。在国家标准 GB/T 7713.1—2006《学位论文编写规则》表述，硕士学位论文表明作者在本门学科上掌握了坚实的基础理论和系统的专业知识，并对所研究课题有新的见解，并且具有从事科学研究工作或独立承担专门技术工作的能力。

博士论文是攻读博士研究生的学位论文。在国家标准 GB/T 7713.1—2006《学位论文编写规则》表述中，博士学位论文表明作者在本门学科上掌握了坚实宽广的基础理论和系统深入的专门知识，在科学和专门技术上做了创造的成果，并具有独立从事创新科学研究工作或独立承担专门技术开发工作的能力。

9.2.1　学位论文的特点

1. 独立性

一方面是指学位论文一定是在教师指导下独立完成的，学位论文学术水平的考核更注重哪些工作是你自己完成的；另一方面隐含有不允许任何形式的抄袭和剽窃，不允许把他人的成果、他人的工作据为己有。

2. 系统性

一方面学位论文能够反映出你所掌握的基础理论和专门知识，系统总结所完成科学研究工作或专门技术工作;另一方面还包含论文内容、结构的系统性和逻辑性,如脉络清晰、结构严谨、实验规范、结果合理等。

3. 创新性

创新性是学位论文,特别是硕士和博士学位论文的灵魂,它要求文章所提示的事物现象、特点和规律或所论述的基本方法和理论是前所未有的,是在前人工作基础上的再创造,并且大多是以足够的、可靠的实验数据或现象为基础的。所谓"可靠的"是指实验过程是可重复、可验证的。

9.2.2 学位论文的一般要求

1. 学位论文的内容应完整、准确。

2. 学位文集一般应采用国家正式公布实施的简化汉字。学位论文一般以中文或英文为主撰写,特殊情况时,应有详细的中、英文摘要,正题名必须包括中、英文。

3. 学位论文应采用国家法定的计量单位。

4. 学位论文中采用的术语、符号、代号在全文中必须统一,并符合规范化的要求。论文中使用专业术语、缩略词应在首次出现时加以注释。外文专业术语、缩略词,应在首次出现的译文后用圆括号注明原词语全称。

5. 学位论文的插图、照片应完整清晰。

6. 学位论文应用 A4 标准纸(210mm×297mm),必须是打印件、印刷件或复印件。

9.2.3 学位论文的撰写

1. 选题

在选题之前通常先是根据自己的兴趣爱好和指导教师的研究方向选择指导教师;然后是在所选指导教师拟定的题目中选题,或根据自己的兴趣和已有研究成果自行确定。初步选定题目后,通过对导师提供及自己查阅的大量文献进行研读,分析所选题目,确定该选题是否适合自己的实际情况,以便进行适当的调整。

选题是学位论文的第一步,选择一个有意义且可行的课题,就会更顺利地获得创造性的研究成果,写出有新思路、新见解的学位论文。

学位论文选题应根据研究目的、能力、条件、兴趣,结合地方特色和社会实际,尽量选择具有独到见地、学术价值和符合科学发展趋势的课题。题目选择能够体现以下选题原则:

(1)创造性原则。注意选择科学“前沿”课题,寻求科研中的空白点,争取有创造性突破。

(2)实用性原则。针对具有普遍意义的社会实际问题开展研究及探讨,避免选题空泛,与实践脱离。切忌言之无物,力求解决和澄清实际问题,避免由于选题过于宽泛而造成面面俱到却无一精确、什么都谈却什么都没有说清楚的情形。

(3)科学性原则。所选课题是科学的,不是凭空想象出来的。论文必须具备论点、论据、论证三大要素,选题是在充足的事实论据基础上,以科学的逻辑思维方法进行论证分析,得出合乎科学、令人信服的结论。

(4)专业性原则。选择学科和专业的熟悉点,结合个人的兴趣,注意扬长避短,充分发挥自己的知识和能力水平,以利于深入进行问题的研究。

(5)学风端正原则。选题和写作的过程能够反映一个人的学术诚信,选题需要阅读大量他人的文献资料,吸收前人的研究成果,写作时也可以引用,但需要详细注明。如果把别人的东西照搬照抄过来,则属于剽窃行为。

2. 开题报告

学位论文的题目选定后通常本科生直接进入毕业设计阶段,研究生需要撰写开题报告,它是对论文选题进行检验和评估认定的过程,开题报告经由审查小组审核确认后,才能正式开始论文的写作。开题报告是用文字体现论文的总体构想,把课题内容、研究背景、创新点和论文整体架构等主要问题交代清楚,无须太大篇幅。开题报告是论文写作的纲要,也是指导教师审查指导写作的重要依据。

学位论文的开题报告不同于科研项目的开题报告,后者需要由中级职称以上的科技人员编写,涉及的深度和广度都大于前者,学位论文开题报告主要是训练学生如何选择研究题目、辨认难点、确定方法、安排进度等,重在科研程序的培养,一般包含以下内容:

(1)论文题目:以准确、精练的文字概括论文的论题。

(2)文献综述(课题来源及选题的依据):通过对收集文献的综合归纳、分析该课题的研究历史、现状和发展情况,着重说明选题经过。

(3)课题的目的和意义:通过文献综述的分析,明确为什么选择这个题目,该项研究对理论发展和现实操作有什么意义。

(4)论文的主要研究内容:整理出论文的写作提纲、整体结构。

(5)研究思路和方法:阐述采用哪些研究手段和方法完成论文。

(6)创新点:论文会在哪些方面有所创新和突破,包括可能遇到的难点。

(7)进度安排:论文完成时间安排。

(8)参考文献:列举主要参考和引用的文献资料。

3. 学位论文中期检查

中期检查是完成学位论文不可或缺的过程,只是对于本科生和研究生要求存在差异,方式不同而已。中期检查是对照开题报告,对前一段时间论文工作如实验、零部件设计与计算、计算机数值模拟等工作进行总结,考核学位论文中期完成情况,特别是论文进行过程中遇到的困难和问题可否克服。除自身努力外,需要哪些帮助,完成论文还需在哪些方面进一步充实和提高。

中期检查是一名学生能否保质保量按期完成毕业论文的重要环节,能够促进学生认真总结实验结果,善于发现问题,注意理解吸取他人相关成果的精华,保证论文的逻辑性、系统性,保证学生按计划顺利完成论文的写作。

4. 学位论文的撰写

(1)拟定写作提纲

正式写作之前应先搭建论文提纲。提纲是论文写作的设计图,是全篇论文的框架和总体构思,它起到疏通、安排材料、形成结构的作用。

提纲的编写步骤大致如下:

①拟定题目,以最简洁、最鲜明的语言概括论文内容;

②写出主题句,确定全文中心论点;

③考虑全文分几个部分,以什么顺序安排基本论点,逐级展开,最好考虑到段一级;

④全面检查写作提纲,做必要的增、删、改。

(2)撰写论文初稿和修改定稿

论文提纲完成后,经与指导教师共同就论文的结构、顺序及逻辑性等关键问题进行研究和推敲,即可着手写作论文初稿。写作阶段是作者对专题进行系统深入研究的阶段,是在原有的研究基础上升华的阶段。论文初稿完成后进行多次的修改、补充工作,论文修改前应征求导师的意见,修改过程中要注意论文写作格式的规定,避免大量和大段引用,引用他人文字一定要注明出处。

5. 论文撰写过程需要注意事项

(1)根据提纲要求,对搜集的资料去粗取精,去伪存真;

(2)独立思考,敢于提出新的观点;

(3)论文写作始终围绕论题进行;

(4)材料要真实、典型、集中。

6. 论文的修改内容

(1)论文观点的修改;

(2)论文材料的修改;

(3)论文结构的修改;

(4)论文语言的修改。

9.2.4　学位论文撰写的基本格式

国家标准 GB/T 7713.1—2006《学位论文编写规则》规定了学位论文编写格式。学位论文一般包括5个部分:前置部分、主体部分、参考文献、附录、结尾部分(如有)。

1. 前置部分

(1)封面

学位论文可有封面,是学位论文的外表面,对论文起装潢和保护作用,应包括题名页的主要信息,如论文题名、论文作者等。

(2)封二(可选)

学位论文可有封二,包括学位论文使用声明和版权声明及作者和导师签名等,其内容应符合我国著作权相关法律法规的规定。

(3)题名页

学位论文应有题名页,包含论文全部书目信息,单独成页。包括:中图分类号、学校代码、UDC、密级、学位授予单位、题名和副题名、责任者、申请学位、学科专业、研究方向、论文提交日期、培养单位。

①题名以简明的词语准确地反映学位论文最重要的特定内容(一般不超过25个字),应中英文对照。题名通常由名词性短语构成,应尽量避免使用不常用的缩略词、首字母缩写字、字符、代号和公式等。如题名内容层次很多,难以简化时,可采用题名和副题名相结合的方法,其中副题名起补充、阐明题名的作用。

②责任者包括研究生姓名、指导教师姓名、职称等。

(4)英文题名页

英文题名页是题名页的延伸,必要时可单独成页。

(5)勘误页

学位论文如有勘误页,应在题名页后另起页。

(6)致谢

致谢放置在摘要页前,对象包括:国家科学基金,资助研究工作的奖学金基金,合同单位,资助或支持的企业、组织或个人;协助完成研究工作和提供条件的组织和个人;在研究工作中提出建议和提供帮助的人。

(7)摘要页

摘要页是论文摘要及关键词、分类号等的总和,单独编页。

①摘要是论文内容的简要陈述,是一篇独立完整的短文。博士学位论文中文摘要一般不少于3 000字,硕士学位论文中文摘要一般不少于2 000字,学士学位论文中文摘要一般在300～600字,或者更多。外文摘要在300个实词以内。

②关键词:是从论文中抽取出来的能够准确表达文章主题概念的词语,一篇论文需要选取3～8个这样的词语作为关键词。

(8)序言或前言(如有)

序言或前言一般是作者对本篇论文基本特征的简介,如说明研究工作缘起、背景、主旨、目的、意义、编写体例,以及资助、支持、协作经过等。这些内容也可以在正文引言(绪论)中说明。

(9)目次页

目次页是论文中内容标题的集合,排在序言和前言之后,另起页。

(10)图和附表清单(如有)

论文中如图表较多,可以分别列出清单置于目次页之后。图的清单应有序号、图题和页码。表的清单应有序号、表题和页码。

(11)符号、标志、缩略词、首字母缩写、计量单位、术语等的注释表(如有)

符号、标志、缩略词、首字母缩写、计量单位、术语等的注释说明,如需汇集,可集中置于图表清单之后。

2. 主体部分

主体部分由于涉及的学科、选题、研究方法、结果表达方式有很大的差异,不能做统一的规定。主体部分内容包括:引言(绪论)、正文、图、表、公式、引文标注、注释、结论。

(1)引言(绪论)

引言(绪论)是正文的引子,撰写应当言简意赅,对正文起到提纲挈领和引导读者详细阅读整篇文章的兴趣的作用,不要与摘要雷同或成为摘要的注释,应独立成章,用足够的文字叙述。

(2)正文

正文是毕业论文的核心内容,将占据论文的主要篇幅,是学位论文的主体。

这部分要以充分有力的材料阐述自己的观点及其论据，准确把握文章内容的层次、大小段落间的内在联系。篇幅较长的论文常用推论式（由此论点到彼论点逐层展开、步步深入的写法）和分论式（把从属于基本论点的几个分论点并列起来，分别加以论述）结合的方法，全面、准确表达作者的研究成果。一般可以包括：调查对象、实验和观测方法（观测结果）、仪器设备、材料原料、计算方法和编程原理、数据资料、加工经过。需要说明的是由于研究工作涉及的学科、选题、研究方法、工作进程、结果表达方式等存在很大差异，对正文的内容不能规定得千篇一律。但实事求是、客观真实、准确完备、合乎逻辑、层次分明是学术论文的起码要求。

（3）图

图包括曲线图、构造图、示意图、框图、流程图、记录图、地图、照片等；图应具有“自明性”，有编号，宜有图题。图的编号和图题应置于图下方。

（4）表

表应具有“自明性”，有编号，宜有表题。表的编号和表题应置于表上方。表的编排一般是内容和测试项目由左至右横读，数据依序竖读。表的编排建议采用国际通行的三线表。

（5）公式

论文中的公式应另起行，并缩格书写，与周围文字留足够的空间区分开。如有两个以上的公式，应用从“1”开始的阿拉伯数字进行编号，并将编号置于括号内；公式的编号右端对齐，公式与编号之间可用“…”连接；公式较多时，可分章编号。

（6）引文标注

论文中引用文献的标注方法遵照 GB/T 7714-2015，可采用顺序编码制，也可采用著者—出版年制，但全文必须统一。

（7）注释

为论文中的字、词或短语做进一步说明的文字，一般分散著录在页下（脚注），或集中著录在文后（尾注），或分散著录在文中。如果论文篇幅较长，建议采用中文编号加“脚注”的方式，最好不采用文中编号加“尾注”。

（8）结论

结论是在论题得到充分证明之后得出的总结性论述，往往能体现论文的精髓，是作者的独到见解之所在。论文的结论是最终的、总体的结论，不是正文中各段小结的简单重复。结论应包括论文的核心观点，交代研究工作的局限，提出未来工作的意见或建议。结论部分的写作要求措辞严谨，逻辑严密，文字具体，体现准确、完整、明确、精练。要突出自己的创造性成果或新见解，严格区分本人与他人科研成果的界限，同时要写出对课题研究的展望，提出进一步探讨问题或可能解决的途径等。

3. 参考文献

参考文献是作者撰写论文过程中，研读或文中引用的有具体文字来源的一些文章或资料的文献集合。参考文献是作者在开展研究活动过程中亲自阅读过的并对其产生了明显作用的那些文献，包括直接引用原文的文字和间接引用原文的观点、方法等两种情形。

(1)记录参考文献具有三方面的意义

①表现作者开展研究工作及撰写学术论文的理论支持及文献保障。它从一个侧面反映了作者的文献信息利用能力及作品的可信程度。

②表现作者尊重他人知识产权及研究成果的良好品质及严谨的治学态度。引而不注，即为抄袭、剽窃之举。

③向读者提供相关信息的出处，以便核对文献，扩大对研究课题了解的范围及线索。

参考文献遵照《信息与文献参考文献著录规则》(中华人民共和国国家标准GB/T 7714—2015)的著录项目和著录格式规定执行。这是一项专门供著者和编辑编撰文后参考文献使用的国家标准。参考文献应置于正文后，并另起页，所有被引用文献均要列入参考文献表中。正文中未被引用但被阅读或具有补充信息的文献可集中列入附录中，其标题为“书目”。引文采用著作一出版年制标注时，参考文献表应按著者字顺和出版年排序。

(2)参考格式要求

学位论文中参考文献的三种主要表现形式：

①夹注：段中注，在正文中对被引用内容在相应位置标注顺序编号并置于方括号内。在参考文献著录部分其编号与正文部分对参考文献的完整记录内容顺序一致。

②脚注：在某页中被引用文句出现的位置加注顺序编号并置于括号内。同时，在当前页正文下方编排相应编号参考文献的完整记录。

③尾注：将所有需要记录的参考文献顺序编号，统一集中记录在全文的末尾。

脚注、尾注多见于图书、学位论文等文献类型之中。

(3)适用于《信息与文献参考文献著录规则》(中华人民共和国国家标准GB/T 7714—2015代替GB/T 7714—2005)的术语和定义。

①文后参考文献(Bibliographic References):为撰写或编辑论文和著作而引用的有关文献信息资源。

②主要责任者(Primary Responsibility):对文献的知识内容或艺术内容负主要责任的个人或团体。主要责任者包括著者、编者、学位论文撰写者、专利申请者或所有者、报告撰写者、标准提出者、析出文献的作者等。

③专著(Monographs):以单行本形式或多卷册形式,在限定的期限内出版的非连续性出版物。它包括以各种载体形式出版的普通图书、古籍、学位论文、技术报告、会议文集、汇编、多卷书、丛书等。

④连续出版物(Serials):一种有卷期号或年月顺序号、计划无限期地连续出版发行的出版物。它包括以各种载体形式出版的期刊、报纸等。

⑤析出文献(Contribution):从整本文献中析出的具有独立篇名的文献。

⑥电子文献(Electronic Documents):以数字方式将图、文、声、像等信息存储在磁、光、电介质上,通过计算机、网络或相关设备使用的记录有知识内容或艺术内容的文献信息资源,包括电子书刊、数据库、电子公告等。

(4)文献类型、参考文献著录项目与著录格式

《信息与文献参考文献著录规则》(中华人民共和国国家标准 GB/T 7714—2015 代替 GB/T 7714—1987)规定了涉及多种文献类型的参考文献著录项目与著录格式要求。每种文献类型规定了专门的代码(见表 9-1)。本书仅介绍专著、连续出版物、学位论文、专利类型文献的参考文献著录项目与著录格式要求。

表 9-1　　文献类型及其代码对照表

文献类型	代码	载体类型	代码
普通图书	M	网络	OL
期刊	J	磁带	MT
学位论文	D	磁盘	MK
会议录	C	光盘	CD
专利	P		
报告	R		
标准	S		
报纸	N		
汇编	G		
数据库	DB		
计算机程序	CP		
电子公告	EB		

①专著

[序号]主要责任者.题名:其他题名信息[文献类型标志].其他责任者.版本项.出版地:出版者,出版年:引文页码[引用日期].获取和访问路径.

示例:

[1]邱力军.新编计算机基础与应用[M].西安:第四军医大学出版社,2002:6-131.

[2]昂温 G,昂温 PS.外国出版史[M].陈生铮,译.北京:中国书籍出版社,1988.

②连续出版物

[序号]主要责任者.题名:其他题名信息[文献类型标志].年,卷(期)-年,卷(期).出版地:出版者,出版年[引用日期].获取和访问路径.

示例:

[1]中国地质学会.地质论评[J].1936,1(1)-.北京:地质出版社,1936-.

[2] American Association for the Advancement of Science. Science[J]. 1883,1(1)-Washington,D. C.:American Association for the Advancement of Science,1883-.

③连续出版物中的析出文献

[序号] 析出文献主要责任者.析出文献题名[文献类型标志].连续出版物题名:其他题名信息,年,卷(期):页码[引用日期].获取和访问路径.

示例:

[1]李晓东,张庆红,叶瑾琳.气候学研究的若干理论问题[J].北京大学学报:自然科学版,1999,35(1):101-106.

[2] 刘武,郑良,姜础.元谋古猿牙齿测量数据的统计分析及其在分类研究上的意义[J].科学通报,1999,44(23):2481-2488.

④学位论文

[序号] 主要责任者.文献题名[文献类型标志].保存地:保存单位,年份

示例:

[1] Cairns RB. Infrared spectroscopic studies on solid oxygen [D]. Berkeley:University of California,1965.

[2] 潘伯荣.肝硬化的早期诊断:大鼠病理学标准与肝活检临床诊断比较[D].西安:第四军医大学西京医院全军消化病研究所,1965.

⑤专利文献

[序号] 专利申请者或所有者.专利题名:专利国别,专利号[文献类型标志].公告日期或公开日期[引用日期].获取和访问路径.

示例:

[1] 姜锡洲.一种温热外敷药制备方案:中国,88105607.3[P].1989-07-26.

[2] 西安电子科技大学.光折变自适应光外差探测方法:中国,01128777.2[P/OL].2002-03-06[2002-05-28].http://211.152.9.47/sipoasp/zljs/hyjs-yx-new.asp? recid=01128777.2&leixin=0.

⑥电子文献

凡属电子图书、电子图书中的析出文献以及电子报刊中的析出文献的著录项目与著录格式分别按(1)、(2)和(4)中的有关规则处理。除此以外的电子文献根据本规则处理。

[序号] 主要责任者.题名:其他题名信息[文献类型标志/文献载体标志].出版地:出版者,出版年(更新或修改日期)[引用日期].获取和访问路径.

示例:

[1] 梁慧星.中国高等教育:"死亡"或者"再生"? [EB/OL].(2006-03-19)[2006-03-28].http://www.acriticism.com/article.asp? Newsid=7840&type=1001

[2] PACS - L:the public-access computer systemsforum[EB/OL].Houston,Tex:University of Houston Libraries,1989[1995-05-17].http://info.lib.uh.edu/pacsl.html.

4. 附录

附录作为主体部分的补充,并不是必需的。

5. 结尾部分(如有)

结尾部分不是论文必需的。此项内容一般包括:分类索引、关键词索引、作者简历、其他、学位论文数据集。

9.3 学位论文答辩

1. 答辩目的

答辩是审核毕业论文的一种必要方式，主要是为了考查和验证毕业论文作者对所写论文的认识程度和现场陈述的能力、对专业知识掌握的深度和广度，了解是否自己独立完成等方面的情况。

2. 论文答辩的一般程序

(1)学生做说明性汇报。

(2)毕业答辩小组提问。

(3)学生答辩。

(4)评定成绩。

第10章　考研、留学与就业信息检索与利用

考研与留学是大学生毕业后继续深造的主要方式，越是重点大学的学生选择的比例越高，部分学校的这部分学生的比例占到本科毕业人数的90%以上。考研与留学成功与否，除了与备考者自身学习努力程度相关，还与学生获取相关信息的渠道是否畅通有很大联系。

10.1　考研信息检索与利用

考研信息是指研究生报名、复习、笔试、面试、录取以及考试政策方面的信息。考研信息的收集工作贯穿于考研备考的各个阶段。

10.1.1　查找报考学校和专业

首先按专业排名搜到学校，再根据排名结果选取学校，选取学校还要参考以下因素。

1. 分数线

分数线分为基础分数线(报考国家线和34所院校线)和实际录取的分数线，一般3年以内的信息都很有参考价值。

2. 招生人数

这个涉及两个信息，即招生总数和推免人数。

3. 报录比

报录比是判断所报考的学校与专业难度的最直观数据，简单来说报录比=

报告人数/录取人数。检索过得到不难,用搜索词“年代+学校+研究生+报考人数统计”,然后将报考人数除以招生人数就可以得到报录比数据了。

4. 毕业后就业状况

可以下载该大学近几年的就业质量报告,查看该专业研究生最近几年的就业状况。搜索词为“大学名称+年代+毕业生就业质量报告”。

上面三项数据可以用三种方式获取,一是直接链接到报考学校的研究生招生主页;二是通过中国考研网(www. chinakaoyan. com)搜索学校获取相关信息;三是通过搜索引擎获得,如招生数,打开百度,键入“2019 年+学校名+研究生招生+目录”,又如查学院的录取分数线,打开百度,输入“2019 年+学校名+学院名+复试录取工作实施细则”。

10.1.2 查找导师信息

读万卷书不如行万里路,行万里路不如名师点悟。选导师对于以后的学科科研工作非常重要,尽可能多地搜集有关准备报考的导师的信息,掌握的信息越多,越能减少以后读研时很多不必要的麻烦。

检索导师信息的途径主要有两种:一是到导师所在大学院系的教师主页上去查看。考生可以先通过百度等搜索引擎检索到拟报考院校的网址,再进入该校的院系网或研究生院网查看。在院系的“师资力量”栏目中一般都会有各个教师的简介,有的还有老师的个人主页和联系方式,如果的确对某位导师感兴趣,可以提前进行沟通。二是通过网络搜索,主要是检索导师的科研方向、专业特长、学术观点等。考生还可以通过数据库查找这位导师及其指导过的学生发表的学术论文和著作,以进一步地了解其学术研究的方向和水平,同时也能明确自己是否对这方面内容感兴趣,从而最终确定拟报考的专业方向和导师。

尽可能从自己的兴趣出发,深入了解导师的研究方向,选择那些科研方向与自己兴趣一致的导师。此外,务必注意以下几点:看自己是喜欢理论还是喜欢实践,如果自己喜欢理论研究,在选择导师时就应该偏向于研究理论方面的导师,最好找一个教授级别的导师;若感觉自己适合偏重实践方面,在选择导师时也应该有所偏向,最好找工程项目多一些的导师,至于导师级别不是很重要。还要看自己今后有没有出国和读博的想法,若想出国,最好选一个有海归背景的导师,若想读博最好选一个教授级别的导师。

选好导师后,就需要跟导师沟通了,联系导师时尽量实话实说,不吹嘘,但也不要谦虚，把自己做过什么，可以做什么都告诉导师。和导师沟通顺畅的话，可增加面试和复试的机会。

10.1.3　查找考研的考试信息

选好学校后，就要仔细查看招生专业目录，这是报考及全部复习计划的依据。考生可参考拟报考院校的历年招生专业目录，最终确定自己的报考方向。最新一年的招生专业目录一般会在每年 8 月左右由各招生院校分布，届时考生登录考研教育网(http://www.cnedu.cn)，或招生院校研究生网站的招生院校二级院系主页即可。

1. 全真考研试题

考研目标确定以后，接下来要做的就是根据所要报考的学校的要求准备相应的复习资料。一般来说，根据内容、用途和针对性的不同，考研复习资料可以分为以下几大类：全真试题、考试大纲、专业教材以及各种考研辅导书的内部资料。

全真试题包括历年考研政治、英语、数学等公共课试题和所报专业的专业试题。公共课全真试题可以到专门的考研书店去购买，也可以从网上获得。专业课试题一般可先向报考学校咨询，部分学校在网上会公布历年专业课试题，也有学校可提供邮购服务。中国教育在线的考研频道(http://zhenti.kaoyan.eol.cn)就提供公共课和法律硕士、教育学、计算机、历史学、心理学、西医综合、中医综合等专业的专业课试题的历年考研真题，并附有试题答案。

考试大纲是规定研究生入学考试公共科目考查知识点及考试题型等重要信息的纲领性文件，由教育部考试中心(http://yankao.neea.edu.cn)每年四五月份组织专家进行修订后，再由高等教育出版社公开出版发行。政治大纲每年变化较大，英语、数学大纲则相对稳定。中国教育在线每年也会组织相关辅导名师第一时间进行考试大纲解析。

除全国统考公共课之外，专业课都是由各个招生院校自主命题、阅卷的，因此，专业课教材一般需要向招生院校获得。考生可参考拟报考院校的研究生网站或院系网站上公布的参考书目，然后按照书目购买，一般书店都有出售。在购买之前，可以先检索一下学校图书馆是否收藏这些资料或图书馆电子资源里是否有其电子版。

考研辅导书品种多、数量大，每年市面上有上百种之多，需要考生自己甄别。最新的辅导书一般需要购买，因为图书馆从购买到供学生阅读的周期比较长。内部资料是指比较权威的专业辅导考研机构用于配合授课辅导、课后练习、模拟冲刺训练的资料。对于这类资料，考生可以通过自己所在的辅导班获得，也可以通过参加知名辅导班的研友获得。公共课辅导书选取方式，比如在京东或当当上，按销量排列选择图书也不错。

专业课参考书分指定和不指定参考，指定参考书的学校又分为有大纲和没大纲的。有大纲的学校以大纲为主，检索“年代+学校+专业+大纲”，没大纲的学校这类信息一般在招生专业目录中有说明，此外特别要提醒没有大纲的考生一定要看其他学校的大纲。

另外，考生可以用自己张贴广告、在网上留言的方式有偿求购或者相互交换某些自己需要的资料，如历年试题试卷及答案、专业课笔记等。

10.2 留学信息检索与利用

随着对外交流的日渐升温和增多，如今学生出国的机会也随之增多。

10.2.1 留学信息查找方法

对于有留学需求的学生而言，首先要解决以下几个问题：一是去哪里留学。二是选择哪所学校和学科专业。三是如何选择导师。四是申请留学的程序和条件是什么。五是如何准备相关文书。这一系列的问题属于一般常识性的问题，可以选择搜索引擎为主要检索工具，以“留学论坛”“留学申请”“留学文书”等为检索词进行查询。

1. 去哪里留学

去哪里留学在很大程度上是个人的喜好，需要考虑的因素可能有学费、奖学金、生活费用、海外的亲友关系等。一般而言，不同国家使用不同的语言，具有不同的教育体制、学费标准，乃至截然不同的信仰、风俗以及生活习惯，出国留学意味着至少要有数年的时间在一片全然陌生的国土上学习与生活，因而有必要做出谨慎选择，可以通过搜索引擎首先了解主要留学国家及其高等教育的情况。

2. 选择哪所学校和学科专业

选择哪所学校和学习什么专业，可以参考各地的大学排名，其中 Tims 网站、U. S. News 网站推出的世界各地大学排名可信度比较高。对于国外大学的详细情况，可通过查阅学校的宣传资料或登录学校官方网站获得。每个学校为了吸收生源、宣传自己，都有自己的宣传资料，或者说是招生简章，其内容一般包括学校入学要求、院系设置、师资力量、研究方向、奖学金情况、校园生活，以及申请须知、申请表格等。

3. 如何选择导师

在明确自己想要就读的专业后，下一步要做的就是选择导师。首先可以通过搜索引擎或者前面提到的一些专业网站找到该专业排名靠前的大学，然后进入其官网查询该学科导师的信息。

4. 申请留学的程序和条件

对于申请留学的程序和条件以及相关考试信息，可以搜索网上的留学指南等。

5. 留学文书的准备

在某些学校，招生委员会对留学文书的审查在一定程度上代替面试，以此作为评价学生的一个重要依据。因此，认真准备留学文书，将有助于申请人被自己心仪的学校录取，甚至获得高额的奖学金。不同的学校对留学文书有不同的要求，在撰写留学文书之前，首先需要到所申请学校的官网查询其对留学文书的要求，明确要求后，可以通过搜索引擎以“留学文书写作”或“留学文书模板”等作为检索词进行检索。

10.2.2　留学信息参考网站

以下是按类别推荐的一些留学参考网站。

1. 国家相关机构网站

(1)国家留学基金委：国家留学网，根据国家法律、法规和有关方针政策，负责中国公民出国留学和外国公民来华留学的组织、资助和管理。

(2)教育部留学服务中心：中国留学网，是中国最大的留学门户网站，提供最新、最全、最热的留学信息，涵盖美国、加拿大、英国、澳大利亚、韩国、日本等各留学国家的情况，并设有留学预警、讲座信息、专家答疑等。

(3)教育部教育管理信息中心：教育部涉外监管信息网，是教育涉外活动监督与管理信息的专门网站。可以通过该网站查询各国院校资质的认证情况。该网站设有政策法规、留学预警、热点问答、名单公布、典型案例等栏目，公布经资格认证的自费出国留学中介的法定代表人、办公地址等情况。

2. 中介机构

权威的中介机构提供的信息一般比较全面。目前，几乎所有的留学中介机构都建立了网站，用户可以通过搜索引擎和其他方式得知中介的名称，并通过登录网站的方式深入了解该中介机构，再通过中介机构和网友的在线交流决定中介机构的取舍。通过教育部教育涉外监管信息网站公布的出国留学机构法定代表人、办公地址等核心资质情况，可供留学人员及其家人参考。

3. 提供留学服务的站点

(1)搜狐留学网站。

(2)新浪留学网站。

(3)彼得森研究生指南。

(4)Student. com。

4. 留学论坛和高校 BBS

(1)IDP 留学交流平台。

(2)豆瓣留学论坛。

5. 大学名单和资料查询

(1)网上最全的研究生入学信息检索服务。

(2)研究生/博士申请资料。

(3)留学美国大学及专业最新排名。

6. 标准化留学考试

(1)托福：托福官方网站。

(2)GRE：GRE 考试的官方网站。

(3)GMAT：GMAT 考试官方网站。

(4)雅思：雅思考试官方网站。

10.3 就业信息检索与利用

在信息社会，就业竞争在一定程度上就是信息量的竞争。大学生求职择业，不仅取决于整个社会环境与毕业生个人的专业和综合素质，还取决于毕业生是否拥有信息，甚至可以说，就业信息是求职的基础，是通向用人单位的桥梁，是择业决策的重要依据，更是顺利就业的可靠保证。信息检索技术的合理使用，至少能从以下两方面为大学生就业做好基石：一是了解行业状况，把握行业动向，及时跟踪企业对人才的技能需求，有针对性地进行补充；二是收集掌握海量就业信息，不仅仅依赖于校园及大型社会招聘会，要变被动为主动。

10.3.1　利用就业主管部门信息查找

随着高等教育大众化与高校扩招，毕业生就业已经成为全社会关注的焦点，各级就业主管部门也陆续出台一些政策和措施帮助大学生就业，所以查找就业信息，可以从各级就业主管部门入手，这些信息的权威性、可靠性比较高。

1. 国家级指导就业主管部门

在国家层面上，教育部、人力资源和社会保障部是大学生就业最相关的政府部门，经常关注它们的就业网站，不仅可以了解就业政策、就业统计与分析报告，还可以了解全国性的大型招聘活动信息。

这类招聘活动一般由国家部委主办，如教育部主办高校毕业生网上联合招聘会；行业主管部门大型招聘活动，如铁路局人事司、教育部学生司联手举办的全国铁路行业与高校毕业生网上招聘周；经商务部、教育部、人事部批准，由三部门联合组织的国家经济技术开发区高校毕业生网络招聘会等。

国家有关部门主办的就业网站有：

(1)中国人力资源市场网(http://www.chrm.gov.cn)，是由国家人事部主办，面向社会提供人事人才政策咨询和人才服务的公益性网站。

(2)中国国家人才网(http://www.newjobs.com.cn)，是人事部全国人才流动中心主办的高级人才网站，提供网络招聘、咨询、求职、招聘会、报纸广告。

(3)中国就业网(http://chinajob.mohrss.gov.cn)，是由劳动和社会保障部主管，中国劳动力市场信息网监测中心主办，并和社会各界提供劳动力市场政策咨询和就业服务的公益性网站。

(4)行业所属部委网站，如中国铁路人才招聘网(http://rczp.china-railway.com.cn)，由铁路局人才服务中心主办，发布铁路人才需求信息。

2. 省市级指导就业主管部门

在省市层面上，促进大学生就业已经成为每个省市教育与人事主管部门的重要工作。经常关注其就业网站，可以了解该地区的招聘信息，当大学生学习所在的省市与就业所在的省市不一致时，两个省市的就业信息都要关注，尤其侧重就业所在的省市的信息。

(1)省市人才需求状况，用人政策。

(2)当地工资收入水平。通过当地统计局网站，可以了解当时近几年的平均工资水平，甚至相关行业的平均工资水平。

(3)当地举办的大型招聘活动。省市级就业主管部门每年都会组织大型的招聘活动。

(4)当地的就业网站。

3. 学校指导就业相关部门

在学校层面上,一般高校都会举行双选会和卖场招聘会。这些招聘活动,是学生就业的最重要渠道。不仅应届毕业生应该积极参加,其他年级的学生也应该关注招聘的企业与其招聘要求,因为一般企业到高校招聘都会有连续性。

(1)本校就业处与院系的网站。各学校的毕业生就业办公室或就业指导中心,是学校专门负责毕业生就业工作的常设机构,他们一般会在本校就业处网站或相应院系网站上发布相关就业信息。

(2)有相同专业的外校就业处与院系网站。在查看外校就业网时,并不是漫无目的地查询,学生可以通过以下两种途径查询就业信息:一是通过专业排名查询,查出国内同类专业排名靠前的大学,然后分别进入其就业网与院系网查询就业信息;二是在锁定就业地区,查询目标地区高校的就业网,或者直接进入目标高校的院系网,查询就业信息。

学校的毕业生就业办公室或就业指导中心是获取就业信息的主要渠道。毕业生在收集就业信息时一定要经常关注这些部门的信息,尤其是同类高校的就业信息。但有的大学为了保障本校学生择业的优先权,通常只允许本次毕业生查看就业详细信息。

进入高校就业网的方法是:先进入该校主页,有的主页有就业网或者招生就业网的直接链接,若没有就先在组织机构栏目找到招生就业的机构,再进入。

10.3.2 利用企业信息查找

就业也是一种匹配行为,就是找到与自己知识、能力结构和喜好相匹配的企业或机构,对要加入的企业和机构进行了解,可以增加面试和就业的满意度。

通过对企业的全面检索,学生可加深对企业的了解,减少就业盲目性。检索黄页,可以了解一个地区企业分布的情况;检索企业的信用信息,可以了解企业的规范程度,避免上当;检索企业员工发表的科技论文和申请的专利,可以了解企业的技术开发及其与自己的专业和兴趣是否吻合;检索企业所在行业的行业分析报告,可以了解一个企业的整体发展程度;检索与企业声誉、产品相关的网页、论坛与贴吧,可以了解企业在网民心目中的形象。

1. 企业名录信息检索

企业名录是了解企业情况和产品信息的检索工具，有按国别和地区报道的，也有按行业、企业性质或类型、企业规模报道的。企业名录一般都有以下内容：企业名称、详细地址、邮政编码、创立日期、注册资金、法人代表、联系人、联系电话、传真、职工人数、经营范围、产品及服务、年营业额等信息。

企业名录来源于各种信息渠道，如统计部门、管理部门、海关、商务部、工商局、行业协会、金融机构、企业信息出版物、黄页、展览会、报刊媒体、互联网、各种名录出版物等。

提供企业信息的渠道有：

(1)万方数据的机构数据库；

(2)商业搜索引擎；

(3)公司信息数据库；

(4)地方黄页；

(5)行业网、行业协会/学会网、行业主管部门网站；

(6)中国行业研究网；

(7)国研网、高校财经数据库、中宏产业数据库。

2. 企业内部信息查找

在获取到企业基本信息后，如果想要进一步了解企业的内部信息，如企业的财务信息、技术信息、治理结构、企业负责人的个人信息、企业文化等，可以通过下面的途径来查询：

(1)通过企业主页查找企业的管理、治理结构、企业文化、财务方面的信息。如果该公司是上市公司，可以通过证券市场信息查询企业的公司年度或季度报告了解其经营、账务状况等。

(2)企业的技术信息，包括企业的专利、科技成果、标准等信息，可以通过国家知识产权局查询。

(3)公司发表的文章，从公司人员发表的论文可以了解该企业的技术重点与管理要点。

3. 企业评价信息查找

(1)有关企业的信用信息，国家企业信用公示系统(http://www.gsxt.gov.cn)提供在全国各地工商部门登记的各类市场主体信息查询服务。

(2)公司评级信息检索。在一些大型的财经网站，可以查到一些企业的评级信息，尤其是上市企业的评级信息，如和讯网、东方财富网、新浪财经等。

(3)有关企业的新闻报道。利用搜索引擎的新闻搜索功能或各门户网站的新闻频道,可以查询有关企业的新闻报道,进而了解该企业在行业的排名,业界、媒体及消费者对该企业的评价。

10.3.3 公务员考试信息的检索与利用

自 1994 年我国开始实行国家公务员考试录用制度以后,在校园和社会上,都掀起了一股公务员考试热。网络上的公务员考试信息也随之急剧增加。公务员考试信息主要包括公务员报考指南、各地招考信息、经验交流、政策资讯、试题集锦等信息。

1. 报考和录取阶段信息获取

报考阶段,考生要对报考条件、报考过程、考试流程、公务员考试常识,以及中央和地方公务员考试的时间、考试科目、招考单位、职位、人数及有关考试最新政策等考试最新动态进行了解,做到心中有数。

中央、国家机关公务员招考工作的时间已经固定,报名时间是在每年 10 月中旬,考试时间在每年 11 月的第四个周末。省级以下国家公务员考试时间尚未固定,欲报名者应密切关注各级、各类新闻媒体有关招录公务员的信息,以免错过报考时间。

考试录用国家公务员报名专题网站(http://bm.scs.gov.cn)是发布中央机关及直属机构公务员考试信息的官方网站,提供最权威的国家公务员考试招考和录取信息。考生注册登录后即可通过该网站报考相关职位,考试结束后可查询考试成绩和录取信息。另外,该网站还开通与国务院各部门网站和各地人事网站的链接,提供省、区、直辖市的公务员招考信息。

国家公务员考试网(http://www.gjgwy.org),是中央机关招考部门建设的专门用于发布国家公务员考试相关招考信息、报名公告,国家各部门招考公告、复习资料的专业性公务员招考网站。

各省市、区的人事考试网是发布地方公务员考试信息的官方网站,提供最权威的地方公务员招考、录取信息。

2. 复习备考阶段信息获取

复习阶段信息获取的主要任务,是了解如何备考,即考试科目有哪些,需要看哪些考试参考书、复习资料,复习时要注意哪些问题等;笔试通过后,对于获取面试资格的考生还要及时准备面试,了解面试时间、考试范围、复习资料等信息。网络上有丰富的公务员考试复习资料,考生可以通过公务员考试官方网站(如国家公务员考试网是历年笔试、面试真题及内部资料独家发布的网站）了解，也可查看一些专门的公务员考试资料网站。

3. 公务员考试相关网址

(1)公务员考试门户网站，公务员考试资料网。

(2)专门的公务员考试论坛，如中公教育论坛等。

10.3.4　就业知识信息查找与利用

就业知识包括当前的就业形式、就业程序、就业派遣和《中华人民共和国劳动法》《中华人民共和国劳动合同法》中有关劳动合同与权益维护等方面的知识，以及职业规划、求职面试技巧、角色转换、事业立足与职业发展等方面的知识。除了课程学习和专门讲座，这些知识还可以在图书馆和网络上找到。

(1)从图书馆公共检索系统查找有关图书和报刊。

(2)检索图书馆有关就业信息的数据库。

(3)通过搜索引擎搜索某城市求职的特定信息。

在搜索引擎中搜索，通过其他求职者发布的帖子，可以获得一些专业招聘网站上无法获得的信息，如当时的主要概况，就业形式，人才及专业的需求情况，当地的招聘网点及招聘信息发布的主要媒体，当地的薪资标准、衣食住行，在当地求职过程中的注意事项，要警惕那些求职陷阱等方面的信息。

4. 通过网络获取求职简历范文。

求职简历可以视为第一次面试，招聘人员对求职者的注意和认识正是从这里开始的。对于面临严峻就业压力的毕业生而言，一份出色的求职简历，是顺利迈出求职历程的第一步。那么，怎样才能使自己的求职简历脱颖而出呢？在撰写求职简历的过程中多多参考别人的简历，会给毕业生带来很多启发。求职简历一般是中文的，一些与外贸有关的企业和外贸公司则要求应聘者提供英文简历。因此，毕业生最好中英文简历都准备。

互联网上有许多专门的求职指南网提供免费的求职简历范文供求职者参考，例如，应届生求职网、中国人才指南网等。

另外，在搜索引擎中直接输入求职简历，也能获得相关专业或职业的求职简历。

5. 就业信息的筛选与整理

初步收集到的就业信息，往往处于最原始的状态，种类繁多，杂乱无章。毕业生应根据自己的实际情况和需求，对信息有针对性地加以筛选和处理，使获得的信息更好地为自己的求职服务。对就业信息的处理包括整理、分析和评价三个阶段。

就业信息整理，对于职业信息应根据自身的实际情况进行整理，可以根据求职意向的地域范围整理信息，也可以根据自己的兴趣与求职成功的可能性大小整理信息。在此过程中还要特别注意信息的时效性。人才市场瞬息万变，用人单位发布需求信息后，随时都会收到毕业生的求职信息，及时与用人单位联系能体现出你积极的态度，为求职成功增加砝码。

毕业生在进行信息分析时，要将与自己专业及兴趣相关的信息提取出来，对提取出来的信息也要分清主次，并按信息的重要性程度进行分类，对重点信息要重点把握，对一般信息则仅作为参考。

就业信息评价主要是结合毕业生对自我的认识与评价，遵循“适合自己”的原则，确定适合自身择业目标的就业信息。

参考文献

［1］ 刘允斌，吴谨，王宇. 实用信息检索［M］. 2版. 北京：高等教育出版社，2018.

［2］ 张晓彤. 民族高校图书馆文献信息检索与利用［M］. 兰州：甘肃文化出版社，2017.

［3］ 钟诚，王文溥，张玉霞. 信息检索与利用［M］. 成都：电子科技大学出版社，2017.

［4］ 邓发云. 信息检索与利用［M］. 3版. 北京：科学出版社，2017.

［5］ 孙秀斌，田会明，李洪伟. 高校学生图书馆利用指导教程［M］. 哈尔滨：黑龙江大学出版社，2017.

［6］ 刘富霞. 文献信息检索教程［M］. 北京：机械工业出版社，2016.

［7］ 毕宏，陈怡冰. 大学生信息素养教程［M］. 大连：大连海事大学出版社，2015.

［8］ 方晓红，郭晓丽. 数字图书馆研究［M］. 天津：天津科学技术出版社，2014.

［9］ 储开稳，朱昆耕. 文理信息检索与利用［M］. 武汉：华中科技大学出版社，2010.

［10］ 曾建明. 信息检索技术使用教程［M］. 北京：清华大学出版社，2012.

［11］ 周宏仁，徐愈. 信息蓝皮书：中国信息化形式分析与预测(2012)［M］. 北京：社会科学文献出版社，2012.

［12］ 李平，刘洋. 信息检索分析与展示［M］. 北京：清华大学出版社，2012.

［13］ 李美文，邹武. 理工信息检索与利用［M］. 北京：人民邮电出版社，2011.

［14］ 张永忠. 信息检索与利用［M］. 上海：复旦大学出版社，2010.

［15］ 吉久明，孙济庆. 文献检索与知识发现指南［M］. 上海：华东理工大学出版社，2010.

[16] 田质兵，薛娟，周同. 科技情报检索［M］. 2版. 北京：清华大学出版社，2010.

[17] 郜峻，刘文科. 网络信息检索实用教程［M］. 北京：电子工业出版社，2010.

[18] 李卫星，何飞. 现代信息素养与文献检索［M］. 武汉：湖北人民出版社，2010.

[19] 孙丽芳，林豪慧. 高校素质教育丛书：高校信息素质教程［M］. 北京：电子工业出版社，2010.

[20] 许征尼. 信息素养与信息检索［M］. 合肥：中国科学技术大学出版社，2010.

[21] 中国科学院信息领域战略研究组. 中国至2050年信息科技发展路线图［M］. 北京：科学出版社，2009.

[22] 周金元. 高校信息素质教育丛书：研究生信息素质高级教程［M］. 镇江：江苏大学出版社，2009.

[23]《信息与文献术语》GB/T4894-2009 标准全文［EB/OL］. http://www.doc88.com/p-1754327744725.html.

[24]《文献著录 第1部分：总则》GB/T 3792.1-2009 标准全文［EB/OL］. http://www.doc88.com/p-4844709863745.html.

[25]《信息与文献　参考文献著录规则》GB/T 7714-2015 标准全文［EB/OL］. https://www.doc88.com/p-3901680272678.html.

[26] 张小明. 应急科技：大数据时代的新进展［N］. 光明日报，2013-10-14.

[27] 许莉. 多种载体信息资源组织和管理体系的探索研究［J］. 2015.04.

[28] 在线汉语字典. 新华字典词典［EB/OL］.［2020-05-10］. http://xh.5156edu.com.

[29] 张新主. 汉语大辞典［EB/OL］. 浙江：汉辞网汉辞软件工作室，［2020-05-10］. http://www.hydcd.com.

[30] 经济合作与发展组织，简称经合组织(OECD)，OCED.［OL］. http://www.oecd.org/.

[31] 信息素养主席委员会：总结报告［EB/OL］. 美国：美国图书馆协会(ALA)，［2020-05-10］. http://www.ala.org.

[32] Information Literacy Competency Standards for Higher Education(美国高等教育信息素养能力标准)［EB/OL］. 美国：美国大学和研究图书馆协会(ACRL)，［2020-08-10］. https://alair.ala.org/handle/11213/7668.

[33] Framework for Information Literacy for Higher Education(美国高等教育信息素养框架)[OL]. 美国:美国大学和研究图书馆协会(ACRL),[2020-08-10]. http://www.ala.org/acrl/standards/ilframework.

[34] 北京地区高校信息素质能力指标体系[EB/OL]. 北京:北京地区高校信息素质教育园地,[2020-08-10]. http://edu.lib.tsinghua.edu.cn/InformationLiteracy.

[35] CNKI中国知网[OL]. 北京:CNKI中国知网(清华同方),[2020-08-10]. http://www.cnki.net.

[36] 万方数据知识服务平台[OL]. 北京:北京万方数据股份有限公司,[2020-08-10]. http://www.wanfangdata.com.cn.

[37] 维普中文期刊服务平台[OL]. 重庆:重庆维普资讯有限公司,[2020-08-10]. http://lqikan.cqvip.com.

[38] 维普网——仓储式在线出版平台[OL]. 重庆:重庆维普资讯有限公司,[2020-08-10]. http://www.cqvip.com.

[39] 汇雅电子图书[OL]. 北京:超星集团,[2020-08-10]. http://www.sslibrary.com.

[40] 超星网[OL]. 北京:超星集团,[2020-08-10]. http://www.chaoxing.com.

[41] 读秀学术搜索[OL]. 北京:北京世纪读秀技术有限公司,[2020-08-10]. http://www.duxiu.com.

[42] 中国高等教育文献保障系统[OL]. 北京:CALIS管理中心,[2020-08-10]. http://www.calis.edu.cn/.

[43] 开元知海e读[OL]. 北京:CALIS管理中心,[2020-08-10]. http://www.yidu.edu.cn.

[44] CALIS联合目录公共检索系统[OL]. 北京:CALIS管理中心,[2020-08-10]. http://opac.calis.edu.cn.

[45] 国家科技图书文献中心[OL]. 北京:国家科技图书文献中心,[2020-08-10]. http://www.nstl.gov.cn.

[56] Elsevier B. V. [OL]. 荷兰:Elsevier B. V.,[2020-08-10]. http://www.elsevier.com.

[47] ScienceDirect使用手册2019[EB/OL]. 集美:集美大学图书馆,[2020-08-10]. http://lib.jmu.edu.cn/info/1499/5918.htm.

[48] ScienceDirect 全文数据库 [OL]. 荷兰：Elsevier B. V.，[2020-08-10]. http://www. sciencedirect. com.

[49] EBSCOhost 数据库 [OL]. 美国：EBSCO Industries，Inc.，[2020-08-10]. http://search. ebscohost. com.

[50] EBSCO Information Services [OL]. 美国：EBSCO Industries Inc.，[2020-08-10]. http://www. ebsco. com.

[51] SpringerLink [OL]. 德国：Springer Nature，[2020-08-10]. http://link. springer. com.

[52] Springer [OL]. 德国：Springer Nature，[2020-08-10]. http://www. springer. com.

[53] WOS 核心合集快速参考指南手册 [EB/OL]. 科睿唯安 Clarivate，[2020-08-10].

[54] Derwent Innovations Index 快速参考指南. [EB/OL]. 科睿唯安 Clarivate，[2020-08-10]. https://solutions. clarivate. com. cn/wp-content/uploads/2019/03/DII_guide20190307. pdf.

[55] Web of Science [OL]. 美国：科睿唯安 Clarivate，[2020-08-10]. https://www. webofscience. com.

[56] ProQuest 平台 [EB/OL]. 美国：ProQuest LLC，[2020-08-10]. https://china. pq. libguides. com/proquestplatform.

[57] ProQuest [OL]. 美国：ProQuest LLC，[2020-08-10]. https://www. proquest. com.

[58] ACS [OL]. 美国：American Chemical Society，[2020-08-10]. https://pubs. acs. org.

[59] 中国国家知识产权局 [OL]. 北京：国家知识产权局，[2020-08-10]. http://www. cnipa. gov. cn.

[60] 中国知识产权网 [OL]. 北京：知识产权出版社有限责任公司，[2020-08-10]. http://www. cnipr. com.

[61] 中国知识产权资讯网 [OL]. 北京：中国知识产权报社，[2020-08-10]. http://www. cipnews. com. cn.

[62] 中国版权保护中心 [OL]. 北京：中国版权保护中心，[2020-08-10]. http://www. ccopyright. com. cn.

[63] 中国质量新闻网 [OL]. 北京：中国质量报刊社 中国质量新闻网 中国质

量报网，[2020-08-10]. http://www.cqn.com.cn/.

[64] 美国专利与商标局 [OL]. 美国：Office of the Chief Communications Officer.，[2020-08-10]. http://www.uspto.gov.

[65] WIPO [OL]. 瑞士：World Intellectual Property Organization.，[2020-08-10]. https://www.wipo.int.

[66] 国家版权局 [OL]. 北京：中华人民共和国国家版权局，[2020-08-10]. http://www.ncac.gov.cn.

[67] 联合专利分类 [OL]. GB/USA：EPO/USPTO，[2020-08-10]. https://www.cooperativepatentclassification.org.

[68] 北京法院网. 世界上第一部著作权法:《安娜女王法》[EB/OL]. 北京：中国法院国际互联网站，[2020-05-10]. http://bjgy.chinacourt.org/article/detail/2003/04/id/819643.shtml.